Henri Bergson

Crítica do negativo e pensamento em duração

Henri Bergson

Crítica do negativo e pensamento em duração

Débora Cristina Morato Pinto
Silene Torres Marques
(Organização)

copyright 2009 Débora Cristina Morato Pinto e Silene Torres Marques

Edição: Joana Monteleone
Editora assistente: Marília Chaves
Assistente de produção: Pedro Henrique de Oliveira
Revisão: Daniela Alarcon
Projeto gráfico, capa e diagramação: Pedro Henrique de Oliveira e Vinícius G. Machado dos Santos.

CIP-BRASIL. CATALOGAÇÃO-NA-FONTE
SINDICATO NACIONAL DOS EDITORES DE LIVROS, RJ
B437

Henri Bergson: crítica do negativo e pensamento em duração / Débora Cristina Morato Pinto, Silene Torres Marques (organização). - São Paulo: Alameda, 2009.
  276p.

  Palestras e conferências ministradas durante o Colóquio Internacional Bergson : crítica do negativo e pensamento em duração, realizado, de 23 a 25 de junho de 2008, pelo Departamento de Filosofia e Metodologia das Ciências da Universidade Federal de São Carlos e pelo Programa de Pós-Graduação em Filosofia da mesma instituição.
  Inclui bibliografia
  ISBN 978-85-7939-004-3

  1. Bergson, Henri, 1859-1941 - Congressos. 2. Filosofia francesa - Discursos, conferências, etc. I. Pinto, Débora Cristina Morato. II. Marques, Silene Torres.

09-4506.   CDD: 194
                      CDU: 1(44)

31.08.09   04.09.09   014844

ALAMEDA CASA EDITORIAL
Rua Conselheiro Ramalho, 694
Bela Vista
CEP 01325-000 São Paulo SP
Tel. (11) 3012-2400
www.alamedaeditorial.com.br

Em homenagem a Bento Prado Júnior

SUMÁRIO

Apresentação — 9

Qual vitalismo para além de qual niilismo? — 11
De *A evolução criadora* a nossos dias
Frédéric Worms

Ontologia e liberdade em — 23
A evolução criadora: A criação
Franklin Leopoldo e Silva

Por que o real é "articulado"? — 35
O eleatismo paradoxal de Bergson
Arnaud François

Da intuição à imagem como contato de interioridades — 55
Rita Paiva

Bergson estruturalista? Para além da oposição — 75
foucaultiana entre vida e conceito
Patrice Maniglier

Liberdade e necessidade em Bergson: dois sentidos do Eu? — 111
Maria Adriana Cappello

Khorologia da memória, ou como localizar o não- — 131
localizável? Uma leitura de *Matéria e memória*
Hisashi Fujita

Consciência e matéria em Bergson — 155
José Gonçalves Coelho

Crise da razão em Bergson e crise da tonalidade em Debussy: uma nova problemática do tempo — 175
Eduardo Socha

A ilusão do movimento e a miragem do tempo — 189
Geovana da Paz Monteiro

Intuição, ciência e metafísica em Bergson — 203
Aristeu Mascarenhas

A "marcha para a visão" em *A evolução criadora* — 221
Fernando Monegalha

Crítica do negativo e virada ontológica em Bergson: a filosofia como pensamento em duração — 245
Débora Morato Pinto

APRESENTAÇÃO

Os textos que se seguem são versões aprimoradas das palestras e conferências ministradas durante o Colóquio internacional Bergson – crítica do negativo e pensamento em duração, realizado pelo Departamento de Filosofia e Metodologia das Ciências da Universidade Federal de São Carlos e pelo Programa de Pós-Graduação em Filosofia da mesma instituição. O colóquio reuniu, de 23 a 25 de junho de 2008, no Anfiteatro Bento Prado Júnior da UFSCar, pesquisadores nacionais e internacionais que têm realizado trabalhos relevantes sobre esse autor. Ele foi aberto também à inscrição de estudantes de pós-graduação, que puderam apresentar e discutir suas pesquisas, assim como entrar em contato com os professores convidados e conhecer os trabalhos de excelência na área. O colóquio foi apoiado pela *Societè des Amis de Bergson*, organização internacional presidida por Frédéric Worms que congrega estudiosos da filosofia bergsoniana do mundo todo. Ao longo do ano de 2007, essa associação participou de uma série de eventos mundiais celebrando o centenário do livro *A evolução criadora*; o colóquio aqui publicado fechou esse conjunto de eventos, contando com vários professores associados à *Societè*. A organização do evento selecionou os textos apresentados e os reuniu neste livro, financiado pela

Capes[1] e incorporado pela editora Alameda. Expressamos aqui nosso agradecimento à instituição de fomento que apoia a pós-graduação no país. Agradecemos também a colaboração de todos que contribuíram para o sucesso do evento e convidamos os leitores a percorrer as páginas dedicadas a um pensador que tem marcado a história da pesquisa em filosofia no Brasil.

---

1 Processo PAEP 0137/08.

Qual vitalismo para além de qual niilismo?
De *A evolução criadora* a nossos dias[1]

Frédéric WORMS[2]

A questão da qual partiremos aqui é simples, e talvez um pouco abstrata, mas as questões nela implicadas conduzem, no entanto, ao centro não apenas de *A evolução criadora,* de Bergson, mas da significação desse livro no século e de seu problema hoje.

Trata-se, com efeito, de uma questão que formularíamos da seguinte maneira: a crítica da ideia de "nada" que conduz Bergson nesse livro, a partir da ideia de vida, permite opor um "vitalismo" a um "niilismo", do qual teríamos feito todas as avaliações?

Ora, tão logo colocada, essa questão levanta mais frequentemente duas objeções ou duas dúvidas – aliás, ligadas entre si –, assim como talvez uma terceira, menos habitual, que dela revelam justamente todo o alcance.

As duas primeiras dúvidas seriam as seguintes:

- questiona-se inicialmente se Bergson levou verdadeiramente a sério o "niilismo" como tal, ou seja, não apenas a ideia de nada, mesmo

---

1 Título original: *Quel vitalisme au-delà de quel nihilisme? De* L'Evolution créatrice *à aujourd'hui*. Tradução: Silene Torres Marques.
2 Universidade Lille III e Escola Normal Superior.

como princípio do ser, mas a da falta de um tal princípio do ser, que é uma tese metafísica e, sem dúvida, também um acontecimento ou uma época histórica;

- questiona-se em seguida se a esse niilismo Bergson não opôs um vitalismo excessivamente simples e positivo, e mesmo, segundo a expressão de Merleau-Ponty, um "positivismo" que não deixa qualquer espaço, não apenas ao nada, mas à menor negatividade.

Como se a crítica do nada dispensasse Bergson ao mesmo tempo do niilismo e da negatividade.

Mostraremos mais adiante que não é certamente disso que se trata.

Mas mesmo que pudéssemos responder a essas duas dúvidas, restaria ainda talvez uma terceira, mais grave, pois ela surgiria da própria experiência da vida, e não do questionamento filosófico.

Pergunta-se, com efeito, se a questão mais profunda do niilismo, longe de ser uma questão sobre o ser (ou sobre o nada) oriunda da especulação filosófica, seria uma questão sobre a vida, oriunda da vida. A saber: não "por que há alguma coisa ao invés de nada?", mas "por que viver?", questão que certamente pode surgir de um desejo metafísico de conhecimento, da especulação, portanto, mas que poderá também surgir – e é totalmente diferente – da experiência real da vida, quando esta é afetada, atingida, destroçada em sua essência.

Bergson responde a esta última questão? Não devemos, neste último ponto – sem no entanto abandonar o princípio de um vitalismo que é o único, aos nossos olhos, capaz de responder ao niilismo (e o que está em jogo é, portanto, essencial) – retomá-lo, completá-lo e mesmo transformá-lo? Esta será a terceira e última etapa deste percurso, pela qual encontraremos o momento presente em filosofia, que nos parece justamente caracterizado ao mesmo tempo pela questão do mal e a da vida, e impor um novo vitalismo.

Mas terá sido necessário, antes, responder às duas primeiras dúvidas e mostrar, com efeito, como o vitalismo bergsoniano, muito longe de todo simplismo, "compreende" o niilismo, nos dois sentidos que adquire o verbo "compreender" em francês:

– ele "compreende" o niilismo inicialmente no sentido em que permite *explicá-lo*, e isso até sob sua forma *mais ampla, com efeito*, até em sua dimensão metafísica, mas também ética e política, até no enunciado que o caracteriza desde Nietzsche, a saber, a compreensão da fórmula "Deus está morto";

– mas ele "compreende" também o niilismo, ou ao menos a negatividade, desta vez no sentido em que *o inclui*, e isto novamente até em suas implicações *mais amplas*, até em sua cosmologia e mesmo em sua teologia, até na experiência não apenas metafísica, mas mística, que culminará, segundo Bergson, neste simples enunciado: "Deus é amor"!

Tais serão, em todo caso, os dois pontos a tratar nos dois primeiros momentos desta exposição, antes de atingir o terceiro, que abordará o mal, ou o sofrimento. Notaremos (a título de uma última observação prévia) que cada um desses três pontos ultrapassa *A evolução criadora*, não apenas na direção dos problemas mais vastos do século, e de nosso presente, mas primeiramente na direção do livro seguinte do próprio Bergson: *As duas fontes da moral e da religião*, de 1932. Evidentemente, não é de modo algum uma casualidade, como desejaríamos, sem minimizar a ruptura entre essas duas obras, acentuar seu vínculo, único capaz de responder inteiramente à questão levantada aqui, em toda sua extensão.

Mas vamos agora ao nosso propósito.

Um vitalismo que "compreende" o niilismo

Se podemos sustentar que o vitalismo de Bergson compreende o niilismo, em toda sua amplitude, é por duas razões, ambas presentes desde a crítica capital da "ideia de nada", no quarto capítulo de *A evolução criadora*, mas que avançarão ainda um passo mais longe em *As duas fontes da moral e da religião*, vinte e cinco anos mais tarde. É primeiro, com efeito, porque a ideia de nada não é aí apenas o objeto de uma crítica lógica, ou psicológica, mas de uma *gênese* prática ou vital. É também porque esta ideia repercute sobre a de ser, e até mesmo do princípio do ser, de um Deus que permanece profundamente *marcado* por esta origem negativa – mesmo se esta, contrariamente à "morte" que o atinge, segundo Nietzsche, na modernidade, não o terá, segundo Bergson, seguido, mas *precedido*! Vejamos inicialmente cada um desses dois pontos no livro de 1907, antes de observar como o de 1932 os intensificará.

Destacaremos primeiro que a crítica da ideia de nada conduz de maneira progressiva a um *ponto culminante*, que é o de sua origem na prática e na vida humana enquanto tal. Todos os argumentos que Bergson invocou até aqui não explicam, com efeito, "porque este fantasma de problema assombra o espírito com uma tal obstinação"[3] (p. 296, uma frase que teria agradado muito a Jacques Derrida). Toda a crítica psicológica, lógica, da ideia de nada não poderia eliminar um fato real: "é incontestável [...] que toda ação humana tem seu ponto de partida em uma insatisfação e, por isso, em um sentimento de falta" (p. 297).[4]

Assim, a ideia de nada não tem apenas por origem nossa "inteligência" como tal – como faculdade lógica, que se representa, com efeito, objetos distintos separados pelo vazio – mas esta inteligência enquanto aplicada à ação e, de certa maneira, a uma falta real, presente em todo caso na própria vida, a do objeto do desejo como tal. A representação do vazio se acrescenta assim ao sentimento da falta, e assim acaba por invadir não apenas nosso espírito, mas inicialmente nossa vida, toda nossa vida. Como escreve Bergson em uma frase que nos parece central: "nossa vida decorre assim a preencher vazios, que nossa inteligência concebe sob a influência extra-intelectual do desejo e da decepção, sob a pressão das necessidades vitais" (p. 297).

Certamente, como vamos insistir mais adiante, a ideia de nada resulta da passagem ou da aplicação dessa tendência, de nossa ação à especulação, da ausência de uma utilidade à ausência das coisas e de todas as coisas. A verdade, no entanto, é que toda a vida humana está

---

3 Bergson, *L'Évolution Créatrice*, p.296. As referências às obras de Bergson remetem à edição da coleção Quadrige, Paris: PUF (N.T.).

4 *Op.cit.*, p.297.

fundada sob o signo de uma falta não apenas real, mas representada, e representada como real. O homem é o ser para o qual a vida implica o vazio, à frente e atrás de si.

Mas isso não basta para explicar nem a ideia de nada, nem, *a fortiori,* o "niilismo". Para tanto, é necessária a aplicação deste esquema intelectual ao conjunto do ser:

"desta maneira se introduz em nós a ideia de que a realidade preenche um vazio, e que o nada, concebido como uma falta de tudo, preexiste a todas as coisas de direito, senão de fato" (*Ibidem*).

Ora, o que impressiona Bergson, o que é o próprio objetivo de toda sua demonstração, é que essa ideia de nada, essa extensão ontológica do vazio e da falta, é propriamente *insustentável* para o homem. Não apenas ela é ilegítima, mas ela é imediatamente completada, ela necessariamente conduz a uma ideia do Ser *capaz de ultrapassá-la*. É o que ele havia explicado antes mesmo de entrar na crítica propriamente dita:

> o desdém da metafísica por toda realidade que dura provém precisamente de que ela apenas chega ao ser passando pelo "nada" e de que uma existência que dura não lhe parece suficientemente forte para vencer a inexistência e colocar-se a si mesma (p. 276).

Essa força somente será atribuída a "uma existência puramente lógica": "que um princípio lógico tal como A=A tenha a virtude de criar-se a si mesmo triunfando do nada na eternidade, isto [...] parece natural" (*Ibidem*).

Desse modo, e este é o ponto que desejaríamos enfatizar aqui, o nada não é posterior, mas anterior ao Ser, ele não vem contradizê-lo, mas, ao contrário, implicá-lo. Já que o nada é (mesmo não o sendo) e que, no entanto, alguma coisa existe, então deve haver um ser que é, uma identidade eterna e imutável. Tal será também, de maneira igualmente fundamental, a gênese, desde *A evolução criadora*, do "Deus de Aristóteles".

Certamente, essa gênese se dissimula a si mesma a ponto de se inverter; dito de outra forma, Aristóteles e todos os gregos (segundo Bergson) vão do Ser ao nada: "a posição de uma realidade implica a posição simultânea de todos os graus de realidade intermediária entre ela e o puro nada" (p. 323 sublinhada por Bergson).

> Tomemos então o Deus de Aristóteles, pensamento do pensamento [...] como de outra parte o nada parece colocar-se a si mesmo [...] segue-se que todos os graus descendentes do ser da perfeição divina até o "nada absoluto" realizar-se-ão automaticamente, por assim dizer, tão logo tivermos colocado Deus (*Ibidem*).

Desse modo, a gênese do Ser pelo nada se disfarça em gênese do nada pelo Ser, mas é *a primeira* que é real, e o "niilismo" não está na morte, mas no *nascimento* do "Deus dos filósofos".

Esses dois pontos essenciais poderiam ainda parecer insuficientes; a eles acrescentaremos, então, sua retomada, ainda agravados, se podemos dizê-lo, nos textos demasiadamente desconhecidos de *As duas fontes da moral e da religião*.

Nesse livro, com efeito, Bergson tira todas as consequências da representação do nada em nossa vida. Essa não é somente a consequência lógica de nossa inteligência aplicada à ação: ela conduz à representação do fracasso e da morte, em um universo regido por leis implacavelmente necessárias, e pode, portanto, desligar-nos da vida. Desde então, a "natureza" previu para compensá-la, do próprio interior de nossa inteligência, essas representações que Bergson atribui à "função fabuladora" e que não são mais as de um Deus lógico ou do Deus dos filósofos, mas, ao contrário, de "potências divinas" favoráveis à nossa ação, enfim, de deuses da "religião estática" e da "sociedade fechada". Assim, tudo se agrava em um círculo de certo modo infernal: a representação do vazio transforma-se na da morte em um mundo vazio, vazio de intenções favoráveis, vazio de sentido. É o caso de dizer que

"Deus está morto", mas ele está, por assim dizer, *morto desde sempre, desde o primeiro olhar* que nossa inteligência implacavelmente lógica e mecânica lança sobre o mundo imediatamente "desencantado" (segundo a expressão de Max Weber). É a este vazio que responde um "Deus" que não faz senão agravar o mal, que é o da superstição, da fábula, e também da guerra – e isso das sociedades primitivas até nossas sociedades modernas, nas quais o círculo do enclausuramento[5] somente se agrava, da potência mecânica aparentemente desprovida de sentido até as representações mitológicas cada vez mais fechadas e fanáticas. Assim, é propriamente o "niilismo" em toda sua amplitude que *As duas fontes da moral e da religião* reencontram, em suas análises cada vez mais precisas do enclausuramento, notadamente nos segundo e quarto capítulos (como mostramos em outro lugar). Como dizer depois disso, mesmo se ele os modifica e os contradiz em numerosos pontos, que Bergson não foi tão longe aqui quanto os maiores pensadores desta questão, que é quase inútil nomear (Nietzsche sobretudo, e sem dúvida Heidegger)?

Reconheceremos, então, que a filosofia bergsoniana da vida, senão seu "vitalismo", permite explicar e mesmo engendrar o niilismo, e não apenas a ideia de nada, em toda sua gravidade metafísica e histórica.

Surgirá, no entanto, uma segunda objeção não menos importante que a primeira: esta gênese do nada não é ainda excessivamente positiva? Se o nada é explicado como representação humana, a negatividade

---

[5] O termo *clôture*, neste contexto (*As duas fontes da moral e da religião*) refere-se à sociedade organizada de maneira fixa e fechada sobre seus próprios princípios, fixados de antemão, sociedade hierarquizada, conformada com a tradição e avessa às novidades. Mais precisamente, *clôture* indica a ideia de luta pela supremacia, seja ela entre determinados grupos de homens ou mesmo entre um grupo e um único homem; trata-se de uma espécie de força assustadora, ligada à finitude humana, e, no entanto, uma tendência natural e condição de sobrevivência. Como afirma o próprio Frédéric Worms, em uma entrevista, relembrando as análises de Bergson: "a espécie se constitui contra as outras e, dentro da espécie, grupos contra outros". Nesse sentido, o termo refere-se essencialmente à espécie e à vida. (N.T.)

como tal não é ainda excluída do ser? Não é até aqui que seria preciso ir para poder opor a esse próprio niilismo um "vitalismo" que não seja seu puro e simples contrário? É a estas questões que é preciso agora responder.

Um vitalismo que inclui a negatividade

Não poderemos aqui senão resumir os principais argumentos de uma demonstração que vai até o próprio núcleo da filosofia de Bergson. São os três pontos seguintes:

- certamente, em primeiro lugar, a crítica da ideia de nada atinge seu objetivo, a saber, pensar o ser, e mesmo Deus, não mais como um princípio lógico, mas como *vida* e mesmo como "vida incessante, ação, liberdade", segundo uma das fórmulas mais célebres e enigmáticas de *A evolução criadora* e de toda sua filosofia (p. 249/ 706) que deveremos explicar;

- mas, e isto é capital, precisamente porque esta vida é ação, e criação, tudo se passa como se ela não pudesse não se dividir e isto *em toda parte e sempre*; introduz-se então uma distância entre o criando e o criado em sua própria imanência; é essa distância que a intuição deve superar para atingir o princípio; este é, em nossa opinião, o centro de todo pensamento de Bergson;

- no entanto, aqui ainda, *As duas fontes* vão mais longe, em um gesto não menos capital: é que essa distância, com efeito, não pode ser preenchida apenas logicamente ou teoricamente; ela deve sê-lo *praticamente* ou *vitalmente*. E isto por *duas* razões: do lado do homem, para *relançar o ato criador* que corre o risco de se findar, mas também do lado de Deus, cuja ruptura interna torna-se um *desejo de unidade*. Assim, o enunciado "Deus é amor", que é a única lição, segundo Bergson, do "místico cristão", não é apenas o de uma emoção criadora, mas também de uma falta *real*. Bergson fala em uma fórmula magnífica de uma "humildade divina" (p. 246/ 1173), que responde a sua outra fórmula, mais célebre, de uma "humanidade divina"!

Assim, a despeito do princípio do ser que é, com efeito, vida, permitindo-nos em um sentido bem preciso falar de *vitalismo*, este inclui, não apenas uma "finitude", mas uma negatividade real, se entendemos por esta palavra uma interrupção que é realmente uma "inversão", como o diz claramente o próprio Bergson, ou uma separação que engendra um sofrimento, mesmo se este é infinitamente excedido pela alegria que resulta de sua superação!

Mas, para começar, por que a crítica do nada nos conduz a um ser que é "vida", e mesmo vida "incessante"?

A resposta nos parece finalmente ser esta: o problema é menos o ser que o da *vinda ao ser*, sempre continuada, como o atesta o perpétuo surgimento da novidade. Ora, se esta não deve mais ser pensada para além do nada, ela deve sê-lo a partir do ser, de um ser que, portanto, produz sempre ser, ou se produz sempre para além de si, temporal, criador, ativo – portanto, à imagem da duração e da vida! Mais ainda, trata-se mesmo de uma ação que continua, ou seja, que é menos "infinita" que *jamais finita*, sempre em curso! Deus, neste sentido, e em todos os sentidos, não é *finito*. A criação prossegue, compreendida no universo, que não pára de se desenvolver.

Mas se Deus não é finito, e continua, ele é, no entanto, também finito no sentido em que dele se separam, como de todo ato criador, os resultados criados. É assim que da vida se separam espécies e de nossa duração, atos; é a inversão que causa a dualidade profunda da duração (e do espaço), da vida e, finalmente, do próprio universo. É a negatividade, sustentaremos, portanto, que está realmente no centro da vida em Bergson, mais ainda que em Plotino, por exemplo, uma vez que não é somente um movimento que se opõe à imobilidade, ou um nada que se opõe ao ser, mas um movimento que se opõe a um outro, e um tipo de ser a um outro, e isto em cada ser e em todos os seres!

Desde então, compreendemos simultaneamente que estamos próximos e separados do ser, à distância e em contato com ele, permitindo ao mesmo tempo a perda e a intuição.

Mas essa dualidade, ainda uma vez, não pode permanecer teórica ou metafísica; ela assumirá, portanto, em *As duas fontes*, o sentido que indicamos mais acima. A criação descobre-se como origem de uma unidade que terá percorrido a separação, ou seja, o amor, mais rico que a própria unidade simples. Ela será unidade entre criadores e isso, para além de uma negatividade que se torna não apenas separação e interrupção, mas ódio e destruição. Ainda uma vez, não atingiremos o centro do bergsonismo se não formos até a "noite obscura", que, segundo ele, caracteriza o próprio acesso à luz no "misticismo completo".

Mas, mesmo se admitirmos, sob essa forma extremamente concentrada, que o bergsonismo admite, com efeito, uma negatividade que é polaridade e oposição real sem artifício dialético de qualquer espécie, compreenderemos que a "positividade" acaba sempre por conduzi-la a um amor que ultrapassa todos os ódios e a uma alegria que ultrapassa todos os sofrimentos, sejam eles reais e indubitáveis?

Podemos ir mais longe: não devemos levar em consideração mais ainda a experiência do sofrimento, como gênese real do "niilismo", e isso sem abandonar o "vitalismo", mas deslocando-o e completando-o, talvez? Tal será efetivamente nossa última série de questões.

Uma ruptura que completa o vitalismo?

Acentuaremos aqui os seguintes pontos:

O próprio Bergson distingue, em uma célebre página de *As duas fontes,* a "terrível realidade" do sofrimento do "falso problema" metafísico do mal. Ele toma mesmo como exemplo o luto de uma criança por sua mãe. No entanto, a essa realidade se opõe a do prazer e, sobretudo, da alegria "definitiva" do místico (tratamos deste ponto em outro lugar);

Mas podemos nos perguntar se as diferentes formas de sofrimento, antes que um limite geral da vida, não nos indicam os próprios graus da vida, de maneira imanente – e isto, da "morte" enquanto tal ao luto ou a certos lutos, como efeito da perda entre os vivos e que é, em um sentido e em certos casos, "pior que a morte". Essas experiências nos ensinam não a remontar ao princípio, mas, ao contrário, a ir em direção aos efeitos; dito de outra forma, a compreender o sentido da vida não rio acima, mas rio abaixo, não como relação à vida, mas como relação entre os vivos?

Em consequência, o vital seria ao mesmo tempo negativo e "intensivo", ou seja, percorrido por graus, o que nos remeteria a um vitalismo em si mesmo intensivo, e cujo caráter não apenas temporal, mas individual e, sobretudo relacional, seria primeiro. Essa seria a fonte do que podemos, sem anulá-lo, opor a um sofrimento que é perda, como o diz Winnicott, do "sentimento de estar vivo"; não apenas uma alegria, mas um cuidado; não apenas seu contrário, mas uma relação. Consequentemente, a questão "por que viver" não seria somente uma ilusão metafísica, mas um apelo vital.

Isso não seria contradizer o vitalismo, mas encontrá-lo por meio de seu fim aparentemente mais oposto. Mas não tão oposto, uma vez que, como acabamos de ver – mais ainda talvez que toda outra filosofia fascinada por ele e incapaz de lhe opor outra coisa senão a vertigem do ser que dele é, no entanto, a outra face –, o vitalismo de Bergson, em si mesmo, é um dos meios mais vitais que nos restam para combater um niilismo que não cessa de voltar a nos "assombrar".

Ontologia e liberdade em *A evolução criadora*: A criação

Franklin LEOPOLDO E SILVA[1]

Tempo, movimento e ritmo podem ser consideradas palavras-chave na filosofia de Bergson, na medida em que indicam que o tema central é a Vida, noção que ocupa no pensamento do filósofo a posição que a tradição concedeu ao Ser. A diferença é que a interpretação da herança grega, que moldou a história da filosofia, teria conferido à compreensão do Ser perfil abstrato e transcendente, ao passo que a pretensão de Bergson é mostrar que a universalidade da Vida não só permite, mas exige, a consideração de traços reais e concretos, isto é, uma compreensão fundada na imanência, participação íntima do pensamento naquilo que procura entender. Para nos apropriarmos dessa inovação, temos que transpor um obstáculo. A grande novidade trazida por Bergson consiste em nos alertar que o distanciamento e as mediações operados pelos procedimentos analíticos, habituais na lógica do conhecimento, só fazem afastar o sujeito daquilo que ele deveria conhecer, até que essa separação acabe por nos fazer perder de vista os contornos da realidade, como uma paisagem que, embora por ela transitemos, ainda assim permanece desconhecida. A grande dificuldade está em nos darmos conta dessa proximidade – e mesmo dessa coincidência – que, de direito,

---

1 Universidade de São Paulo.

nos torna parte dessa realidade à qual, de fato, persistimos em ter como exterior e estranha, como se necessitássemos construir uma familiaridade artificial com aquilo a que nunca deixamos de pertencer.

Com efeito, categorias e conceitos são símbolos que utilizamos para traduzir a temporalidade e a mobilidade do real, porque o nosso entendimento, pela vocação pragmática que o caracteriza, não é capaz de apreender o processo da realidade, mas unicamente segmentos cristalizados em essências representadas por via da descontinuidade de uma análise que fragmenta o real em partes homogêneas: conhecimento de índole quantitativa tal como se constituiu fundamentalmente a partir do privilégio que a filosofia moderna clássica concedeu ao paradigma matemático. Assim, a continuidade do real como um fluxo diferenciado de qualidades heterogêneas necessariamente nos escapa. Seria preciso substituir a exatidão de um conhecimento analítico pela precisão de um contato imediato com o processo qualitativo do qual somente a intuição poderia nos aproximar.

Nesse sentido se pode dizer que a lógica conceitual nos conduz a um idealismo, na acepção de uma representação simbólica do real, e que o esforço de aproximações sucessivas regulado pela finalidade da intuição nos levaria a um empirismo radical – no limite, a coincidência plena com a realidade, aquém dos artifícios objetivantes.

A possibilidade de tomar contato com a Vida depende, pois, igualmente, de uma reforma do conhecimento e de uma redefinição da ontologia. Em outras palavras, é preciso conceber o conhecimento de tal modo que ele possa se constituir num acompanhamento efetivo do processo vital que caracteriza a realidade. O conhecimento conceitual projeta uma realidade fixa e descontínua, considerada sempre sob o modelo do espaço; o conhecimento tal como proposto por Bergson visa entrar em contato com uma realidade movente e diferenciada, cujo fundamento é a temporalidade. Desse modo, é uma e a mesma reflexão que assume a tarefa de reconfigurar o conhecimento e de reencontrar a realidade no âmbito de uma nova ontologia. Isso quer dizer que a designação "filosofia da vida", no caso de Bergson, de modo algum indica qualquer restrição da reflexão filosófica a um eventual "vitalismo", entendido como redução do real ao vital enquanto um de seus aspectos, mas sim uma concepção da realidade ou do ser como substancialmente tempo e movimento cujo ritmo há de ser apreendido no plano dos "dados imediatos" aos quais devemos aceder através de um método que propicie, tanto quanto possível, o conhecimento direto.

Ora, a ciência contemporânea a Bergson havia chegado a uma concepção da Vida como processo evolutivo, em que a transformação aparecia como a chave de explicação dos fenômenos no âmbito da biologia. A Teoria da Evolução, tal como formulada por Darwin, substituía a perspectiva da fixidez das espécies pela da história das mutações ao longo do tempo. A natureza aparecia assim associada à mudança e à variabilidade – e isso deveria produzir um grande impacto nas teorias tradicionais de conhecimento, em geral alicerçadas nos pressupostos de unidade e imutabilidade. No darwinismo, a mudança não é acidental, mas constitutiva da realidade natural. Bergson, como grande parte dos intelectuais de seu tempo, saudou o aparecimento da Teoria da Evolução como um indiscutível progresso. Mas não deixou de notar também o descompasso entre o caráter revolucionário da teoria científica e a persistência dos fundamentos tradicionais. É essa espécie de conservadorismo epistemológico, incompatível com o "novo espírito científico", que o filósofo procurará criticar, elaborando uma ontologia do movimento que confira consistência e universalidade aos resultados da ciência.

Os requisitos de necessidade, determinação e previsibilidade que sempre foram vistos como fundamentos da evidência teórica implicam um modelo de articulação da realidade em que o encadeamento linear dos fenômenos desempenha papel relevante. A relação entre causa e efeito, por exemplo, a determinação do efeito pela causa em termos de necessidade, de tal modo que, dadas as condições de ocorrência do fenômeno, este pode ser previsto com absoluta segurança. Em outras palavras, a causa ou o antecedente tem função determinante sobre o efeito que se seguirá. O determinismo científico é elemento essencial da estrutura do conhecimento. Para que esse esquema possa funcionar, é preciso que o tempo seja considerado como uma sequência de momentos que se desdobram analiticamente e que podem ser calculados como quantidades discretas e justapostas. O que se entende então por mudança ou transformação fica subordinado à representação de uma realidade feita de instantes justapostos de modo extrínseco, como partes de uma totalidade perfeitamente divisível.

Bergson denuncia aí a confusão entre justaposição e sucessão. A justaposição pode ser caracterizada pela presença de todos os elementos, porque ela se dá no espaço; mas a sucessão no tempo deveria implicar a ausência ou o desaparecimento do passado quando se visa o que está constituído no presente, pois é justamente isso que se entende pela passagem do tempo. Dessa observação Bergson conclui que o tempo visado pelo conhecimento científico só pode compatibilizar-se com a articulação analítica (determinismo) se for considerado um tempo que não passa, cujos instantes poderiam ser recuperados como se estivessem justapostos, para satisfazer às necessidades do cálculo. O tempo real significa transitoriedade: fluxo heterogêneo em que o momento anterior já não é quando o posterior se apresenta.

Nos livros anteriores à *Evolução criadora*, o *Ensaio sobre os dados imediatos da consciência* e *Matéria e memória*, essa concepção de uma multiplicidade qualitativa em fluxo constante havia sido apresentada como a vida da consciência, processo irredutível à articulação quantitativa e à causalidade determinista. Na *Evolução criadora*, Bergson expande essa visão da consciência para a Vida em geral, na qual se encontrariam então a temporalidade e a mobilidade já constatadas na dimensão do psíquico, o que faz com que a Vida e seu processo de evolução devam ser compreendidos à maneira da consciência. Observe-se que não se trata de uma redução da Vida em geral ao processo consciente; antes, o que se coloca é que a consciência mostra, no âmbito do fluxo temporal das vivências psicológicas, algo que é próprio da realidade enquanto tal.

A questão que se apresenta como a dificuldade específica de uma filosofia da evolução é que, no processo de transformação da realidade em geral, o fluxo da temporalidade tem que ser relacionado com a matéria presente nas formas de vida produzidas ao longo do processo. Como a presença de formas materiais consolidadas como coisas se compatibiliza com a imaterialidade do processo temporal? Como a Vida pode ser considerada ao mesmo tempo do ponto de vista do que se apresenta como formado (feito, resultado) e da perspectiva da formação enquanto processo em si ininterrupto – simplesmente a passagem do tempo?

Se o problema permanecer formulado em termos tradicionais, jamais será resolvido. Com efeito, do ponto de vista ontológico, a hierarquia entre ser e devir exige que a multiplicidade instável da série de mudanças que representamos na experiência seja remetida à unidade estável em que a realidade se apresentaria em si mesma. Do ponto de vista do conhecimento, na unicidade e permanência do ser estaria a verdade que nos escapa no vir-a-ser de um mundo em transformação. Para que a evidência da representação corresponda à verdade da realidade representada é preciso então mobilizar o arsenal simbólico que traduziria a mudança em permanência, isto é, a mobilidade em imobilidade e, em termos metafísicos, o tempo em eternidade. Nesse sentido, epistemologia e metafísica estão muito mais próximas do que em princípio poderíamos supor, na medida em que as pressuposições de ordem geral governam os procedimentos que acreditaríamos calcados na realidade das coisas. Com isso, sucumbimos à tendência de passar da simbolização à abstração.

Para evitar a cristalização formal da realidade operada pelo conceito, seria preciso considerar a natureza temporal da realidade e a inadequação dos procedimentos lógicos respaldados na metafísica identitária. Seria preciso ressaltar a diferença como critério fundante de um processo de realidade em que ser e tempo não se distinguem. Isso significa que uma filosofia da evolução deve levar em conta a temporalidade imanente à história natural. Mas, ao fazê-lo, deve também observar o alcance ontológico dessa prevalência do devir sobre o ser. Consequentemente, o problema apresentado acima não pode ser enunciado a partir do pressuposto da superioridade do ser sobre o devir, uma vez que isso somente faria destacar a contradição inerente ao propósito de se conhecer a transformação, em que a formação e o processo adquirem maior importância que a forma acabada. A atenção aos dados imediatos mostra, no âmbito da psicologia, que a consciência é sucessão de vivências, e, no âmbito da biologia, que a Vida é sucessão de formas. Daí deriva que a ontologia já não pode ser o estudo da realidade do ser, mas da realidade do devir. Conferir realidade ao vir-a-ser equivale a uma transformação da ontologia por via da crítica do platonismo, entendido não apenas como doutrina, mas como índole própria dos fundamentos do conhecimento estabelecidos ao longo da história.

Para aquilatar o alcance dessa transformação da ontologia é necessário atentar para as consequências. A recusa do determinismo causal implica o abandono da necessidade como fundamento, e a aceitação da contingência presente no movimento do real. Temporalidade e contingência se relacionam intimamente porque a consideração da passagem do tempo real como constitutiva da realidade impede que esta seja articulada como antecedente e consequente, segundo o esquematismo lógico da tradução conceitual. A atenção aos dados imediatos significa tentar compreender o acontecimento e não a realidade posta pelos procedimentos representativos. O devir como sucessão do acontecer não comporta determinação e previsibilidade que, como vimos, só podem existir a partir da supressão do tempo real. Como designar então aquilo que aparece na pura sucessão, ou seja, aquilo que não é posto a partir das condições próprias dos juízos determinantes, mas aquilo que deveria ser apreendido, no limite, sem mediações? Bergson chama isso de criação.

Chegamos então à consequência mais radical da transformação da ontologia e da reforma do conhecimento. Uma filosofia da evolução se constitui a partir da ideia central de criação. Dela se irradiam todas as exigências – e, sobretudo, aquela relativa à identificação entre realidade e temporalidade. A trajetória que, de um ponto de vista mais imediato, afastou Bergson do evolucionismo de Spencer, e que, de forma geral, o levou à reinstauração do procedimento reflexivo, percorre o caminho que vai da compreensão do tempo ao entendimento da contingência e à consideração da criação. A essa via, por assim dizer, metodológica, se sobrepõe, no entanto, uma outra, que seria a da "ordem das matérias", e que vai da realidade da criação à sua manifestação na contingência e à exigência do tempo real.

Só se pode falar da criação através de rodeios; nunca poderemos defini-la e esta é uma dificuldade constitutiva do pensamento bergsoniano. A definição é sempre uma categorização que parte de instâncias *a priori*, mesmo quando o que se trata de definir surge no âmbito da contingência empírica. O estatuto *a posteriori* da experiência não impede que a ela apliquemos as convenções que antecipam logicamente o objeto. Isso ocorre porque há uma oposição irredutível entre objetividade e imprevisibilidade, manifestação da necessidade imperiosa de escamotear a realidade do tempo. Sendo assim, o que há de imprevisível na sucessão do aparecer tende a ser compensado por uma lógica retrospectiva pela qual remetemos o fenômeno a alguma condição de seu aparecimento, como se a sucessão fosse a aparência sob a qual se ocultaria a determinação. Ora, associar sucessão e determinação equivale a traduzir a sucessão em justaposição.

Considerar a centralidade da criação exige, pois, relacionar temporalidade e imprevisibilidade, o que por sua vez implica o vínculo entre evolução e indeterminação. Essa enorme transgressão epistemológica, que consiste em ver na indeterminação a "condição" do conhecimento, remete a outra talvez ainda maior, que seria a inversão da relação tradicional entre aparência e verdade. Com efeito, enquanto a teoria tradicional considera que a indeterminação estaria sempre afetada pela aparência e pela provisoriedade, Bergson entende que o encadeamento determinado dos fenômenos é fruto de uma construção intelectual fundada no valor pragmático dessa aparência, espécie de ilusão necessária inerente ao pendor da inteligência. Nesse sentido, o determinismo é relativo, e a indeterminação nos aproximaria do absoluto.

Imprevisibilidade e indeterminação já estão, pois, contidas na apreensão da realidade como temporalidade. Assim o conhecimento do processo de evolução tem de ocorrer através dessas noções, em que pese a enorme dificuldade que aí se encontra. Em todo caso, podemos considerar o seguinte. Uma leitura de Bergson, que entenderíamos como superficial, poderia ver na tentativa de fazer prevalecer a indeterminação e a imprevisibilidade simplesmente a negação das categorias tradicionais, ou um modo de apresentar sua insuficiência. Seria como se o filósofo quisesse dizer, através da indeterminação e da imprevisibilidade, que nem tudo se pode determinar e prever. Com isso, permaneceria ainda no âmbito das categorias negadas, apontando para aspectos da realidade que flutuariam no vazio de um espaço que elas não atingiriam. Ora, o vínculo da indeterminação e da imprevisibilidade com a criação parece impugnar essa leitura. Não se trata de negar as categorias tradicionais por via de uma possível insuficiência e incapacidade para atingir todos os aspectos da realidade. Trata-se de afirmar o caráter originário e positivo da indeterminação e da imprevisibilidade. Nesse sentido, determinação e previsibilidade é que apareceriam como negações desse fulcro de realidade, ou como reduções simbólicas da realidade originária. A vocação totalizante das categorias é a outra face do propósito reducionista. Assim, quando dizemos que o real não é determinado e não é previsível, estamos, mais do que negando o alcance da determinação e da previsão, afirmando a indeterminação e a imprevisibilidade como caracteres próprios do processo, e indicando também que determinabilidade e previsibilidade são caracteres contrários postos pelas exigências da representação. É a partir da indeterminação e da imprevisibilidade que o intelecto forja seus contrários, aos quais o hábito e a consolidação histórica conferem uma positividade que não lhes pertence originalmente. A realidade é positiva enquanto indeterminada e imprevisível: determinação e previsão negam essa positividade e a enquadram nos limites da representação.

Esse é o motivo pelo qual uma autêntica teoria da evolução teria de visar a totalidade do real como processo indeterminado e imprevisível: totalidade aberta. Isso significaria compreender que evolução é criação. Desse modo não se deveria entender, por exemplo, que uma coisa causa outra coisa, de modo determinado e de tal maneira que o efeito já poderia ser previsto a partir da causa. Tampouco se deveria supor que a forma de uma realidade qualquer estaria sempre anteriormente em algo que a produz de modo determinado e previsível. A tradição nos ensina que o efeito não pode conter mais do que a causa e que a previsibilidade se deve a que o efeito só pode acontecer como desdobramento da causa. Desde Aristóteles aprendemos que a causa só pode produzir o efeito se o contiver formalmente; que a materialidade do efeito deve, também, ser suposta como condição anterior à produção; que a eficiência causal é produção do efeito a partir do que já está contido na causa; que a finalidade é realização de uma forma que deve estar dada anteriormente. Seja qual for o sentido da relação causal, determinação e previsão aparecem como requisitos essenciais.

Bergson entende que a suposição de um encadeamento linear estritamente determinado não explica o processo da realidade. Uma coisa é vincular *a posteriori*, por afinidades e semelhanças, realidades que se sucedem; outra seria visualizar na dinâmica do processo e do interior de seu percurso, o que seria efetivamente realizado a partir das possibilidades. Julgamos que fazemos isso quando retroagimos da realidade para a possibilidade, porque então podemos localizar a possibilidade a partir de sua realização. Mas não seria possível fazer o trajeto inverso, ou seja, aquele que efetivamente coincide com o processo. A precedência do fazer sobre o feito não é susceptível de ser intelectualmente representada; não temos meios de surpreender a realidade no ato de seu processo, na instabilidade da realização. Partimos sempre do realizado, da forma estabilizada e da coisa inerte. Para o conhecimento habitual, a realidade deve corresponder à estabilidade lógica do conceito, porque a inteligibilidade do real supõe que a lógica o preceda de direito, seja como modelo transcendente, seja como procedimento imanente.

Assim, estaríamos condenados a reconstituir a evolução a partir do evoluído, se a inteligência fosse o único modo de contato com o real. Ora, o próprio fato de podermos pôr em questão o trajeto evolutivo do qual a inteligência é um dos resultados já indica de alguma maneira a possibilidade de reconstituir criticamente a formação desse instrumento de inserção na realidade. Ou seja, não estamos condenados à circularidade de ter de pensar a inteligência com a inteligência, e assim compreender a evolução unicamente a partir do constituído. É claro que a reconstituição será sempre hipotética e nunca chegaremos a representar com clareza e exatidão a temporalidade imanente ao processo de formação do entendimento instrumental. Mas, justamente porque se trata de compreender o processo de consolidação do modo de sobrevivência, isto é, a continuidade da vida na sua trajetória progressiva, é que contamos com o critério da instrumentalidade como vetor principal que orienta o percurso. Tudo que a vida requer de si mesma é a sua própria afirmação. Assumindo essa direção, o processo evolutivo pode ser descrito como contínua superação, constante resolução de problemas que se põem para a continuidade da vida e incessante invenção de meios e formas de vir a ser. Embora essas três perspectivas convirjam no mesmo propósito, de modo que nenhuma delas, isoladamente, poderia ser vista como exclusiva, há de se convir que a terceira é a que mais condiz com a indeterminação e a imprevisibilidade. Ela engloba as duas primeiras na medida em que a superação de realidade se faz por invenção de realidade e a resolução das dificuldades pela invenção de soluções.

Isso quer dizer que a Vida, que produziu a inteligência, não procede por inteligência. Com efeito, para a inteligência, superar um obstáculo consiste em assimilar a dificuldade de transpô-lo aos meios de que já se dispõe, a partir de uma consideração previsiva que reduz substancialmente o futuro ao presente. Da mesma forma, resolver um problema significa subordiná-lo a um esquema prévio de solução que assimile o imprevisto ao que já se encontra estabelecido. Em ambos os casos, progredir é reduzir o desconhecido ao conhecido. Testemunha-o a importância que os princípios e os conceitos *a priori* têm para o conhecimento. Mas é apenas o domínio da perspectiva antropomórfica que nos leva a pensar que a Vida procede como a inteligência humana. Essa analogia nos exime da tarefa enorme de tentar superar a inteligência. Mas deveria ser evidente que aquilo que se apresenta como um produto do processo não poderia ser ao mesmo tempo elemento produtor.

A assimilação do desconhecido ao conhecido por via de uma expansão conceitual é um procedimento geral que tem como fio condutor e critério de orientação a repetição. Na verdade, na base da atitude cognitiva está a pressuposição de que a realidade repete a lógica, preenchendo formas com conteúdos. A interdependência dessas duas noções ganha nitidez quando observamos que, para nós, enquanto sujeitos de conhecimento, a atualização da realidade é sempre potência atualizada pela forma. Ora, a potência é a previsibilidade bruta, na indefinição da matéria, das formas que a organizarão. Portanto, a atualização é o vir-a-ser no sentido apenas formal: o encontro da forma com a potência. Assim a realidade aparece como duplamente condicionada, o que é um modo de dizer que tudo que ela vem a ser já estaria de alguma maneira dado, no plano da inteligibilidade e no plano da materialidade. A matéria, no limite, seria infinita repetição de si mesma; a forma representa a seletividade dessa repetição, que recorta a matéria e introduz a diferença material, que, no entanto, é compensada pela identidade conceitual ou formal. Quando Sócrates pergunta o que é que as coisas têm em comum, ele inaugura um procedimento e instaura uma finalidade que serão os requisitos presentes em todas as concepções de conhecimento.

É preciso, portanto, separar a reprodução intelectual da realidade, obra da inteligência, da produção própria ao processo da Vida. Com isso deixaríamos de ver a natureza como um quadro a ser contemplado em sua totalidade e explorado nos seus detalhes, e passaríamos a considerá-la como processo vital de constituição da realidade, que não podemos contemplar por inteiro, mas que deveríamos acompanhar no seu percurso. Seria essa a maneira de dirigir a atenção para a diferença não apenas como articulação de distinções dadas, mas como processo de diferenciação intrinsecamente constituinte de uma realidade que se faz como devir.

Discernir entre articulação das distinções e processo de diferenciação é algo necessário para que possamos pensar a criação, que não é outra coisa senão a invenção da diferença.

Por que o real é "articulado"?
O eleatismo paradoxal de Bergson[1]

Arnaud FRANÇOIS[2]

Em um texto relativamente pouco comentado, Bergson ataca a teoria segundo a qual a verdade seria concordância, correspondência ou adequação do pensamento ou do discurso à realidade:

> é somente em casos raros, excepcionais, que esta definição do verdadeiro encontra sua aplicação. O que é real, é tal ou tal fato determinado se realizando em tal ou tal ponto do espaço e do tempo, é o singular, é o mutável.[3]

Consequentemente, a verdade não pode ser mais uma propriedade da proposição, situada em posição de proeminência ou de transcendên-

---

1 Título original: *Pourquoi le réel est-il "articulé"? L'éléatisme paradoxal de Bergson*. Tradução: Silene Torres Marques.

2 Universidade Toulouse II – Le Mirail.

3 Henri Bergson. "Sur le pragmatisme de William James: Vérité et réalité". *La pensée et le mouvant*, p. 244-245. As referências às obras de Bergson remetem à edição da coleção Quadrige, Paris: PUF. (N.T.)

cia em relação à realidade à qual ela "concerne" : ela deve ser compreendida, de uma maneira ou de outra, como imanente à realidade, como um momento ou um acontecimento da própria realidade. É o que formula Bergson, quando faz da verdade, assim como da realidade no seio da qual ela é considerada, ou, por assim dizer, na corrente pela qual é arrastada, o objeto de uma criação: "*enquanto para as outras doutrinas uma verdade nova é uma descoberta, para o pragmatismo é uma invenção*".[4] "Pragmatismo" é, com efeito, no sentido estrito, a doutrina pela qual a verdade é um acontecimento no seio da realidade.

Essa imanência da verdade à realidade, qualquer que seja no momento sua modalidade exata, vincula Bergson a uma das tradições mais antigas da filosofia, já que se trata da tradição aberta por Parmênides. O pensador de Eleia, em sua tentativa de determinar integralmente as condições de um pensamento do Uno – em que o Uno é, precisamente, o próprio pensamento –, afirma, em uma passagem célebre do *Poema*, que o pensamento, enquanto lugar da verdade, não poderia estar essencialmente dissociado do ser ou da realidade: "o mesmo, esse, é ao mesmo tempo pensar e ser" ("*to gar auto noein estin te kai einai*").[5] A crítica dessa identificação do pensamento ao ser, da verdade à realidade, foi o ponto de partida, sabemos, de uma outra tradição, rival da precedente, e que começa com Platão, principalmente no *Sofista*. Os argumentos desenvolvidos por Platão nesse gênero de diálogos constituem um momento indispensável de meu assunto; proponho-me a eles retornar mais tarde.

Desejaria, neste momento, ressaltar a evidência da identificação bergsoniana entre verdade e realidade – da qual restará, ainda uma vez, apreender a modalidade exata –, a partir de um exemplo preciso (mas haveria outros), e sem dúvida bastante surpreendente ou inesperado, a saber, a teoria do instinto em *A evolução criadora*. Terminando sua caracterização diferenciada da inteligência no segundo capítulo da

---

4 Henri Bergson. "Sur le pragmatisme ...", p.247 (Grifo do autor).

5 Parménide. *Le poème*, trad. Jean Beaufret (1955), 4 ed. Paris: PUF, coll "Épiméthée", vol. III, p. 78-79.

obra, Bergson escreve: "*A inteligência é caracterizada por uma incompreensão natural da vida*".[6] Depois, acrescenta por contraste: "É sobre a própria forma da vida, ao contrário, que é moldado o instinto".[7] Eis a consideração que nos interessa, aparentemente secundária e retomada de uma análise um pouco ultrapassada de Paul Janet:[8] o instinto

> apenas continua o trabalho pelo qual a vida organiza a matéria, a tal ponto que não poderíamos dizer, como se mostrou frequentemente, onde a organização termina e onde o instinto começa. Quando o pintinho quebra sua casca de ovo com uma bicada, ele age por instinto, e, no entanto limita-se a seguir o movimento que o transportou através da vida embrionária.[9]

Dito de outra forma, o instinto não é uma faculdade de se representar a vida, mesmo "do interior", não é uma faculdade representativa do todo; ele é uma faculdade de ação, e a mesma coisa vale, literalmente, para a inteligência. O instinto, para dizê-lo radicalmente, é *a própria vida* enquanto se lança numa certa direção – a saber, a "utilização" e a "construção de instrumentos orgânicos"[10] –, e a inteligência é a própria vida enquanto se lança em outra direção – a "fabricação" e o "emprego de instrumentos inorgânicos".[11] A diferença entre a inteligência e o instinto não é a entre duas faculdades teóricas ordenadas a duas regiões distintas da realidade, ou entre uma faculdade teórica e uma faculdade prática, mas é realmente uma diferença que atravessa a própria vida – a inteligência e o instinto são, rigorosamente, a própria vida –, na medida

---

6 Henri Bergson. *L'évolution créatrice*, p. 166.

7 *Idem, Ibidem.*

8 Paul Janet. *Les causes finales*. Paris: Baillière, 1876, p. 137-144.

9 Henri Bergson. *L'évolution ...*, p. 166-167.

10 Cf. *L'évolution créatrice*, p. 141.

11 *Idem, Ibidem.*

em que adota duas atitudes opostas. A primeira consiste em se lançar através da matéria para agir sobre ela – eis o instinto –; a segunda, em fazer retorno sobre si, para alargar o círculo de sua ação possível – eis a inteligência, capacidade essencialmente reflexiva.[12]

Tomemos agora a intuição: esta não é, de seu estofo, diferente do instinto. Ao contrário: é porque existe algo como o instinto, a saber, um poder mental de coincidir com a própria vida, que a intuição como conhecimento é possível: "a *intuição*, quero dizer o instinto tornado desinteressado, consciente de si mesmo, capaz de refletir sobre seu objeto e de alargá-lo indefinidamente".[13] Pois para que um conhecimento seja possível – e a intuição é, para Bergson, o único "conhecimento" rigorosamente falando, ao lado dessas duas faculdades de ação que são a inteligência e o instinto –, é necessário uma coincidência. E aqui está o ponto decisivo: *para Bergson, conhecer uma coisa não significa, não pode significar outra coisa senão coincidir com esta coisa, ou seja, em uma certa medida – pois se trata aqui, por paradoxal que seja essa asserção, de distinguir graus –, ser esta coisa.* O instinto é a única via que nos foi aberta na direção do conhecimento da vida, porque o instinto coincide, rigorosamente, com o movimento organizador que *é* a vida, lá onde a inteligência, colocada do exterior, "tira fotos" sobre esse movimento.[14] Mas é necessária a inteligência, tanto quanto o instinto, para fazer uma intuição, uma vez que um instinto que não se associasse à inteligência permaneceria de tal modo interior a seu objeto, coincidiria tão profundamente com ele, que faltaria a distância mínima ou a exterioridade mínima indispensável ao conhecimento como tal – ele *seria*, pura e simplesmente, seu objeto. A intuição, ou seja, segundo Bergson, o único conhecimento verdadeiro, é, portanto, de seu estofo, instinto – ela é o próprio instinto –, mas na medida em que ele se ampliou, que se tornou consciente de si, e por isso, capaz de se estender a uma infinida-

---

12 *Op cit.*, p. 159-160.

13 *Op cit.*, p. 178 (Grifo do autor).

14 *Op cit.*, p. 177-178.

de de objetos.[15] E é aqui a inspiração não mais do próprio Parmênides, mas de um outro pensador grego que, sobre o presente ponto, mostra ser singularmente próximo de Parmênides, que Bergson recupera: podemos aplicar à intuição bergsoniana a fórmula que Empédocles dava do conhecimento, a saber, "o igual conhece o igual". Ou seja, aqui: é preciso ser uma coisa para conhecê-la.

A necessidade, proclamada por Bergson, de *ser* em uma certa medida seu objeto para *conhecê-lo*– necessidade que significa, pelo menos parcialmente, a identidade do ser e do conhecimento, da realidade e da verdade –, novamente se faz sentir na teoria, mais geral, que o autor forja, sempre em *A evolução criadora*, a propósito da relação entre vida e consciência. Vejamos uma das metáforas mais importantes, mais recorrentes e mais difíceis da obra: o instinto é, no homem, "uma franja de representação confusa que circunda nossa representação distinta, ou seja, intelectual";[16] ora, essa franja não é, por assim dizer, um olhar sobre a vida, mas ela é bem uma *parte* da vida, ela é "a parte do princípio evolutivo que não se reduziu à forma especial de nossa organização e que passou por contrabando".[17] De modo que a intuição consistirá mais exatamente, se seguimos a imagem dos círculos concêntricos utilizada aqui por Bergson, em estender o círculo menor – a inteligência – em direção ao círculo maior – a vida –, a fim de permitir à inteligência reconquistar, no caminho, o máximo das virtualidades do instinto e, por isso mesmo, de convertê-las em intuição. Daí a imagem da "dilatação", que encontra uma de suas ocorrências imediatamente depois:

> É, portanto aí [nesta "franja indistinta" que é o instinto] que deveremos procurar indicações para dilatar a forma intelectual de nosso pensamento; é daí que extrairemos o impulso necessário para nos elevar acima de nós mesmos.[18]

---

15 *Op cit.*, p. 178.
16 *Op cit*, p. 49.
17 *Idem, Ibidem.*
18 *Idem, Ibidem.*

Vemos, seja dito de passagem, como o tema bergsoniano da "superação da condição humana"[19] em direção a uma "superhumanidade"[20] não significa a princípio a transformação biológica de uma espécie dada, mas antes de tudo, a ampliação cognitiva de nosso espírito à intuição.

Sobretudo, a relação entre a inteligência e a vida é sempre considerada por Bergson, de uma maneira paradoxal, mas rigorosa, como uma relação da parte ao todo, e não do espectador ao espetáculo, do sujeito ao objeto. Esse vocabulário é apresentado desde a introdução da obra,[21] e a ideia que ele denota reaparece em um outro grande texto sobre a superação da condição humana, em que a vida é agora apresentada, em uma imagem não menos célebre, como um "fluido benfazejo que nos banha":

> Um fluido benfazejo nos banha, onde extraímos a própria força de trabalhar e viver. Deste oceano de vida, onde estamos imersos, aspiramos incessantemente alguma coisa, e sentimos que nosso ser, ou pelo menos a inteligência que o guia, aí se formou por uma espécie de solidificação local. A filosofia não pode ser senão um esforço para fundir-se novamente no todo.[22]

Em todos esses textos, a inteligência é apresentada como uma parte da vida, o instinto como uma parte mais englobante, e a intuição como esta parte mais englobante, uma vez que ela foi reconquistada pela parte central, então dilatada a partir de si mesma. Isso é dizer que a vida, que é aqui o conhecido, não é essencialmente distinta daquele que conhece, mas que há entre eles uma relação de coincidência mais

---

19 *Op cit*, p. 193.

20 *Op cit*, p. 266-267.

21 *Op cit*, Introduction, p. VI.

22 *Op cit*, p. 192-193.

ou menos total. E isso significa, na perspectiva própria de *A evolução criadora*, que a vida não é o que a consciência encontra à sua frente, mas que ela é consciência de sua essência, e isso, de um ponto de vista metafísico e não mais apenas gnosiológico, pois ela é duração. Dizer da vida que ela é duração – e, nesse sentido, consciência – é, portanto, adotar imediatamente uma certa posição não somente quanto ao que ela é, mas mais ainda quanto aos meios de conhecê-la.

Enfim, a tese segundo a qual é necessário, em certa medida, ser uma coisa para conhecê-la – aprofundada em *A evolução criadora* a propósito de uma teoria do instinto e desenvolvida no texto sobre James em direção a uma teoria concernente à relação entre verdade e realidade – já está no centro da primeira teorização bergsoniana da intuição, em "Introdução à metafísica":

> Denominamos aqui intuição a *simpatia* pela qual nos transportamos para o interior de um objeto para coincidir com o que ele tem de único e, consequentemente, de inexprimível.[23]

Desde esta declaração, que dará origem a um aprofundamento constante de pelo menos uma dezena de anos, é portanto – tal é a tese que defendo – uma tendência profunda do bergsonismo que se faz sentir, e esta tendência, que consiste em afirmar a coincidência parcial do ser e do conhecer, é o que denomino o "eleatismo de Bergson".

Mas esse eleatismo é "paradoxal", e não pode não sê-lo em um pensador cujo primeiro ato filosófico foi, precisamente, criticar os argumentos forjados a propósito do movimento por Zenão de Eleia, justamente com o objetivo de sustentar o que compreendera da doutrina de seu mestre Parmênides.

Não poderíamos tratar, aqui, de retomar a integralidade dessa crítica. Lembremos apenas que ela se articula em torno da noção de *simplicidade*, entendida em um sentido bem particular: o simples não

---

[23] Henri Bergson. "Introduction à la métaphysique". *La pensée* ..., p. 181. (Grifo do autor)

é o Uno, no sentido em que o entendia Parmênides, um certo Platão e os neoplatônicos, mas "o indivisível segundo a quantidade". Quer dizer que ele é múltiplo, mas de uma multiplicidade que por sua vez é de um tipo muito preciso, o que Bergson denomina, desde o *Ensaio sobre os dados imediatos da consciência*, a "multiplicidade indistinta" ou "qualitativa", a saber, a duração, em oposição à "multiplicidade distinta" ou "quantitativa", a saber, o espaço.[24] O simples não é o que não contém partes – tal seria o Uno –, mas o que apenas contém partes virtuais; quer dizer que ele é o próprio processo pelo qual as partes se desenvolvem distinguindo-se umas das outras. E a dificuldade é ultrapassada: o simples, ou a multiplicidade indistinta, é um *processo*, ou seja é o tempo – a própria "duração"–, ou o movimento. O Uno, como o múltiplo, não pode ser senão congelado, e a inovação bergsoniana consiste, aqui, em ter concebido, contra os sectários de Parmênides e os neoplatônicos, uma unidade, ou, isto no momento se equivale, uma multiplicidade, que somente pode ser movente. É o sentido da noção bergsoniana de simplicidade.

Ora, eu dizia, é através dessa própria noção de simplicidade, ou seja, de unidade ou de multiplicidade necessariamente movente, que Bergson responde à negação do movimento por Zenão de Eleia: o movimento que realizo, quando levanto minha mão de A a B, ou o movimento que Aquiles realiza, quando ele alcança a tartaruga, é um ato simples, e é representar abstratamente as coisas dizer que minha mão tem que transpor uma posição após a outra, ou que Aquiles deve se mover de um ponto a outro.

Agora, se a noção de simplicidade – ou, mais justamente, a intuição que podemos nos dar do que é simples – permite, aos olhos de Bergson, refutar Zenão de Eleia sobre a questão do movimento, é em razão de um de seus aspectos bem precisos, já evocados, a saber, o fato de que ela não reenvia à unidade pura – a unidade pura seria necessariamente imóvel –, mas a uma unidade já recortada (ainda que virtualmente), já múltipla, a uma unidade, segundo a imagem decisiva

---

24 Para este vocabulário, ver Henri Bergson. l'*Essai sur les données immédiates de la conscience*, p. 78.

da qual se serve regularmente Bergson, já *articulada*. Eis-me aqui no centro de minha questão.

O movimento é articulado, nos diz Bergson, no sentido em que possui momentos sucessivos essenciais, que não poderiam ser confundidos entre eles ou invertidos uns em relação aos outros sob o risco de arruinar o movimento, ou seja, de interrompê-lo ou de torná-lo impossível. Aqui, é preciso distinguir entre os dois exemplos constantemente considerados por Bergson, o da mão que levanto de A a B e o de Aquiles correndo com a tartaruga. Pois apenas o segundo faz claramente compreender o que está em questão. O texto crucial sobre essa questão encontra-se em *A evolução criadora*:

> Todo movimento é articulado interiormente. É ou um salto indivisível (que pode, aliás, ocupar uma duração muito longa) ou uma série de saltos indivisíveis. Levem em consideração as articulações deste movimento, ou então não especulem sobre sua natureza.
> Quando Aquiles persegue a tartaruga, cada um de seus passos deve ser tratado como um indivisível, cada passo da tartaruga também. Após um certo número de passos, Aquiles terá transposto a tartaruga. Nada é mais simples. Se vocês querem dividir ainda mais os dois movimentos, distingam de um lado e de outro, no trajeto de Aquiles e no da tartaruga, *submúltiplos* do passo de cada um deles; mas respeitem as articulações naturais dos dois trajetos. Conquanto que as respeitem, nenhuma dificuldade surgirá, pois vocês estarão seguindo as indicações da experiência. Mas o artifício de Zenão consiste em recompor o movimento de Aquiles segundo uma lei arbitrariamente escolhida.[25]

Seja, com efeito, a corrida de Aquiles concebida como uma totalidade indivisível (ou antes, indivisível segundo a quantidade) – cada

---

25 *Idem, L'évolution ...*, p. 309-310.

passo chama o seguinte, já contém o seguinte por assim dizer em germe, o contém virtualmente – e a experiência de pensamento pela qual podemos, *a contrario*, fazer aparecer essa relação de implicação mútua entre os passos é que, se impedimos subitamente Aquiles de prolongar um de seus passos no seguinte, ele cai, nem mesmo chega a efetuar o precedente até o fim. Cada passo contém o precedente e o seguinte. E, no entanto, os passos são diferentes uns dos outros, embora segundo uma diferença que não é distinção, que não é, propriamente falando, numérica, mas que reenvia, mais exatamente, ao que Bergson denomina uma "articulação" do real. O movimento de minha mão de A a B, mesmo que seja de mesma natureza que a corrida de Aquiles com a tartaruga, apresenta menos nitidamente, compreendemos agora, o caráter de ser interiormente articulado. E Bergson, no texto que acabamos de ler, prolonga discretamente, mas rigorosamente, essas análises por uma consideração sugestiva, valendo para a vida humana em seu conjunto, ela mesma concebida como uma totalidade indivisível, no entanto articulada interiormente – "um salto indivisível, ou uma série de saltos indivisíveis".

Ora, é precisamente por essa concepção segundo a qual o que é da ordem do qualitativo – a duração – é necessariamente articulado interiormente, embora segundo articulações que, precisamente, não são numéricas ou distintas – ou seja, *in fine*, espaciais –, que Bergson responde, da maneira mais geral, às objeções de natureza diversa que sempre foram levantadas, com razão, contra toda doutrina de inspiração parmenidiana. Dito de outra forma, *o real bergsoniano não é o Uno parmenidiano, pois ele é interiormente articulado e, portanto, movente; mas isto não o impede de possuir, em comum com o Uno parmenidiano, um certo número de caracteres que convergem para a identidade fundamental, embora de grau variável, entre a verdade e a realidade, identidade que define bem um certo tipo de concepção do conhecimento.* Este "eleatismo paradoxal" de Bergson, em sua própria tensão interna, circunscreve, vemos, um certo número de progressões próprias a essa filosofia em matéria de teoria da verdade, do movimento e do conhecimento; é sobre essas progressões que me resta agora insistir, e minha exposição tendia, desde o início, para esta direção, uma vez que marcar as referidas progressões, conquistadas sempre com e contra um certo tipo de concepção nomeada por mim "eleatismo", será, espero, fazer aparecer ao mesmo tempo a irredutibilidade e o poder criador, aqui, do bergsonismo.

I. Todos nos lembramos da crítica que Platão dirigia contra Parmênides no *Sofista*: ao falar do Uno, e ao identificá-lo ao ser, nos abstemos de apreender a condição do discurso falso, ou seja, nos tornamos incapazes, mais fundamentalmente, de distinguir entre o discurso verdadeiro e o discurso falso. Todos os discursos são verdadeiros, uma vez que são todos, no fundo, "do ser", uma vez que são todos "reais". Aqui está a dificuldade própria e incontornável de toda doutrina que visa identificar verdade e realidade – e o bergsonismo é uma dessas doutrinas –, que é apontada, de uma maneira antecipada, por Platão. E já antes do *Sofista*, Platão havia mostrado de modo humorístico, nos paralogismos produzidos pelos sofistas do *Eutidemo*, a consequência necessária da doutrina parmenidiana concernente à relação entre pensamento e ser – aqui identificada, aliás, ao mobilismo heraclitiano. A solução proposta pelo *Sofista*, sabemos, igualmente, consiste em introduzir, no bloco indiviso da realidade parmenidiana, esta fissura mínima que é o não-ser, definido como alteridade. Apenas nessa condição o discurso falso torna-se recusável como tal, e o sofista pode ser caracterizado segundo sua atividade própria. O papel das "articulações do real", na filosofia bergsoniana, é semelhante, embora uma diferença radical separe aqui a solução bergsoniana daquela adotada por Platão. Bergson, em *A evolução criadora*, e mais tarde em *As duas fontes da moral e da religião*, evoca precisamente Platão, e o dialético do *Fedro* comparado a um bom cozinheiro, para apresentar a concepção da tarefa do filósofo como consistindo, notadamente, em recortar a realidade segundo suas articulações naturais.[26] Mas a própria passagem que, mais adiante em *A evolução criadora*, compara a vida a um "fluido benfazejo", em que

---

26 *Op Cit*, p. 157, n. 1; *Idem, Les deux sources de la morale et de la religion*, p. 109.

estaria contida, imediatamente, a apreensão intuitiva a qual poderemos nos consagrar, recusa o platonismo nos seguintes termos:

> A inteligência humana, tal como no-la representamos, não é de modo algum a que nos mostrava Platão na alegoria da caverna. Ela não tem mais por função observar passar sombras vãs, quanto contemplar, voltando-se para trás de si, o astro ofuscante.[27]

Daí resulta o enunciado exato de um problema, que se pode formular, segundo a imagem das articulações do real, nos seguintes termos: encontrar um meio, com Platão, de distinguir entre divisões naturais e divisões artificiais da realidade, concebendo ao mesmo tempo, contra Platão, essas divisões não como transcendentes à realidade – e próprias a "gêneros" ou "essências" que estariam acima dela –, mas como imanentes a ela, ou seja, como temporais.

II. Esse problema encontra sua solução, ao menos parcial, ou em todo caso sua reformulação, em uma teoria da ideia geral que consideramos frequentemente, senão como incidente, ao menos como acessória no seio do bergsonismo; ela se desenvolve, no entanto, de *Matéria e memória*[28] aos últimos textos de Bergson – "Da posição dos problemas",[29] e mesmo *As duas fontes da moral e da religião*[30] –, passando pelo terceiro capítulo de *A evolução criadora*[31]. A ideia comum a todos esses textos, entre os quais seria sem dúvida conveniente distinguir, é que há ideias gerais que possuem um correspondente na realidade, ou seja, que há gêneros reais. Ora, para indicar a natureza desses gêneros reais – ou seja, imanentes à realidade – Bergson dá invariavelmente o exemplo dos gêneros vivos. Mas o próprio "gênero", como tal, se opõe, segun-

---

27 Idem, *L'évolution...*, p. 192.

28 Idem, *Matière et mémoire*, p. 173-181.

29 Idem, "De la position des problèmes", *La pensée et le mouvant*, p. 53-64.

30 Idem, *Les deux sources...*, p. 109, 182-184, 205.

31 Idem, *L'évolution...*, p. 227-232.

do *A evolução criadora*, à "lei", exatamente no sentido em que o vital opõe-se ao material: o que permite a "Da posição dos problemas" reformular essa distinção, dizendo que ao gênero vital, que é da ordem da "semelhança", se opõe o gênero material, que, inversamente, concerne à "identidade";[32] mas nos dois casos, Bergson insiste, lidamos com "gêneros reais", ou seja, com tipos de articulações naturais da realidade. Os exemplos dados, no segundo caso, são os seguintes: "qualidades, tais como as cores, os sabores, os odores; elementos ou combinações, tais como o oxigênio, o hidrogênio, a água; enfim, forças físicas como o peso, o calor, a eletricidade".[33] Em todo caso, essas duas espécies de "gêneros reais" opõem-se claramente às articulações artificiais da realidade, o que Bergson denomina as "ideias gerais criadas inteiramente pela especulação e a ação humanas".[34]

III. Essas análises permitem responder a um erro de interpretação frequente de uma teoria bergsoniana difícil e repleta de questões implícitas, notadamente científicas, mas também práticas ou éticas, a saber, a teoria da inteligência. Cremos frequentemente que a inteligência tem como única atividade – no bergsonismo, aquela infeliz –, que consiste em dividir, recortar ou separar *arbitrariamente* a realidade, esta última sendo então concebida, indiretamente, como um bloco absolutamente indivisível, simplesmente dado. A situação é diferente, claro, se a realidade já é em si mesma articulada. A inteligência pode então, na fragmentação que ela opera efetivamente, seguir as articulações naturais da realidade, embora estas se encontrem divididas desde então em dois tipos – as primeiras, vimos, sendo as articulações, por assim dizer, "vitais" da realidade, e as segundas sendo suas articulações "materiais". Por consequência, a ciência positiva deixa de ser um conjunto de "visões" puramente exteriores sobre seu objeto, mas ela o penetra até um certo ponto, age sobre ele, embora por um de seus dois lados apenas. Assim, a ciência não é somente um conjunto de abstrações operadas

---

32 *Idem*, "De la position ...", p. 58-60.

33 *Op cit.*, p. 59.

34 *Op cit.*, p. 63.

sobre a duração, tanto mais abstratas quanto mais matematizadas (modelo da diferença de grau); ela não é somente o modo de acesso natural a uma certa região da realidade, lá onde a "metafísica" se daria uma outra região por terreno de investigação (modelo da diferença de natureza); ela *coincide* verdadeiramente, embora segundo graus variáveis, com a metafísica, e esta coincidência se opera nos *problemas* sempre singulares (modelo por assim dizer intensivo, da diferença de grau encontrada, embora em um sentido totalmente novo, no seio da diferença de natureza). E é notadamente nessa perspectiva que podemos compreender as célebres e difíceis declarações de *A evolução criadora* segundo as quais a ciência certamente isola artificialmente sistemas na continuidade material, mas segundo as quais igualmente a matéria possui uma certa "tendência a constituir sistemas isoláveis, que possam ser tratados geometricamente",[35] a tal ponto, acrescenta Bergson, que "é mesmo por esta tendência que nós a definiremos".[36]

IV. Pois a questão do sistema, tão decisiva particularmente para a própria problemática de *A evolução criadora* – embora pouco tematizada pelos comentadores –, é a quarta que nossas análises concernentes às "articulações do real" parecem permitir recolocar. O livro de 1907 distingue, desde seu primeiro capítulo, entre os "sistemas naturalmente fechados" (o corpo vivo, o universo) e os "sistemas artificialmente fechados" (os que isola, por uma abstração indispensável ao processo experimental, a ciência positiva).[37] Sobre os segundos, o tempo não tem qualquer influência. Os sistemas filosóficos, examinados no quarto capítulo da obra, a eles se assemelham, uma vez que todos consistem na reconstrução do movimento pelo qual o mundo sensível percorre, a partir de um princípio imutável em que a realidade coincide com a verdade e na direção de um nada hipostasiado, os diferentes níveis que então lhes emprestamos, quer o referido princípio seja transcendente (segundo a antiguidade) ou não (segundo a modernidade). Mas entre os

---

35 Idem, *L'évolution...*, p. 10.

36 Idem, Ibidem.

37 Op cit., p. 11-16.

"sistemas naturalmente fechados" (qualitativamente distintos dos outros sistemas) e os "sistemas artificialmente fechados" (isolados uns dos outros segundo recortes puramente espaciais, ou seja, quantitativos), Bergson reserva um lugar para os "sistemas relativamente fechados", cujo exemplo mais claro é o sistema solar:

> O universo é um conjunto de sistemas solares que temos todos os motivos para acreditar análogos ao nosso. Sem dúvida, esses sistemas não são absolutamente independentes uns dos outros. Nosso sol irradia calor e luz para além do planeta mais longínquo, e de outra parte todo nosso sistema solar se move em uma direção definida, como se por ela fosse atraído. Há, portanto uma ligação entre os mundos. Mas esta ligação pode ser considerada como infinitamente frouxa em comparação com a solidariedade que une as partes de um mesmo mundo entre elas. De modo que não é artificialmente, por razões de simples comodidade, que isolamos nosso sistema solar.[38]

Ora, se os "sistemas relativamente fechados" são incapazes de diferir uns dos outros segundo a qualidade, em natureza – como o fazem os sistemas naturalmente fechados –, se eles são incapazes de diferir uns dos outros segundo a quantidade, pelo grau – é o caso dos sistemas artificialmente fechados, então, segundo qual tipo de diferença eles podem se distinguir uns dos outros, senão por essas "articulações do real" que, por quebrarem a continuidade aparentemente indivisa da duração, não estão menos profundamente inscritas nela?
V. O que nos conduz a um quinto movimento, vemos, a um breve exame da teoria bergsoniana da própria diferença. Bergson distingue constantemente, como é bem conhecido, entre a diferença de grau e a diferença de natureza. A primeira é quantitativa, a segunda qualitativa. Mas, textos como o quarto capítulo de *Matéria e memória*, e sem dúvida toda a estrutura dessa obra, reconsideram essa dicotomia, ou

---

38 *Op cit.*, p. 242.

antes, fazem ver a necessidade de conceber um terceiro tipo de diferença, que poderíamos designar – e o fiz a pouco – como a diferença de grau enquanto a encontramos na, ou no seio da, diferença de natureza. Tomemos a estrutura binária de *Matéria e memória*, acentuada pelo próprio título: a matéria difere da memória, ou seja, do espírito (e aqui já se desenha uma *tese* bergsoniana), como o presente difere do passado, como a percepção difere da lembrança, como o consciente difere do inconsciente, como enfim o atual difere do virtual (o que permite, seja dito de passagem, colocar do mesmo lado a matéria, o presente, a percepção, o consciente e o atual, em oposição ao espírito, o passado, a lembrança, o inconsciente e o virtual). Ora, Bergson não cessa de nos dizer que a lembrança pode voltar a ser percepção – ou, antes, vir coincidir com uma percepção –, por um processo gradual que se nomeia "atualização", e que se efetua segundo os graus de uma "tensão". A essência desses graus – que são então graus intermediários entre duas realidades, que diferiam em natureza – resta, portanto a pensar. É aqui que a ideia de "graus intensivos" ou de "escala intensiva", apresentada pelo quarto capítulo de *Matéria e memória* e invocada por Deleuze em um artigo que merece sua fama,[39] adquire seu rigor e sua necessidade. Mas na medida em que se trata de um certo tipo de diferença *virtualmente espacial* – uma vez que se trata de graus, e que o que deve se conceber é precisamente a possibilidade de uma espacialização, como passagem do virtual ao atual, do extra-espacial, no seio disso mesmo que, no entanto, não admite a espacialidade por assim dizer atual – a duração, agora tornada, como observava Deleuze, a diferença de natureza em pessoa, então somos obrigados a recorrer a uma "categoria" intermediária, que é exatamente do tipo que eu procuro compreender desde o início desta exposição sob o título "articulação natural da realidade".

VI. Mas então se se trata, com a "articulação do real", da possibilidade da degradação em espacialidade do que não contém, interior-

---

[39] Trata-se, bem entendido, de Gilles Deleuze. "La conception bergsonienne de la différence", *Les études bergsoniennes*, t. IV. Paris: Albin Michel, 1956, p. 79-112.

mente, nenhuma distinção espacial, é certamente à própria natureza do tempo, e à possibilidade, que lhe é sempre inerente, de se degradar em direção à espacialidade, que devemos fazer referência para terminar. Pois o movimento se compõe justamente de etapas sucessivas – que não são as posições –, sem que sua simplicidade fundamental de modo algum sofra (como ilustra o exemplo da corrida de Aquiles, preferencialmente, eu o disse, ao do braço que levantamos); igualmente, o tempo, em sua própria continuidade, é heterogeneidade, e isso em virtude de um de seus caracteres fundamentais, sem o qual ele não poderia ser o tempo, a saber, a *sucessão*.[40] É esse aspecto de sucessão que Bergson apresenta através das diversas noções de qualidade, de heterogeneidade e de criação, que ele forja progressivamente em sua obra. A duração bergsoniana é simultaneamente continuidade e heterogeneidade, é o que faz dessa noção uma criação filosófica própria ao mesmo tempo em que o avesso de um problema, e não poderíamos sacrificar um de seus dois elementos sem também sacrificá-la inteiramente. Ora, se o tempo é sucessão, é a mesma coisa dizer que ele comporta momentos, sem que esses momentos possam, todavia, reduzir-se a instantes, e também de tal espécie que a existência desses momentos seja a primeira premissa de divisão no seio desta realidade no entanto contínua que é a duração – divisão progressiva pela qual a espacialização ulterior da duração torna-se por conseguinte propriamente concebível. Essa dificuldade relativa ao modo de existência do momento no seio da duração – que não é outra senão a dificuldade relativa à questão, no entanto fundamental, da qualidade ou da heterogeneidade no seio da duração – é o objeto de uma análise de Bergson desde sua primeira obra, *Ensaio sobre os dados imediatos da consciência*. Bergson então coloca a questão do movimento: diremos que este é feito de posições sucessivas? Mas para que tenhamos a ideia de posições sucessivas, é preciso que o movimento já nos seja dado para religá-las, e mesmo o tempo, que, do centro de nossa consciência, nos tornará acessível a sucessão – que é o movimento – no mundo. Inversamente, para que o movimento nos seja dado, é preciso

---

40 "O tempo é sucessão" (Henri Bergson. *Durée et simultanéité*, p. 66).

que já pensemos em posições diferentes, sem o que, novamente, não poderíamos nos representar nada além de uma única e mesma posição nas coisas, congeladas então em uma eterna instantaneidade ("*tota simul*"). É preciso, portanto, admitir que "a duração e o movimento são sínteses mentais, e não coisas",[41] isto é, que eles possuem as seguintes propriedades paradoxais: *os dois são atos que consistem em reunir elementos que eles dissociam, no entanto, como tais, pelo fato mesmo de os reunir*. E essa síntese somente pode ser imanente, pois ela se exerce interiormente ao próprio tempo, e interiormente ao próprio movimento. O tempo, assim, retém, e prolonga uns nos outros seus momentos no próprio ato pelo qual ele os constitui como tais; e o mesmo se pode dizer do movimento, com suas etapas sucessivas. Pelo fato de ele reter e prolongar seus momentos, o tempo é memória, e reencontramos aqui seu aspecto de continuidade ou, segundo os termos que *A evolução criadora* aplica à duração como vida, de conservação; e pelo fato de ele os dissociar uns dos outros enquanto momentos já distintos embora se compenetrando, o tempo é heterogeneidade, qualidade e, segundo o vocabulário de *A evolução criadora*, criação. De acordo com essas análises, parece então que o fato de possuir momentos distintos, embora segundo uma distinção que não é quantitativa, é intrínseco ao tempo, e é esse fato que eu procurei chamar, em toda esta exposição, o caráter "articulado" do tempo.

Gostaria de concluir com uma palavra, apontando uma dificuldade que pôde deter certos ouvintes, e que, em minha opinião, pertence à própria coisa, e que se pode formular da seguinte maneira: a "articulação do real" da qual fala Bergson parece designar tanto a diferença intensiva, como tentei sustentá-lo, quanto, isto é incontestável em vista mesmo de minhas análises, a própria diferença de natureza. A assimilação da "articulação do real" à diferença que separa duas qualidades, na última análise realizada, depõe a favor desta segunda compreensão. Em segundo lugar, Bergson emprega frequentemente, em *A evolução criadora*, o vocabulário do sistema "naturalmente fechado" para designar

---

41 Idem. *Essai sur...*, p. 89.

o sistema solar, e, inversamente, o do sistema "relativamente fechado" para designar o organismo. Sejam, respectivamente, as duas ocorrências seguintes: "não é artificialmente, por razões de simples comodidade, que isolamos nosso sistema solar a própria natureza nos convida a isolá-lo"[42] e: "O corpo por excelência, aquele que temos melhores fundamentos para isolar na continuidade da matéria, pois ele constitui um sistema relativamente fechado, é o corpo vivo".[43] Em terceiro lugar, e enfim, podemos perguntar se a ideia geral, que corresponde a "gêneros reais" eles mesmos separados segundo linhas que seguem a intuição (quando se trata de gêneros vitais) ou a inteligência (quando se trata de gêneros materiais), remete a uma distinção virtualmente quantitativa no seio da qualidade, ou se ela não faz remissão à própria qualidade – o que significaria que os gêneros diferem uns dos outros não simplesmente de uma maneira intensiva, mas notadamente em natureza. Tantas formulações do mesmo problema – ou de um certo problema da *diferença* –, que importava menos resolver do que colocar, pois sua solução certamente não reside mais no texto de Bergson (que, precisamente porque a ele é conduzido, não o tematiza), mas sobretudo na retomada contemporânea que podemos fazer de sua filosofia.

---

42 *Idem, L'évolution* ..., p. 242.

43 *Op cit.*, p. 301.

Da intuição à imagem como contato de interioridades

Rita PAIVA[1]

1. Da intuição

O estado de fluidez, declara Bergson, é imanente ao objeto da filosofia. O devir é ser, o qual coincide com a criação contínua de novidades imprevisíveis, com a perpétua alteração de si mesmo. Trata-se da duração. Ser e tempo confundem-se. A metafísica tem, pois, um propósito: compreender o movimento que engendra a experiência em sua totalidade e inventar um método que permita a coincidência com a processualidade indômita que antecede a própria inteligência e que nela se inscreve, profundamente. O método filosófico: eis a nossa questão.

Um pensamento que faz do dinamismo criador imanente ao real seu objeto de investigação não pode se ater à esterilidade dos símbolos ou a sistemas que se revelam desmesurados, "demasiado largos" para a vida. O conhecimento espacializado e sistemático das partes, tal como representado simbolicamente pelos conceitos, não nos pode dar o experienciamento único e singular do todo. As formas conceituais são subsidiárias da análise. Esta, na tentativa de apreender o objeto, não apenas escande sua natureza, mas o relaciona ao que lhe é similar; revela-se, pois, incapaz de explicitar o objeto por algo que seja ele mes-

---

[1] Universidade Federal de São Paulo.

mo. A insistência no uso desses instrumentos, tipicamente intelectuais, resulta no aprisionamento de algo cuja natureza é avessa a clausuras quaisquer. Daí a ênfase bergsoniana na necessidade de uma atitude outra que não os hábitos mentais próprios do entendimento, quando ousamos nos aventurar por nossa interioridade ou conhecer a vida.

A inteligência é antinômica à transição perene do ser. Não obstante, a duração nela se inscreve, e pode ser sentida, ainda que confusamente. A dimensão temporal em nenhuma instância é tão concreta, sustenta o autor, como no domínio da nossa interioridade, ou seja, na consciência que temos de nossa própria pessoa, quando para ela nos voltamos. Assinala o autor em sua Introdução à Metafísica:

> Há uma realidade, ao menos, que todos apreendemos de dentro (...) É nossa própria pessoa em seu fluir através do tempo. É nosso Eu que dura. (...) Podemos não simpatizar intelectualmente, ou melhor, espiritualmente com nenhuma outra coisa. Mas simpatizamos, seguramente, conosco mesmos.[2]

Por vezes, essa tácita presença interna instaura fissuras na racionalidade típica dos artífices, dilatando a consciência. Quando a aptidão para a eficácia ou o tino para o pensamento solidificado se ameniza, esse suplemento criador, essa franja obscura da duração que nos habita, aflora. Movimento que não se efetua sem um esforço peculiar. E para que o refluxo da inteligência não esteja à mercê do acaso, o evadir da instrumentalidade, ou seja, a flexibilização da atenção, que na arte é espontânea, deve se tornar metódica. O esforço já anuncia, portanto, o método segundo o qual a filosofia deve proceder.

No horizonte desse esforço, delineia-se a intuição. Método que ultrapassa a lógica pertinente à matéria:

---

2 Henri Bergson, *Os pensadores*. São Paulo: Abril Cultural, 1974, p. 21.

Intuição e inteligência representam duas direções opostas do trabalho consciente: a intuição marcha no sentido da própria vida, a inteligência em sentido inverso, e acha-se, pois, naturalmente regulada sobre o movimento da matéria".[3]

A intuição mobiliza a inteligência na direção daquilo que, para ela, é inalcançável. Ela nos desvela o espírito, a mudança em seu movimento genuíno e criador: "(...) ela vê, ela sabe que o espírito tira de si mais do que contém, que a espiritualidade consiste precisamente nisto, e que a realidade impregnada de espírito, é criação"[4]. Essa experiência, que poderíamos qualificar reveladora, transfigura completamente o pensar filosófico, o qual, em vez de visar o alcance de um todo a partir de suas partes justapostas, instala-se num ponto único onde os sentidos últimos do real podem ser apreendidos de uma só vez em toda a sua simplicidade. A intuição "(...) é a simpatia pela qual nos transportamos para o interior de um objeto para coincidir com o que ele tem de único e por consequência de inexprimível".[5] Eis o pensar em duração que desvela o inefável.

Um método que pretenda coincidir com o fluxo contínuo da duração deve trazer em sua própria constituição a espontaneidade e a imprevisibilidade, tal qual seu objeto. Caso contrário, arrisca-se a promover sua própria perda. Bergson assevera, contudo, que após captar intuitivamente a duração, o pensamento filosófico associa-se ao intelecto, de sorte que as categorias analíticas e formalizadoras possam auxiliar na elaboração de um percurso que viabilize a sistematização do já apreendido. Processo que não suporta o movimento contrário. A incorporação da análise *a posteriori* justifica-se porque o contato intuitivo é esporádico e não se pereniza. O diferencial está no fato de que a adesão ao método analítico, quando precedida pelo ato intuitivo, é efetuada por uma inteligência que permanece lúcida quanto a sua tendência para

---

3   Idem, *A evolução criadora*. Rio de Janeiro: Opera Mundi, 1971, p. 263.
4   Idem, *Os pensadores*. 1974, p. 122.
5   Idem, *Oeuvres*. Paris: Presses Universitaires de France, 1959, p. 1273.

fantasmatizar a realidade, bem como acerca de sua capacidade de ultrapassar as ilusões que cria. Argumenta o autor:

> (...) É da intuição que tenho de descer para os símbolos elementares que reconstituiriam a expressão dela. A própria ideia de reconstituir a coisa por via de operações praticadas sobre elementos simbólicos unicamente, implica em tal absurdo que ela não viria ao espírito de ninguém, se nos déssemos conta de que não tratamos com fragmentos da coisa, mas de alguma forma com fragmentos do símbolo.[6]

A metafísica, assim norteada, já não se esmera na produção de símbolos estáticos, incomensuráveis com o tempo; inversamente, preconiza um modo outro de apreensão que se peculiariza pelo empenho em se sintonizar com o movimento criador do espírito em sua concretude e infinita variabilidade.

2. A dança das imagens

O método que nos conduz à coincidência com a mobilidade vivente do ser impõe, de imediato, uma difícil tarefa: a imperiosidade de vislumbrar um caminho pelo qual a expressão do real enquanto duração não colida com as formas cristalizadas, pertinentes à inteligência. Questão crucial, uma vez que a filosofia é conhecimento e, enquanto tal, deve se explicitar, mas superando a circunscrição simbólica. Bergson não se esquiva desse intento. Insiste, pois: uma filosofia que tome como objeto o caráter múltiplo, psicológico e interno da duração que se inscreve no ser em geral e na profundidade de nosso Eu deve se divorciar da passividade e da pura contemplação e nos inserir na transitividade interna e criadora do tempo. A intuição, enfatiza ele, "não é um ato único, mas uma série indefinida de atos, todos sem dúvida do

---

6   Idem, *Os pensadores*. p. 27.

mesmo gênero, mas cada um de uma espécie bem particular e (...) esta diversidade de atos corresponde a todos os graus do ser".[7] Desse modo, o filósofo advoga que a expressão desses atos múltiplos que conduzem à duração torna imperativo o engendrar de formas maleáveis "(...)capazes de seguir a realidade em todas as suas sinuosidades e de adotar o próprio movimento da vida interior das coisas".[8] Essas formas, portadoras de uma substancial carga afetiva, seriam as imagens. Os conceitos pretendem a substituição do objeto, retendo dele não a singularidade, mas o que nele se assemelha exteriormente a outras realidades, no intuito de representá-lo com exatidão; as imagens ficam aquém de tal pretensão. A elas é intrínseco um déficit de representação que, paradoxalmente, se revelará como uma superioridade em relação às formas conceituais.

Atentemos: em certos momentos, a duração similariza-se com uma unidade que progride, mas, em outros, mostra-se mais condizente com uma pluralidade de estados dispersos, que se adulterariam numa representação unívoca. Uma única imagem lograria a exaltação de apenas uma face dessa multiplicidade, sacrificando aspectos outros, igualmente cruciais. Entretanto, inúmeras imagens diversificadas, convergindo em suas ondulações, viabilizariam a mobilização da consciência para o ponto preciso no qual se inscreve uma intuição. Bergson, novamente:

> Escolhendo imagens tão disparatadas quanto possível, impediremos que uma qualquer dentre elas venha a usurpar o lugar da intuição que ela está encarregada de evocar, pois, neste caso ela seria imediatamente expulsa por suas rivais. Fazendo com que todas exijam de nosso espírito, apesar de suas diferenças de aspecto, a mesma espécie de atenção e, de alguma forma, o mesmo grau de tensão, acostumaremos pouco a pouco a consciência a uma disposição bem particular

---

7   *Op cit.*, p. 39.
8   *Op cit.*, p.38.

e bem determinada, precisamente aquela que deverá adotar para aparecer a si mesma sem véu.[9]

O jogo entre imagens diversas impede, pois, que uma dentre elas cristalize dogmaticamente um sentido, o que congelaria a mobilidade e daria à imagem o estatuto de imagem-coisa, a qual é emblemática da mesma fixidez pertinente aos conceitos. Em suma, a consciência, no intento de expressar a intuição sem traí-la, se deixará conduzir por imagens dançantes.

Essas representações imagéticas são fecundas. Certamente, elas não definem a intuição, mas logram evocá-la, através da margem de indeterminação significativa que lhes é inerente. A sugestão oblíqua e indireta operada pelo movimento imagético nos conduz a uma visão direta do real. Assinala o filósofo em *O pensamento e o movente*:

> Quando abordamos o mundo espiritual, a imagem, se ela não faz mais do que sugerir, pode dar-nos a visão direta, enquanto o termo abstrato, que é de origem espacial (...), deixa-nos frequentemente no domínio da metáfora.[10]

Numa dança que simultaneamente desvela e oculta, as imagens visam nos conduzir àquilo que, no âmbito dos conceitos, permaneceria para sempre interdito.

Vemos, pois, que a necessidade de explicitar a intuição sem sacrificá-la, força o pensamento filosófico a inventar uma maneira de expressar o indizível. E serão as imagens, oriundas da faculdade fabuladora, preponderantes na arte, que comumente ocuparam papel secundário no pensar filosófico, que nos levarão ao conhecimento e à visão do objeto da filosofia. Processo em que a lógica do entendimento minimiza-se

---

9 *Op cit.*, p. 23.
10 *Op cit.*, p. 128.

para que se exacerbe uma potencialidade outra, que habita igualmente a alma humana: a tendência ao devaneio.

3. As imagens revelam claramente seu potencial expressivo na arte e na linguagem literária.

Não foram poucas as vezes em que Bergson enfatizou: o débil engajamento do artista em relação à circunscrição material das exigências pragmáticas converge sua atenção para a interioridade criadora. No olhar disperso, o pensamento deixa-se violentar pelo inaudito. Em *O riso*, Bergson assevera:

> (...) quer seja pintura, escultura, poesia ou música, a arte não tem outro objeto senão o de afastar os símbolos praticamente úteis, as generalizações, convencionalmente e socialmente aceites, tudo aquilo, enfim, que nos mascara a realidade para nos pôr em contato com a realidade em si. (...) A arte não é mais certamente que uma visão mais direta da realidade, similar àquela que os homens privilegiados (...) alcançam pela intuição. Mas esta pureza de percepção implica uma rotura com a convenção útil, um desinteresse inato e especialmente localizado dos sentidos da consciência, enfim, uma certa imaterialidade de vida.[11]

O vislumbre de uma ideia, um pensamento sonhado advêm, pois, pelas vias da desatenção, nas quais se intensifica a capacidade perceptiva. Dessa desconexão com os imperativos da funcionalidade pode emergir uma obra que amplie a existência humana e venha nos brindar com uma visão visceral da realidade. Vimos que o rompimento com os cânones da inteligência ou com as convenções habituais requer esforço; o advento

---

11 Idem, *O riso*: Ensaio sobre o significado do cômico. Lisboa: Guimarães Ed., 1993, p. 110.

da obra, igualmente, nada tem de espontâneo; sua consecução exige um enorme esforço, um esforço criador.

À toda obra de arte, sustenta Bergson, é inerente um difícil trabalho operado pela imaginação criadora, o qual parte da intuição de um sentido imanente a um esquema da totalidade – apreendido pelo olhar que se desenraíza das demandas mundanas – e que se consuma na materialidade da obra. Dar existência concreta a esse sentido, eis a finalidade do esforço:

> (...) é a realização material do poema em palavras, da concepção artística num quadro ou numa estátua que demandam esforço. O esforço é penoso, mas é também precioso, mais precioso do que a obra que resulta dele, porque, graças a ele, tiramos de nós mais do que tínhamos, elevamo-nos acima de nós mesmos.[12]

Desse modo, o esforço criador que norteia a consecução da obra opera a atualização de um movimento virtual que vai do todo às partes, do espírito à matéria. Bergson, outra vez:

> O escritor que escreve uma novela, o autor dramático que cria personagens e situações, o músico que compõe uma sinfonia e o poeta que escreve uma ode têm todos em mente algo simples e abstrato, ou seja, incorpóreo. Para um músico ou para o poeta trata-se de desenrolar em sons ou em imagens uma impressão nova. Para o novelista ou para o dramaturgo é uma tese que há que desenrolar em acontecimentos, um sentimento individual ou social que se há de materializar em personagens viventes.[13]

---

12 Idem, *Os pensadores.*, p. 86.
13 Idem, *La energía espiritual*. Madri: Espasa. Calpe, 1982, p. 178.

Entre a pletora de alternativas possíveis para as manifestações artísticas é na literatura, cuja matéria são as palavras, que Bergson vislumbra maior similaridade com a busca da expressão na filosofia. Inequivocamente, o esforço de expressão da interioridade que pauta a literatura coincide com um esforço criador de imagens, as quais se expressam verbalmente. Instalando-se na flexibilidade da linguagem, o romancista e o poeta logram a desnorteamento dos símbolos linguísticos, os quais, originalmente, conectam-se à operacionalidade da vida. Em *A alma e o corpo*, Bergson observa que o escritor, em seu esforço para expressar uma certa interioridade e de nos levar à compreensão do que foi por ele intuído, majora a qualidade versátil das palavras, desfocando seus significados convencionais, de modo a "(...) nos fazer esquecer que emprega palavras".[14] No interstício entre o esforço da expressão e a fixação do sentido abre-se uma fenda pela qual os significados cristalizados dos símbolos podem ser transtornados. Esse alargamento do potencial significativo da linguagem opera, por sua vez, a eclosão de imagens, metáforas múltiplas que se opõem às metáforas unívocas solidificadas nas formas conceituais ou na dimensão utilitária da palavra. Os símbolos, assim desfocados, tornam-se aptos a sugerir as ondulações do pensamento do autor, "as idas e vindas de seu espírito". Nessa senda, mais relevante que cada palavra em particular é o movimento das imagens que elas, conjuntamente articuladas, ensejam, explicitando o ritmo do pensamento.

A elaboração literária do personagem é paradigmática do esforço criador em que essas representações flutuantes advêm. Assim, ao construir seus personagens, o romancista esforça-se para evidenciar um fluxo de consciência, num processo descritivo revelador da singularidade de seus gestos, de suas ações e do modo pelo qual essa figura imaginária se exprime. A estratégia que acompanha a composição literária implica, sem dúvida, o recolhimento de documentos vários, o estudo árduo e longo, o registro de notas inúmeras, de modo que o escritor, servindo-se de uma multiplicidade de referências, nos induz a apre-

---

14 *Idem, Os pensadores.* p. 97.

ender a subjetividade profunda dos personagens, as nuances de seus sentimentos, a instabilidade de seus estados de alma. Não obstante, a recorrência a indicações plurais, a atos múltiplos, implicam, sobretudo e primeiramente, o mergulho do autor em sua própria interioridade, na pluralidade indômita que a constitui, no contato primeiro e intuitivo com um núcleo essencial. Assim, tecem-se os caminhos pelos quais coincidiremos com a subjetividade mais recôndita desses sujeitos fictícios. O autor, em *O riso*, considera:

> Engana-se redondamente quem crê que o papel da imaginação poética é o de compor os seus heróis com bocados apanhados a torto e a direito, como se se tratasse de alinhavar um fato de Arlequim. Nada de vivo disso resultaria. A vida não se pode recompor; simplesmente se deixa surpreender. A imaginação poética não pode ser senão uma visão mais completa da realidade. Se as personagens que o poeta cria nos dão a impressão da vida é porque elas são o próprio poeta, o poeta multiplicado, o poeta aprofundando-se a si próprio num tão poderoso esforço de observação interior que atinge o virtual no real e retorna, para disso fazer uma obra completa, o que a natureza deixou em si no estado de esboço ou de simples projeto.[15]

Sinteticamente, pois, o romancista é primeiramente tocado por algo que o ilumina com a sua singularidade. Esse impulso essencial, que o insere no coração do movimento, constituirá a locomotiva do próprio trabalho da criação. Bergson:

> Este impulso, uma vez recebido, lança o espírito num caminho em que ele reencontra todas as informações que havia recolhido e outros detalhes ainda; este impulso se desenvolve, se analisa a si mesmo, em termos cuja enumeração prosseguiria infinitamente; quanto mais longe se vai, mais se descobre;

---

15 *Idem, O riso...*, p. 117.

jamais chegaremos a dizer tudo: e entretanto, se nos voltarmos bruscamente para o impulso que sentimos atrás de nós para apreendê-lo, ele escapa; pois não era uma coisa, mas uma incitação ao movimento, e se bem podendo tornar-se indefinidamente extenso, é a própria simplicidade.[16]

Traindo a fixidez simbólica, o literato logra uma descrição que nos aproxima do caráter inefável da interioridade movente nos personagens, a mesma que habita o nosso próprio eu. Interioridade que é primeiramente aprendida num impulso originário, o qual não pode ser expresso imediatamente, nem mesmo para o próprio literato enquanto este não transcende o silêncio de sua experiência intuitiva. Nota Leopoldo e Silva:

> A expressão é sempre primeiramente para o próprio sujeito da intuição, pois a relação entre intuição e ideia já é expressão no interior da consciência. O núcleo íntimo do objeto que lhe dá o caráter único é inexprimível.[17]

O esforço criador, ou o ato imaginante, revela-se, pois, como movimento imperativo para a expressão de um pensamento, ou melhor, de uma experiência, que não se delineia sem o transtorno dos símbolos, o qual, por sua vez, promove a eclosão de imagens imprevisíveis, que vêm nos brindar, ainda que indiretamente, com a experiência da coincidência:

> Quem se empenhe na composição literária terá verificado a diferença entre a inteligência entregue a si mesma e aquela que consome com o seu fogo a emoção original e única, nas-

---

16 Idem, *Os pensadores*. 1974, p. 44.
17 Franklin H. Leopoldo e Silva. *Bergson:* Intuição e discurso filosófico. São Paulo: Loyola, 1994, p. 306.

cida de uma coincidência entre o autor e seu assunto, isto é, de uma intuição.[18]

Assim como na literatura, na filosofia, o esforço criador atua na gênese dos conceitos maleáveis que nos conduzirão à coincidência entre a interioridade do sujeito e a do objeto, ambos passíveis à transitoriedade temporal. O texto de Bergson é cristalino:

> Quando falo de um movimento absoluto, é que atribuo ao móvel um interior e como que estados de alma, é também porque simpatizo com os estados e me insiro neles por esforço da imaginação.[19]

Destarte, Bergson acena com a promoção do imaginar à condição de instância primordial para o conhecimento do real em sua interioridade. Não se trata, claro está, da imaginação reprodutora, mas de uma outra imaginação, que nos torna partícipes de seu incomensurável processo criador. Vale lembrar que, para essa filosofia, a imaginação pode estar a serviço das representações estacionárias, quando, por exemplo, engendra as fantasmagorias da inteligência. No entanto, quanto norteada pela função fabuladora, põe-se ao lado da vida e do movimento. Daí a presença de uma logicidade feroz que se inscreve no sonho, no devaneio, na poesia, na arte em geral e até mesmo na demência (cf. Jankélévich).[20]

O esforço dessa imaginação, seja na literatura ou na filosofia, materializa formas que findam por nos inserir, ainda que indiretamente, na duração. O resultado desse esforço sempre árduo, insiste Bergson,

---

18 Henri Bergson, *As duas fontes da moral e da religião*. Rio de Janeiro: Jorge Zahar, 1978, p. 38.

19 Idem, *Os pensadores*, p. 20.

20 Vladimir Jankélévitch, *Henri Bergson*. Paris: Presses Universitaires de France, 1959.

(...) [é] aleatório. Mas é então somente que o espírito se sente ou se crê criador. Ele já não parte da multiplicidade de elementos existentes para culminar numa unidade compósita em que haja novo arranjo.[21]

Certamente, o intuito do esforço imaginante não é senão o de coincidir com o ritmo temporal que procura registrar, entrando, assim, em consonância com a mobilidade interna do ser. Não obstante, Bergson observa: a emoção criadora que mobiliza o esforço da imaginação é inerente à natureza da vida, que é a de engendrar o novo a cada instante e deflagrar o devir pleno de imprevisibilidades. Daí que coincidir com o real movente pela intuição significa apreender a transitividade do tempo que, ao passar, engendra sentidos e formas. A expressão do intuído como decorrência de um esforço gerador de imagens não nos reporta, pois, ao simulacro de um sentido fixo previamente instituído, mas ao movimento no qual sentidos inéditos afloram. Nos dizeres do autor:

> Toda a obra humana que encerra uma parte de invenção, todo ato voluntário que encerra uma parte de liberdade, todo movimento dum organismo que manifesta espontaneidade, trazem qualquer coisa de novo ao mundo.[22]

Enfim, a inserção no esforço criador ou imaginante, em que se atualizam virtuais num incessante devir, peculiar à prosa, à poesia, à obra literária em geral, figura como referência modelar para o filósofo. Este, no encalço da intuição, esforça-se em expressá-la, não sob a lógica paralisante dos conceitos, mas no fluxo criador das imagens em movimento, cuja dança é estimulada por símbolos que se evadem da instrumentalidade.

---

21 Henri Bergson, *As duas fontes...*, Rio de Janeiro: Jorge Zahar, 1978, p. 39.
22 Idem, *A evolução criadora*. Rio de Janeiro: Opera Mundi, 1971, p. 240.

4. Contato de interioridades

Em searas bergsonianas, a intuição, como antes mencionado, distintamente de um ato único, assemelha-se a uma série indefinida de atos diversos. Em ambos os casos – no das imagens múltiplas do literato e dos atos múltiplos do filósofo, necessários para coincidir internamente com a duração –, impõe-se a articulação de duas dimensões que são em si mesmas inconciliáveis: a intuição e as categorias do entendimento ou da linguagem. Logo, se o literato capta a interioridade do personagem num ato único que é essencialmente intuitivo, destituído de qualquer articulação necessária, para expressá-lo torna-se imprescindível recorrer a diversas e indiretas indicações sobre a realidade desse personagem. Tais indicações, em sua variabilidade, logram a expressão do impulso originário através de um percurso que, em última instância, corresponde não a explicar, mas a contar e a descrever a outrem as imagens geradas num árduo trabalho da imaginação. Não obstante, essa tentativa de dar forma ao que é interior, móvel, à própria duração, sem lançar mão de categorias conceituais esquemáticas, está fadada a um impasse: o que é engendrado na imaginação jamais pode ser apreendido externamente tal como prefigurado no ato de imaginar.

Inequivocamente, ao acompanhar um processo discursivo no qual as ideias são racionalmente dispostas é possível compreendê-las tal como se apresentam no raciocínio daquele que as formulou. Situação diversa aquela em que se trata de coincidir com imagens em movimento que advêm no espírito alheio. As imagens imaginadas pelo autor não são imagens-coisas, mas imagens que se configuram em estado de pura processualidade, em grande parte reveladoras da interioridade daquele que as engendra. Nas palavras de Bréhier:

> É verdade que a imagem, graças à fórmula verbal, pode se isolar, se esgotar em si e ao seu aspecto pitoresco; mas desde que se aprofunde, que se medite sobre ela, ela entra no circui-

to afetivo e significativo. (...) As imagens antes de representar os objetos são testemunhas da vida interior.[23]

Decididamente, as figurações imagéticas sugeridas e descritas pelo autor, que podem atestar as diferentes nuances da vida afetiva do Eu, não coincidem com as imagens imaginadas por aquele que o lê. No entanto, a descrição do esforço imaginante, no caso do literato, mobiliza também a imaginação daquele que se depara com essa descrição. Daí decorre que a obra – enquanto fruto da intuição primordial e do imaginar – só pode ser apreendida pela interpretação do processo criador. Esse encontro entre distintos movimentos imaginantes permeia a criação literária.

Imaginar o movimento imaginante pertinente a um espírito outro não significa que nos instalamos no momento da criação, no qual as imagens advêm na subjetividade do escritor. Façanha que, se possível fosse, nos circunscreveria ao estado reprodutivo. Daí que se trate, por um lado, de um processo de interpretação no qual se compartilha a conotação afetiva das imagens criadas em concomitância com o transtorno dos símbolos linguísticos, e, de outro, de um novo processo de criação, no qual o intérprete engendra suas próprias imagens motivadas pelas significações, às quais as imagens do autor o direcionam. Parte-se assim, de imagens oriundas de uma interioridade primeira, que levam o intérprete a se voltar para sua própria interioridade, de modo a alcançar os sentidos internos sugestionados pelo texto. O movimento pelo qual nos interiorizamos, criando imagens portadoras de sentidos inauditos, é correlato do processo em que logramos a superação dos limites do intelecto e nos inserimos nas dimensões mais ocultas de nós mesmos, trazendo à tona as dimensões virtuais de nossa subjetividade, na qual uma inexaurível carga de afetos se encontra em perpétua mobilidade.

É inequívoco: uma filosofia que, em vez de se esquivar das imagens, passa a privilegiá-las em detrimento da linguagem conceitual ad-

---

23 Émile Bréhier, "Images plotiniennes, images bergsoniennes, *em Les études bergsoniennes*. Paris: PUF, 1949. v. II, p. 113.

quire algo de literário. Não por que se transforme em literatura, mas por que no que toca à expressão mais precisa da vida, a criação imagética e literária se sobrepõe ao caráter instrumental do conceito. Aproximando-se da primeira, a filosofia logra a reinvenção de si enquanto linguagem. Consequentemente, o encontro intersubjetivo pertinente à literatura, se inscreverá, também, na filosofia, a qual, tradicionalmente, marginalizou as imagens. Não obstante, Bergson assevera, num dos seus textos mais tardios, *A intuição filosófica*: mesmo quando regida pela tônica conceitual, a filosofia não se evade completamente de um certo movimento das imagens que, juntamente com a intuição, permanecem subjacentes às formas conceituais, cuja natureza finda por obscurecer o intuído.

Na história da filosofia, enfatiza ele, prevalece um metafísica que cria antinomias e se enreda em contradições insuperáveis, porquanto aplica ao conhecimento desinteressado do ser os procedimentos concernentes à vida prática. Pauta-se, pois, pelo hábito de se situar no imóvel com a pretensão de reconstruir um real que é pura tendência e mudança, recorrendo a percepções e conceitos cuja função é a de erradicar sua mobilidade. É o ser que finda por escapar, o absoluto movente se recolhe para regiões inalcançáveis.

No entanto, um rastro fugidio permeia os grandes sistemas filosóficos, mas é violentamente ofuscado pela contundência da construção sistêmica, obcecada com a exatidão e com a solidificação daquilo que a intuição revela e que jamais pode ser expresso em meio à fixidez dos conceitos. Destarte, nota o autor, muitos filósofos sentem-se perseguidos pela intuição e adivinham a insuficiência da forma conceitual para apreender o espírito em seu cerne, o que leva muitos deles a mencionar uma possível consciência supra-individual. Mas, comumente, esses filósofos, pondera Bergson, em vez de recorrerem aos recursos analíticos sem se evadir da intuição, dela se desvencilham logo que captam o seu impulso. Ou seja, ao se defrontarem com a necessidade de torná-la inteligível, findam por cristalizá-la em sistemas e palavras, e deixam escapar a própria intuição que ultrapassa todas as ideias. Bergson, outra vez: "Na verdade, os dois caminhos são de sentido contrário: o mesmo esforço por meio do qual se ligam ideias com ideias faz desvanecer-se a intuição que as ideias se propunham armazenar".[24] A profusão da linguagem e da complicação na história da filosofia emblematiza justamente as tentativas desesperadas de alcançar com conceitos algo que inicialmente fora plenamente experienciado pela simpatia. Bergson: "Toda a complexidade (...) da doutrina [do filósofo], que iria até ao infinito não é, pois, senão a incomensurabilidade entre a sua intuição simples e os meios de que dispunha para exprimi-la".[25]

Em *Matéria e memória*, Bergson ressalta que a natureza da imagem faz a mediação entre a matéria e o espírito. Em *A intuição filosófica*, essa noção é recuperada quando o autor alude à imagem mediadora. Durante o estudo de uma obra filosófica, observa, o intérprete acompanha o esforço de tradução realizado pelo autor, segue os conceitos por ele utilizados, mas se mantém na exterioridade do tema. Nesse caso, o leitor, atendo-se ao constructo sistemático do pensamento expresso na obra, não coincide nem simpatiza com a interioridade da intuição que ela pretende explicitar. Não obstante, algo obscuro persegue e açula a imaginação durante a leitura, indicando ao intérprete o ponto central, sugestionando-lhe o cerne da questão tratada. Entrevemos, assim, que o leitor que perfilha a lógica dos conceitos explicitada no texto é, simultaneamente, assediado por algo supraintelectual. Esse algo prolixo que não se justapõe em ideias claras, permeia a leitura da obra, mas nela não se desvela. Assim como o criador dessa filosofia em suas tentativas de justaposição e composição – que afinal promoverão a perda da intuição originária – tem seu pensamento assediado de modo subreptício por imagens, também aquele que faz o esforço da compreensão vislumbra algo nebuloso, que permanece inexpresso e indizível. Bergson refere-se, assim, a uma imagem que nos remete ao movimento que antecede a cristalização do pensar, cuja sutileza pode ser tal que nem mesmo o próprio pensador possa vislumbrá-la de modo explícito.

---

24 Henri Bergson, *A evolução...*, p. 240.

25 *Idem, A intuição filosófica*. Lisboa: Colibri, 1994, p. 27.

Imagem – ou imagens – que assume um papel enigmático, cujo caráter mediador se configura entre a intuição e a expressão.

Um sistema filosófico, insiste Bergson, por mais rico e complexo que se apresente, não pode nos dar a alma da doutrina que constitui. Não obstante, à revelia dos conceitos e das fórmulas engendradas pelo intelecto, assim como uma intuição pode permanecer subliminar, imagens mediadoras podem aflorar, ensejando-nos – a nós, leitores dessa filosofia sistemática – a simplicidade do que se deseja expressar e que, por sua própria natureza, é avessa à gramática dos sistemas. Tácitas e subliminares, essas imagens não portam a natureza formal do intelecto e não coincidem tampouco com a intuição ou o espírito, mas logram a transitividade entre um e outro.

A imagem mediadora – a despeito de seu caráter latente – será vivenciada tanto pelo criador dessa filosofia como por aqueles que forem por ela tocados, os quais, não seria exagerado afirmar, se vêem convidados a imaginar. Certamente, como o próprio Bergson assevera, não é possível imaginar o imaginado. Entretanto, o intérprete, mesmo não imaginando as mesmas imagens do escritor, é por elas estimulado a se voltar para o seu próprio interior e a imaginar imagens afetivamente análogas, alcançando, assim, os sentidos para os quais as representações imagéticas subliminares ao texto apontam. Daí procede que a compreensão dos sentidos veiculados pelo movimento das imagens filosóficas não se dará pela utilização da capacidade relacional ou pelas categorias objetivantes da inteligência, mas, substancialmente, por intermédio do potencial fabulador, o qual nos permite experienciar o que jamais alcançaríamos se nos circunscrevêssemos aos limites da razoabilidade. A imaginação em movimento é sugestiva; opera, pois, a aproximação entre o expresso e o interpretado. Pondera o autor:

> A imagem mediadora que se desenha no espírito do intérprete, à medida que ele avança no estudo da obra, existiu outrora, tal e qual, no pensamento do mestre? Se não foi aquela, foi uma outra, que podia pertencer a uma ordem de percepção diferente e não ter nenhuma semelhança material com ela,

mas que lhe equivalia todavia como se equivalem duas traduções em línguas diferentes, do mesmo original.[26]

Em definitivo, as imagens que irrompem no espírito do leitor não coincidem necessariamente com aquelas que afloraram no espírito do filósofo. Não obstante, ainda que diversas, haverá entre as representações imagéticas de ambos uma coincidência no que tange aos significados e aos afetos a elas imanentes.

Enfim, os textos de Bergson nos instigam a buscar não apenas na literatura, mas também na filosofia, um contato ou uma coincidência entre as imagens geradas pela imaginação do escritor e a imaginação do intérprete. Bergson, outra vez: "Intuição significa, pois, primeiramente consciência, mas consciência imediata, visão que quase não se distingue do objeto visto, conhecimento que é contado e mesmo coincidência".[27] Essa coincidência entre consciências imaginantes se intensificará numa filosofia que, no intento de descrever, de nos contar a intuição, ousa a subversão dos símbolos e a criação de imagens múltiplas que convergem a consciência para a interioridade do objeto. Nesse caso, o esforço da imaginação leva a uma intensa solidariedade entre duas interioridades – a do filósofo ou do literato e a do intérprete –, sucedâneo de um primeiro esforço e de uma primeira coincidência entre a interioridade do objeto e a interioridade daquele que visa coincidir com ele.

A reflexão bergsoniana nos induz, pois, a considerar que, a despeito da marginalização à qual a tradição as relegou, as imagens dinâmicas, em sua abertura significativa, são constitutivas do método filosófico. São elas que, numa dança multifacetada, nos conduzem à apreensão do ritmo temporal. São elas, resultantes de um esforço imaginante e criador, que viabilizam o contato entre interioridades. São elas as formas possíveis – e sempre móveis – da intuição.

---

26 *Op cit.*, p. 47.

27 *Idem, Os pensadores* p. 120.

Referências bibliográficas

BERGSON, Henri. *Oeuvres*. Paris: Presses Universitaires de France, 1959.
_____. *A evolução criadora*. Rio de Janeiro: Opera Mundi, 1971.
_____. *As duas fontes da moral e da religião*. Rio de Janeiro: Jorge Zahar, 1978.
_____. *Os pensadores*. São Paulo: Abril Cultural, 1974
_____. *La energía espiritual*. Madri: Espasa.Calpe, 1982.
_____. *Ensaio sobre os dados imediatos da consciência*. Lisboa: Ed. 70, 1988.
_____. *O riso:* Ensaio sobre o significado do cômico. Lisboa: Guimarães Ed., 1993.
_____. *A intuição filosófica*. Lisboa: Colibri, 1994.
BRÉHIER, Émile. Images plotiniennes, images bergsoniennes, *In: Les études bergsoniennes*, Paris: PUF, 1949. vol. II
DELEUZE, Gilles. *Cinema II: A imagem-tempo*. Trad. Eloisa de Araujo Ribeiro. São Paulo: Brasiliense, 1990.
JANKÉLÉVICH, Vladimir. *Henri Bergson*. Paris: Presses Universitaires de France, 1959.
LEOPOLDO e SILVA, Franklin. *Bergson:* Intuição e discurso filosófico. São Paulo: Loyola, 1994.
PRADO JR., Bento. *Presença e campo transcendental:* Consciência e negatividade na filosofia de Bergson. São Paulo: Edusp, 1989.

Bergson estruturalista? Para além da oposição foucaultiana entre vida e conceito[1]

Patrice MANIGLIER[2]

Introdução

Foucault situou em oposição duas tendências presentes na filosofia francesa do século XX: de um lado, as filosofias do conceito, e, do outro, as filosofias da vida.[3] O primeiro nome aí mencionado é o de Bergson, então contraposto a Poincaré, enquanto o estruturalismo certamente seria característico do segundo grupo. Que outro livro poderia fornecer melhores evidências para sustentar uma tal oposição senão *A evolução criadora*? Ou não opunha Bergson a inteligência à vida, argumentando que a primeira não seria talhada para compreender a segunda, uma vez que estaria a seu serviço?[4] Não dizia ele que a vida não pode ser

---

1 Título original: *Bergson structuralist? Beyond the foucaldian opposition between life and concept*. Tradução: Léa Silveira Sales.

2 Universidade de Essex.

3 Michel Foucault. "La vie: Experience et concept", *Dits et Ecrits*. "Quarto". Vol. II. Paris: Gallimard.

4 Ver a Introdução de EC: "Nosso pensamento, sob a sua forma puramente lógica, é incapaz de se representar a verdadeira natureza da vida, a significa-

representada ou reconstruída intelectualmente mediante conceitos, mas que devemos simpatizar com ela e senti-la em nós mesmos?

É justamente essa evidência que quero colocar em questão. Tentarei defender que Bergson e estruturalismo não estão assim tão distantes um do outro e que, ao contrário, é preciso realizar uma leitura cruzada de ambos – considerando em especial, quanto ao estruturalismo, a versão de Lévi-Strauss – a fim de bem compreender o que têm a dizer. Com isso, quero colocar que o conceito bergsoniano de intuição acarreta um método que é bastante próximo ao método estrutural e que este pode, inclusive, esclarecê-lo; e que, inversamente, só é possível compreender a natureza mesma e as implicações filosóficas do método estrutural através dos conceitos bergsonianos de virtualidade, origem, multiplicidade e impulso. Para Bergson, conceito e vida não são opostos. A questão é como fazer um bom uso de nossos conceitos de modo que seja possível guiar e obter uma intuição da vida. E o meu ponto é: esses bons conceitos são conceitos estruturais, ou, se preferirmos, conceitos que são produzidos com o emprego de técnicas estruturais.

É possível que isso soe a alguns leitores como uma ideia que não é tão original quanto tenta parecer: afinal, não fora exatamente esta a lição de Deleuze? Não foi ele o filósofo que percebeu que estruturas nada

---

ção profunda do movimento evolutivo. Criado pela vida, em circunstâncias determinadas para agir sobre coisas determinadas, como poderia ele abarcá-la se dela é apenas uma emanação ou um aspecto?" (EC, VI, 491) Os trabalhos de Bergson estão citados em francês a partir da edição de referência, intitulada *Édition du Cententaire*: Oeuvres. Paris: PUF, 1959. Cada livro foi abreviado com suas iniciais (DI para *Les données immédiates de la conscience*; MM para *Matière et Mémoire*, EC para *Evolution créatrice*, DSMR para *Les deux sources de la morale et de la religion*), seguidas pela página da primeira edição que aparece na margem da *Édition du Cententaire*, e pela página respectiva nesse volume. [Todos os trechos citados, quer em francês, quer em inglês, foram vertidos para o português e suas respectivas referências foram preservadas tal como apresentadas no original. (N.T.)]

mais são do que multiplicidades no sentido bergsoniano?[5] Receio que tal pensamento esteja de fato correto. Minha justificativa para tentar rearticular de um modo mais focado e detalhado aquilo que Deleuze várias vezes sugeriu, sem entretanto nunca ter desenvolvido mais longamente, é que isso pode nos permitir apresentar a seguinte reivindicação filosófica: se quisermos entender a mudança em si mesma – isto é, a mudança não tal como pode ser reconstruída pela diferença entre o ponto de chegada e o ponto de partida, mas como ela é em sua formação, ao longo do processo de sua ocorrência –, temos que utilizar um método comparativo e estrutural. O estruturalismo não é outra coisa senão um método para qualificar algo que está se passando, para descrever eventos enquanto estão ocorrendo e não como já tendo ocorrido. Exatamente como esse método opera é algo aberto a discussão. Veremos que possivelmente há diferentes modos de construí-lo. E provavelmente foi por isso que Deleuze se tornou um dos mais polêmicos adversários do estruturalismo após ter sido um de seus mais rigorosos filósofos. Mas o movimento geral na direção de uma compreensão dos movimentos e dos acontecimentos empregando conceitos comparativos e estruturais é, a meu ver, aquilo de que temos de nos valer a fim de progredirmos na direção que tem sido sugerida de modos divergentes pela filosofia francesa do século XX.

1. As ambiguidades da intuição

(1/A) Por outro lado, a ideia de que a filosofia de Bergson poderia ser compatível com o estruturalismo – ou, pior ainda, de que poderia ser uma espécie de antecipação do mesmo – também pode se apresentar como algo improvável. Não foi Bergson o filósofo que fez da *introspecção*

---

[5] Isso fica particularmente claro no capítulo IV de *Diferença e repetição* ("Síntese ideal da diferença"), no qual as estruturas são definidas como multiplicidades.

o próprio método da filosofia?[6] E não podemos sequer entendê-la como essa forma de introspecção etérea, limpa, higiênica, lavada nas águas do *a priori*, que os fenomenólogos afirmam alcançar com a redução, mas a bruta e tola introspecção ou experiência de si mesmo que se atinge na vida cotidiana. Não foi Bergson o filósofo a alegar que a intuição poderia ser um autêntico meio para o conhecimento capaz de diferenciar a filosofia das ciências positivas nas bases da distinção entre essa faculdade e a da inteligência? Não argumentou ele, desde seu primeiro livro, que a consciência não podia ser reduzida a nenhuma outra coisa? O que pode ser mais dramaticamente oposto não apenas ao método como também aos pressupostos de todo pensador estruturalista? Enquanto Bergson afirma que a existência que conhecemos melhor é a nossa própria,[7] Lévi-Strauss critica as ilusões do *Cogito* e declara: aquele que adentra as ilusões do eu jamais poderá delas sair.[8] *Verstehen* parece ser o método ideal de Bergson (temos que compreender as coisas do mesmo jeito que compreendemos a nós próprios), ao passo que, para Lévi-Strauss, nossa experiência é apenas um objeto a ser conhecido, mas não uma ferramenta do conhecimento, apenas algo que deve ser explicado (na melhor das hipóteses, um instrumento de verificação, como no caso do químico que, ao tentar reproduzir artificialmente o gosto de morango, provavelmente terá que provar o produto de sua própria experiência, a fim de verificar se foi bem sucedido, na explicação de quais seriam os mecanismos por trás da nossa experiência),

---

6 Um exemplo entre outros, mas que tem o interesse de ser usado em um objeto que tem sido visto como o objeto da análise estrutural, qual seja, a religião: "Sigamos então nosso método habitual. Perguntemos à nossa própria consciência, desembaraçada do adquirido, devolvida à sua simplicidade original, como ela responde a uma agressão da natureza. A observação de si" etc. (DSMR, p. 160, p. 1105)

7 Essa é mesmo a primeira frase do primeiro capítulo, EC, p. 1, p. 495: "Inquestionavelmente, a existência da qual estamos mais certos e a que melhor conhecemos é a nossa própria".

8 Lévi-Strauss. *Le Pensée sauvage*. Pocket, 1960, p. 297.

mas não algo que pudesse satisfazer os critérios de uma explicação. O fato de compreendermos é, ele mesmo, algo a ser explicado.[9] O movimento é sempre o exemplo tomado por Bergson para ilustrar tal oposição. Dado um movimento qualquer, é possível descrevê-lo ou a partir de fora – isto é, determinar sua trajetória num espaço já dado e então comparar o ponto de chegada com o ponto de partida, o que corresponde a definir o movimento pela diferença entre dois arranjos igualmente desprovidos de tempo – ou tentar atravessá-lo a partir de dentro, isto é, tentar experimentar a sensação de ir de um lugar a outro, a mudança qualitativa singular que acompanha esse movimento. Meu movimento de Paris a Londres não foi apenas uma trajetória no mapa ou uma mudança na ordenação das coisas no mundo, foi também uma mudança na minha vida, foi mais uma viagem nessa já bem conhecida e bem trilhada rota do *Eurostar* e estava carregado dessas memórias e será parte de qualquer outra futura viagem. Em suma, não é apenas um movimento no espaço, mas também uma mudança qualitativa em minha experiência.

Do mesmo modo, a vida, de acordo com Bergson, não pode ser compreendida apenas mediante modelos conceituais ou científicos, mas tem que ser apreendida a partir do interior como um *sentimento* singular, específico, ou como uma mudança qualitativa. Por debaixo da complexa variedade de formas orgânicas observáveis exibidas através de toda a história da evolução, o filósofo deve ter acesso a uma simples intuição da vida, tão simples quanto a sensação de ir de Paris a Londres para alguém que realmente faz a viagem. A vida é um evento psicológico, ou seja, algo exatamente da mesma natureza que qualquer uma de nossas sensações. E a caracterização conclusiva da vida fornecida por Bergson será a seguinte: assim como por trás da matéria devemos reconhecer a experiência de "distensão" [*détente*], a vida é um "esforço" que pode ser compreendido à luz da nossa própria experiência do esforço, mas um esforço de certo tipo, um esforço feito precisamente no meio da distensão.

---

9   Sobre tudo isso, ver a discussão com Sartre em *O pensamento selvagem*, capítulo 9 ("História e dialética"), p. 245-272.

Pensemos, então, antes, num gesto como esse do braço que erguemos; em seguida, suponhamos que o braço, abandonado a si mesmo, torna a cair, e que todavia nele subsiste, esforçando-se por erguê-lo novamente, algo do querer que o anima: com essa imagem de *um gesto criador que se desfaz* já teremos uma representação mais exata da matéria. E então veremos na atividade vital aquilo que subsiste do movimento direto no movimento invertido, *uma realidade que se faz através daquela que se desfaz*. (EC p. 248, p. 705)

Pode-se experimentar a vida na vida, isto é, conhecer a vida a partir de dentro, se se alcança experimentar a sensação de empreender um último esforço de luta que irrompe contra a exaustão, e se isso pode ser vivido como um sentimento singular e complexo. Se se tratar de um verdadeiro sentimento, ele será infinitamente sutil e delicado e irá sugerir tantas associações e comparações diferentes que poderá ser incessantemente caracterizado a partir de um ponto de vista intelectual. Na verdade, caracterizá-lo "integralmente" equivaleria a reproduzir o movimento da própria vida. Essa infinitude constitui outra consequência da natureza da multiplicidade compreendida como mudança qualitativa, e a vida é uma tal multiplicidade. O objetivo de Bergson foi partilhar conosco essa compreensão que tinha de vida, essa visão, essa intuição – e não um sistema de conceitos no sentido filosófico tradicional.

(1/B) Nada disso pode ser negado e não tentarei fazê-lo. Mas a minha questão é bem simples: é realmente correto pensar que, para termos acesso a qualquer movimento em si mesmo (incluindo a vida), tudo de que precisamos é desse apego ao que sentimos? Todos nós sabemos que a intuição é um método, ou seja, algo que não é dado de antemão e que implica um trabalho sobre si mesmo; mas o que isso significa exatamente? O que devemos *fazer* se quisermos praticar a intuição como um método filosófico? Dado um movimento qualquer, devo eu simplesmente tentar ser o mais verdadeiro e preciso possível sobre como me sinto a seu respeito e isso me fornecerá a compreensão profunda daquilo que ele realmente é? Aqui está um pássaro que acaba de passar voando em frente à minha janela. Fez pequenos ziguezagues e deslizou suavemente pelo ar. Deveria eu providenciar o relato o mais poético e rigoroso possível dos efeitos infinitamente complexos que este movimento delicado produziu em mim? Ou teria que me projetar pela imaginação na ave e adivinhar como é ser um pássaro? Mais genericamente, será que a relação entre intuição e inteligência só pode ser uma relação negativa de modo que temos de nos livrar da inteligência para nos tornarmos intuitivos? Ou precisamos fazer uso da inteligência a fim de obtermos mais intuições (ou intuições mais profundas, ou até para alcançarmos uma experiência mais profunda de nós mesmos), ainda que isso implique que tenhamos que ser inteligentes em um sentido diferente? Não podemos, ou melhor, não devemos utilizar a inteligência para adquirir intuições?

Uma observação bem simples nos encoraja a responder afirmativamente. A intuição pode muito bem ser considerada imediata, no sentido de que, de fato, não pode ser composta ao modo de um quebra-cabeça e de que é impossível criar uma intuição numa criatura que dela é incapaz (uma vez que cada intuição é uma modulação de outra, uma variação criativa de algo que já estava lá), apesar de não ser imediata no sentido de que não surge no início da investigação, mas apenas em seu final. Bergson não *inicia*, mas conclui *A evolução criadora* com a intuição da vida. O convite para nos colocarmos, pela intuição e como que ensejando um contra-esforço, nessa experiência sutil, criativa, complexa e submetida a alterações qualitativas que a vida é, só aparece no final do terceiro capítulo. Antes disso, Bergson percorreu a variedade das formas orgânicas comparando-as entre si.

Não basta contemplar o mundo da vida e deixá-lo atravessar nossos poros até que atinja nossas faculdades sensíveis nas quais evocará de modo poético o tipo impressão em que consiste a vida (de forma semelhante ao que faz, por exemplo, D.H. Lawrence em seu poema "The primal passions", em *Pansies*). Pelo contrário, Bergson faz uso de dados científicos, e a intuição final não é relacionada ao mundo tal como dado aos nossos sentidos, mas sim a um objeto constituído cientificamente. Não temos qualquer intuição de azotos ou de clorofila, de amebas ou de fósseis, mas esses são os dados graças aos quais e "sobre" os quais Bergson irá oferecer uma intuição.

Em resumo, não é possível ir diretamente do espetáculo dos organismos ao sentimento determinado em que consiste a própria vida. Temos que percorrer as diversas formas de vida objetivadas pela ciência e estabelecer o contexto para nossa intuição.

2. O método estrutural de Bergson

Nossa primeira conclusão provisória pode ser justamente a de que a questão não é escolher entre inteligência e intuição – ou entre ciência e filosofia, conceito e sentimento –, mas sim descobrir qual tipo de inteligência pode ser articulado de forma criativa com a intuição. A questão então é: o que é essa inteligência capaz de orientar a intuição? Como ir das formas orgânicas extrinsecamente determinadas ou cientificamente constituídas para as mudanças qualitativas? Como ir da vida tal como podemos observá-la, mediante a inteligência, na superfície da Terra, à vida tal como pode ser intuitivamente observada sob o modo de uma mudança qualitativa e absolutamente singular? Minha resposta será: graças a um *analogon* do método estrutural. Mas descrevamos primeiro como o próprio Bergson responde a essas perguntas.

(2/A)
O capítulo 2 de EC pretende precisamente providenciar essas respostas: dada uma pluralidade, temos que "remontar gradualmente ao movimento original" (*remonter de degrés en degrés au mouvement original*). (EC, p. 99, p. 578) E aqui surge a primeira surpresa. Para tanto, não devemos tentar tratar cada forma orgânica como uma etapa inerte encarnada, mas como um instante fixado desse contínuo processo qualitativo que subjaz às séries observáveis e no qual temos de nos inserir; não devemos tentar seguir, como na célebre frase de Leonardo, a "linha única que se estende através de todas as formas". Ao contrário, temos que comparar as formas orgânicas não enquanto etapas diacrônicas

que expressariam a mesma direção, mas sim como alternativas sincrônicas em direções opostas. Esse é o famoso método das dualidades ou dicotomias que vai desde as linhas divergentes dos seres vivos para o movimento único da própria vida que as atravessa a todas. Isso é bem conhecido, mas é preciso enfatizar que simplesmente significa que não há oposição entre movimento e sistema, e que, a fim de reconstituir um evento diacrônico, provavelmente será necessário reconstruir o sistema sincrônico das formas dadas.

Numa célebre frase do início do segundo capítulo de *A evolução criadora*, Bergson afirma:

> O elã se divide continuamente ao se comunicar. A vida, à medida de seu progresso, dispersa-se em manifestações que devem ser, devido à sua origem comum, complementares entre si sob certos aspectos, mas que nem por isso serão menos mutuamente antagonistas e incompatíveis. (EC, p. 104, p. 583)

O importante é, portanto, encontrar (pelo menos) duas *coisas* (formas orgânicas, neste caso) que, embora possuindo características opostas, continuem parecendo complementares, a fim de se reconstruir a *origem*, ou seja, a mudança qualitativa que se expressa através delas.

Mas como duas coisas podem ser ao mesmo tempo "complementares" e "antagonistas"? Existe uma maneira trivial de entender tal ideia: termos opostos são complementares precisamente porque são opostos. Complementar e antagonista seriam, aqui, termos redundantes. Por exemplo, se eu digo que há uma relação de complementaridade entre vivo e morto, ou entre verdadeiro e falso, quero com isso dizer que, juntos, eles cobrem a totalidade do campo do que é possível, ou que eles juntos reconstituem aquilo que pode ser percebido como uma totalidade:[10] *tudo* tem que estar *ou* vivo *ou* morto, tem que ser *ou* verdadeiro *ou* falso. No entanto, não podia ser isso o que Bergson tinha

---

10 Ver Hendrik Josephus Pos,. "Perspectives du Structuralisme" 1939, *Travaux du Cercle Linguistique de Prague*, 8, p. 71-78.

em mente, uma vez que dizia claramente que seria impossível recompor a totalidade como um quebra-cabeça. Além do mais, isso implicaria que o campo do que é possível poderia ser determinado, completo, o que também é algo obviamente contrário ao que o filósofo explicitamente afirmava.

Para compreender melhor esta relação que é, ao mesmo tempo, de complementaridade e de incompatibilidade, vamos nos concentrar não naquilo que Bergson diz, mas no que ele faz. É curioso que o primeiro exemplo por ele disponibilizado para uma tal distribuição simétrica do incompatível e do complementar é a oposição entre, de um lado, sociedades de formigas, e, de outro, sociedades humanas, ou seja, a oposição mesma que aparecerá no âmago de *As duas fontes*. Senão vejamos: as primeiras são admiravelmente disciplinadas e unidas, mas congeladas; as outras são abertas a todo desenvolvimento, mas divididas e em incessante luta consigo mesmas. O ideal seria uma sociedade sempre em movimento e sempre em equilíbrio, mas esse ideal talvez não seja realizável. (EC, p. 101, p. 580)

Com o intuito de reconstruir um método, vamos cindir esse raciocínio embrionário em algumas etapas.

1) Primeiro, temos *um conjunto de coisas observáveis*: formigas, abelhas, leões, macacos, símios, seres humanos etc. Queremos compará-los. Mas o nosso método comparativo, em vez de procurar semelhanças, vai buscar dessemelhanças ou mesmo oposições polares.

2) Fragmentamos esses termos individuais em *características opositivas*: unido/dividido; variável/congelado. Eles nos dão eixos de oposição ao longo dos quais as espécies são distribuídas: de um lado, formigas e abelhas, do outro, seres humanos.

3) Observamos que as inversões nos diversos eixos são correlativas: quando algo é unido, ocorre ser também congelado, mas quando é dividido, é variável; dessas *inversões correlativas* que podem nos fornecer um *sistema de transformações* (as transformações são sistemáticas no sentido de que uma coisa não pode mudar sem que a outra também sofra uma alteração), inferimos *relações de incompatibilidade*, que não dizem respeito a realidades atuais (por exemplo, aqui, organis-

mos observáveis), mas entre as características que eles exemplificam,[11] que agora podem ser chamadas de *tendências*: não é formiga que é incompatível com ser humano; é a Unidade Social (ou a tendência "de unificação social") que é incompatível com a abertura histórica (ou a tendência "de abertura histórica").

Ensaiemos expressar tudo isso de um modo semiformal. Temos um conjunto de termos individuais observáveis: A, B, C etc. Esses termos podem categorizar um conjunto de funções (ou predicados), f, g, h etc., que podem receber apenas dois valores: + e -. A partir de repetidas observações, inferimos que, quando f (x) = +, g (x) =-, e que, quando f (x) =-, g (x) = +. Isto nos dá o que Bergson mais tarde denominou *lei de dicotomia:*[12]

[(f(x)=+) (g(x)=-)] [(f(x)=-) (g(x)=+)]

Não sabemos por que esses predicados são incompatíveis; apenas *observamos* que as coisas, tal como são, atualizam um conjunto de oposições combinatórias. Para entender o conceito bergsoniano de incompatibilidade, é preciso lembrar duas coisas: primeiro, que os termos não são *logicamente* incompatíveis ou incompatíveis *a priori*, como morto e vivo ou verdadeiro e falso; em segundo lugar, que a incompatibilidade não se dá entre dois valores opostos de uma mesma característica opositiva (verdadeiro e falso, por exemplo), mas entre os mesmos valores de duas características opositivas diferentes, mas não logicamente contrárias (unido e variável).

Este método é primeiramente aplicado por Bergson a plantas e animais. Ele conclui:

---

11 O verbo aqui utilizado pelo autor é *"instantiate"*. Apesar de ser empregado, por anglicismo, sob a forma "instanciar", ainda não teve seu uso formalizado no português, de modo que foi aqui traduzido ora por "exemplificar", ora por "categorizar" ou ainda por "atualizar", conforme o contexto. (N.T.)

12 DSMR, 316, p. 1227.

Os primeiros retiram contínua e automaticamente esses elementos de um ambiente que a eles os proporciona incessantemente. Os segundos, por uma ação descontínua, concentrada em alguns momentos, e consciente, vão buscar esses corpos em organismos que já os tenham fixado. (EC, p. 114, p. 115).

Aqui, é possível perceber claramente as oposições sistemáticas entre as plantas e os animais: *acúmulo contínuo e inerte de energia* versus *dissipação de energia através de movimentos descontínuos*. É possível construir uma tabela simples:

Características opositivas	PLANTAS	ANIMAIS
Acumulação/ Dissipação	+	-
Movimento	-	+
Contínuo (+); Dis-(-)	+	-

Essa divergência é repetida, no interior da ramificação animal, entre inteligência e instinto.[13] As páginas sobre instinto e inteligência poderiam ser resumidas na seguinte tabela de duas entradas:

---

13 Mas isso não é privilégio dos animais: também nas plantas, a divergência se repete. EC, p. 118, p. 594: "as plantas devem ter sido, por sua vez, submetidas a um novo desdobramento, análogo àquele que havia sido produzido entre plantas e animais".

Características opositivas	INSTINTO	INTELIGÊNCIA
Como Ferramentas, isto é, meios para *agir* no mundo	Ferramentas incorporadas	Ferramentas externas
	Especializado = Eficiência imediata	Não especializada = eficiência mediada (EC, 142/3; 615)
	Escopo limitado	Escopo ilimitado (útil para tudo)
Conhecimento	Das coisas	De relações (causa e efeito)
	De uma matéria	De uma forma
	De uma categoria	De uma relação hipotética
Signos	Aderentes (como num código)	Móbeis (como numa metáfora)
	De vida	De coisas mortas
Conclusão	Experiência de um diferencial de ações	Representação de uma organização entre partes

Talvez valha a pena ressaltar a importância filosófica desse método. Desnecessário dizer que ele nos permite superar a definição metafísica tradicional de algo por sua *essência*, bem como a definição científica como aquela que estabelece um *conjunto de valores* a partir das variáveis de uma equação, substituindo-as por definições que designam aquilo a ser definido como uma *variante*. O método bergsoniano das dicotomias é estritamente oposto ao de Platão e ao de Aristóteles, uma vez que não divide um gênero em espécies por meio de diferenças específicas ou especificações alternativas (bípedes/não-bípedes?), mas constitui as próprias identidades como categorias de um feixe correlativo de oposições, ou seja, define a própria coisa como uma *versão* cuja identidade estrita depende inteiramente de sua relação com todas as outras das quais difere, mas também às quais ela pode ser tornada equivalente por meio de uma série de operações correlatas (inversões concomitantes de sinal). Uma coisa não é, portanto, qualificada por um conjunto de propriedades, mas sim constituída num sistema de diferenças. A vantagem cognitiva desse método é abrir caminho para definir formas orgânicas em termos que não estão contidos em nenhuma delas, mas surgem a partir da perspectiva comparativa. Por exemplo, a oposição entre animais e plantas permite a Bergson definir a animalidade como a faculdade de fazer uso de um mecanismo de disparo para converter em ações explosivas a maior soma possível de energia potencial acumulada. (EC, p. 121)

É igualmente importante observar que animal não é aqui uma classe de entidades reais reunidas em função de compartilharem uma lista de propriedades, mas sim uma *possibilidade* definida por sua posição em um espaço virtual cuja *atualização* consiste nas entidades reais. Vamos do atual para o virtual vergando a multiplicidade atual para fazer com que cada metade apareça como um espelho da outra e para, em seguida, deduzir o espaço virtual que a organiza. Cada coisa é então entendida do ponto de vista *daquilo que poderia ter sido*, e não apenas como *aquilo que ela é*.

Cada parte do mundo refere-se a todas as outras não para compor uma nova totalidade funcional, mas para nelas encontrar uma espécie de imagem distorcida de si mesma. Não podemos ser compreendidos a não ser como tipos de abelhas, versões de abelhas... Existe algo sistemático na vida, mas esse sistema não é feito de componentes e sim de alternativas. Há um Todo, que não é nem uma totalidade mecânica atual, nem um forma ideal única e definitiva, mas uma correlação virtual de transformações que faz com que cada coisa seja uma versão de todas as outras. É por que se trata de um sistema que cada coisa tem uma identidade e que não temos apenas uma lista aleatória de elementos comparativos, mas um espaço racional de possibilidades. Isso não é outra coisa senão o que Bergson chama de totalidade simbólica em *Introdução à metafísica*;[14] simbólica no sentido de que cada coisa é um modo de ser o que as outras também são (que é um ponto de vista sobre algo que poderia ser percebido a partir de outro ponto de vista, mas por meio de transformações sistemáticas), mas também no sentido de que cada coisa representa o que todas as outras *não são*. Agora se tornou bastante difícil não ouvir aí a definição estruturalista de sistemas simbólicos. Verifiquemos se esse método pode ser chamado estrutural como sugeri que deve ser.

(2/B)
É notável o quanto esse método de fato evoca o método estrutural tal como praticado por Lévi-Strauss. Isso pode parecer surpreendente para aqueles que se atêm à definição de estrutura dada, por exemplo, por Piaget, em seu livro de 68 sobre o estruturalismo,[15] de acordo com a qual a estrutura é a *forma* de uma totalidade, sendo abstraída a natureza substancial ou material das coisas aí reunidas (poderiam ser homens, pedras, estrelas, países...). Essa poderia ser a definição funcional de estrutura. Mas não é a única, e certamente não é a única que opera nas obras daqueles que fizeram do estruturalismo um movimento intelectual tão influente, dentre eles, em especial, Claude Lévi-Strauss. O que caracteriza o conceito lévi-straussiano de estrutura é a ênfase no conceito de transformação.

---

14 PM, p. 192, p. 1404-1405: "as letras não são *partes componentes*, mas *expressões parciais* [...] não nos relacionamos com fragmentos da coisa, mas, por assim dizer, com fragmentos de símbolos" (Grifo do autor).

15 Jean Piaget. *Le structuralisme*. Paris: PUF, "Que sais-je ?", 1968.

Em sua "Aula Inaugural no Colégio de França", Lévi-Strauss é muito claro a esse respeito:

> Nenhuma ciência hoje pode considerar as estruturas relativas a seu campo como redutíveis a um arranjo qualquer de partes quaisquer. Só é estruturado o arranjo que atende a duas condições: que seja um sistema regido por uma coesão interna; e que essa coesão, inacessível à observação de um sistema isolado, se revele no estudo das transformações graças às quais encontramos propriedades semelhantes em sistemas aparentemente diferentes.[16]

Em outras palavras, a definição exata da estrutura lévi-straussiana é "grupo de transformações". E isso significa, antes de mais nada, que uma mudança "nunca se produz sozinha, mas em correlação com outras mudanças",[17] "de modo que é possível estabelecer séries de variações concomitantes".[18] Aqui, esse método é qualificado de método galileano. As permutações são interligadas e interdependentes, e isso dá origem a quadros nos quais cada característica binária assume um valor oposto. A primeira definição técnica de um grupo de transformação é, precisamente, sistema de compatibilidades e incompatibilidades que caracteriza o conjunto permutável.[19]

Em suma, a principal contribuição de Lévi-Strauss para o conceito de estrutura é defender que ela é aquilo que mantém unidos os elementos de um sistema e que relaciona tal sistema aos outros dos quais difere.

Passemos a alguns poucos exemplos desse método estrutural-transformacional em Lévi-Strauss. Há em sua obra tantos exemplos

---

16 Claude Lévi-Strauss. *Anthropologie structurale deux*. Paris: Plon, 1973 (reeditado por Agora-Pocket, 1996), p. 28.

17 Idem. (1971), *Mythologiques: L'homme nu*. Paris: Plon, 1971, p. 604.

18 Idem, *Anthropologie...*, op. cit., p. 223.

19 *Op cit.*, p. 162.

que somos confrontados com o que chamamos em francês de "o constrangimento das escolhas". Mas escolhi um exemplo do campo do parentesco porque, se o tivesse tomado dos mitos, se poderia pensar que essa definição de estrutura seria válida apenas para estes, mas não para o parentesco, uma vez que se poderia objetr que o conceito de estrutura como grupo de transformações quase não opera em *As estruturas elementares do parentesco*. Mas, no terceiro capítulo de *O pensamento selvagem*, justamente intitulado "Sistemas de Transformações", Lévi-Strauss compara os diversos sistemas de parentesco australianos e tenta colocá-los todos em um imenso grupo transformacional, no qual as estruturas de parentesco não podem ser separadas de outras dimensões da vida simbólica, tais como crenças religiosas, práticas rituais, e assim por diante. Eis o que ele escreve e a tabela[20] na qual resume suas observações :

> De modo geral, a distribuição das crenças e dos costumes sobre um eixo Norte-Sul ora revela uma mudança gradual indo de um tipo extremo à sua forma invertida, ora dá a ver a recorrência das mesmas formas nos dois pólos, mas agora expressas em um contexto invertido: patrilinear e matrilinear; a reversão estrutural realizando-se no meio.

---

20 Idem, *Le Pensée...*, p. 108. A versão em português dessa tabela foi reproduzida de *O pensamento selvagem*. Trad.: Tânia Pellegrini. Campinas: Papirus, 1989, p. 103. (N.T.)

	SUL		NORTE	
	Arabanna	Aranda	Kaitish Unmatjera	Warramunga
Ancestrais totêmicos	seres completos semi-humanos, semi-animais únicos	seres humanos incompletos múltiplos	seres humanos incompletos + homens feitos múltiplos	seres completos semi-humanos semi-animais únicos
Organização social	totemismo exógamo	não-congruência entre totens e metades totemismo não-exógamo		congruência entre totens e metades totemismo exógamo
Ritual		exclusivismo recíproco das metades	iniciativa do grupo totêmico + assistência da metade alterna	reciprocidade das metades: iniciativa da metade alterna
Cerimônias totêmicas		propriedade individual		propriedade coletiva
Celebração		aperiódica		periódica

Podemos tomar um exemplo ainda mais explícito do mesmo capítulo. Eis duas formas de proibições alimentares: no primeiro caso, o grupo designa a alma (ou totem pessoal) de uma criança (que é um animal ou uma planta para com o qual ela terá obrigações específicas) de acordo com um incidente ocorrido durante a gravidez de sua mãe; no outro, um homem idoso é encarregado de dizer qual seria o animal a partir de então proibido para toda a tribo. Mas, no primeiro caso, a proibição é desencadeada pelo nascimento de um novo membro, enquanto no segundo ela é uma reação à morte, e de forma correlativa, todos os termos das outras oposições também se invertem: o diagnóstico é feito por um indivíduo e não coletivamente; a proibição, ao contrário, será aplicada não a um indivíduo, mas para todo o grupo etc. (PS, p. 100).

Donde se segue a tabela abaixo, apresentada na p. 101 da versão francesa de *O pensamento selvagem*:

Oposições significativas	Motlav-Mota-Aurora	Lifu-Ulawa-Malaita
Nascimento/Morte	+	-
Individual/coletivo: diagnóstico	-	+
- / - : proibição	+	-

Pode-se perceber facilmente, creio eu, nesse caso, a semelhança com o método dicotômico de Bergson. Uma estrutura, no sentido lévi-straussiano é precisamente algo que entrelaça características opositivas "incompatíveis e complementares" que dão origem a um conjunto de coisas que podem ser redefinidas como variações umas das outras. Oposição, simetria, complementaridade, antagonismos, inversões, todos esses termos habitam o cerne do método estrutural tal como praticado por Lévi-Strauss.[21] Para ele, a estrutura não é a forma de uma totalidade, mas a dimensão virtual da realidade qualitativa, a luz sob

---

21 São, aliás, títulos das seções consagradas à descrição do método estrutural de Lévi-Strauss no livro de Mireille Marc-Lipiansky. *Le structuralisme de Lévi-Strauss*. Paris: Payot, 1973.

a qual tudo surge como mais uma forma possível de muitas outras formas culturais atualizadas. E a própria definição de signo, de acordo com Lévi-Strauss, não é aquilo que funciona como um instrumento de comunicação, mas aquilo que representa, não o seu significado, *mas um outro signo*. Por exemplo, as ferramentas podem ser tomadas como sinais se o antropólogo puder estabelecer que, digamos, um eixo representa algo que poderia ser diferente em uma sociedade diferente (em um contexto determinado, ela substitui, para o observador capaz de compreender seu uso, aquela outra ferramenta que uma outra sociedade utilizaria com a mesma finalidade).[22] Um signo não é outra coisa senão aquilo que pertence a um grupo de transformações. Essa definição de signo está, com efeito, em estrita concordância com a definição de Saussure: não é algo a indicar o que ele significa, mas algo que se opõe ao que poderia ser dito na mesma ocasião.

Certamente, seria preciso discorrer mais sobre tudo isso, mas talvez seja mais proveitoso passarmos agora diretamente às plausíveis objeções que certamente assomaram ao leitor.

3. Da estrutura ao acontecimento: uma análise mais profunda do método estrutural de Bergson

(3/1)
Poder-se-ia objetar que existe pelo menos uma diferença notória entre o bergsonismo e o estruturalismo, que é a seguinte: para Bergson, o estabelecimento dessas dicotomias não é o fim do método, nem mesmo daquela sua parte que é propriamente intelectual ou guiada pela inteligência, mas tão-somente o seu início. Pois quando constrói a tabela dessas compatibilidades e incompatibilidades entre plantas e animais, ele alega, com ousadia, que: Quando então essas tendências se combinarem entre si, obteremos uma aproximação ou, antes, uma imitação

---

22 Ver Claude Levi-Strauss, *Anthropologie...*, p. 20.

do indivisível princípio motor do qual procedia seu elã.[23] Noutras palavras, o impulso único e simples ou a mudança qualitativa não é senão a *soma* de todas as características incompatíveis.

Qual é a base lógica de tal afirmação? Existe alguma? O raciocínio é o seguinte: a divergência observada é o resultado de um drama não-observável, mas dedutível, no qual duas (ou mais) tendências incompatíveis se encaminham ao mesmo tempo e no mesmo local para uma intensificação e para a produção de todos os seus efeitos específicos. Isso sendo impossível, tais efeitos são distribuídos em distintas regiões atuais do mundo, como que divididas em metades ou em quatro partes opostas entre si.

Mas o que pode justificar a ideia de que essas tendências incompatíveis devem ser reunidas em um único processo de mudança qualitativa? Por que não poderíamos simplesmente dizer que existe uma multiplicidade de tendências que não são necessariamente coerentes e que produzem as variedades simétricas das formas de vida? Por que haveríamos de unir e fundir todas essas tendências incompatíveis numa única e simples "mudança qualitativa"? Que motivos teríamos para sustentar que a vida tenta realizar uma forma na qual todas essas tendências seriam expressas conjuntamente em seu nível mais elevado, construindo, assim, uma hipótese teleológica aparentemente sem fundamento?

Para entender por que Bergson pode ir da redefinição estrutural de cada forma orgânica como uma posição em um sistema de oposições à intuição de uma mudança qualitativa simples, temos de acrescentar algumas determinações ao método e aperfeiçoar o modelo bruto acima apresentado.

1) Em primeiro lugar, cumpre dizer que não deveríamos procurar pela presença ou ausência de uma característica, e sim comparar as proporções. As características opositivas não são descontinuidades intelectuais, mas polaridades contínuas. E o que efetivamente observamos não são alternativas discretas, mas *proporções invertidas* diferentes graus em vez de opções distintas. O fato é que quando uma delas é alta, a outra é baixa,

---

[23] EC, p. 102, p. 581.

e é quase impossível encontrar ambas no mesmo nível (a não ser, como logo veremos, *em estágios muito inferiores*). Quase não há manifestação da vida que não contenha em estado rudimentar, ou latente, ou virtual, os caracteres essenciais da maior parte das outras manifestações. A diferença está nas proporções. Mas essa diferença de proporção será suficiente para definir o grupo no qual ela se encontra se pudermos estabelecer que ela não é acidental e que o grupo, na medida em que evoluía, tendia cada vez mais a *enfatizar* esses caracteres particulares. Em uma palavra, "*o grupo não mais será definido pela posse de determinados caracteres, mas por sua tendência a acentuá-los*".[24] Portanto, não se deve pensar a relação de incompatibilidade nos seguintes termos: "Se se tem um, não se pode ter o outro"; mas assim: "Quanto mais se tem um, tanto menos será plausível que se possa ter o outro". Por exemplo, as plantas são *mais e mais* sedentárias, mas não absolutamente alheias ao movimento.[25] Essa é outra forma de dizer que duas coisas são duas formas da mesma coisa: cada uma exibe uma proporção diferente dos *mesmos* elementos.

2) Em segundo lugar, temos, em certo sentido, que levar em conta a história e não podemos nos contentar com uma descrição puramente sincrônica do sistema, já que Bergson compara as *taxas de velocidade evolucionária* de cada espécie. E ele observa, antes de mais nada, que algumas espécies evoluem muito mais lentamente que outras: há desigualdades entre as linhas divergentes que rompem com aquilo que inicialmente apareceu como simetria. O sistema da vida é assimétrico, e essas assimetrias revelarão o direcionamento da vida. Isso é essencial para o próprio conceito de tendência: Eis aí um fato que se produz quando uma tendência se analisa. Entre os desenvolvimentos divergentes aos quais ela dá origem, alguns continuam indefinidamente enquanto outros esgotam mais ou menos rapidamente todos os seus recursos.[26]

---

24 EC, p. 107, p. 585 (Grifo do autor).

25 "E, de baixo para cima no reino vegetal, temos os mesmos hábitos cada vez mais sedentários (...). Certamente, fenômenos de movimento são observados também nas plantas." (EC, p. 109, p. 587)

26 EC, p. 119, p. 595.

Isso dá lugar a uma importante observação: as espécies que exemplificam as duas características *no mesmo nível ou nas mesmas proporções* são precisamente as mais arcaicas e as que têm a menor taxa de velocidade evolutiva. Por exemplo, os fungos combinam características vegetais e animais no que diz respeito ao modo de alimentação, mas não evoluem mais ("É fato notável que os Cogumelos não tenham mais podido evoluir")[27] De forma ainda mais importante, as euglenas combinam as duas principais características típicas das plantas e dos animais: ambos acumulam energia e dissipam-na através do movimento.[28] Por esse motivo, pode-se dizer que elas apresentam ou simbolizam a Forma Orgânica Originária cuja evolução foi decomposta em duas linhas divergentes, uma em direção às plantas e outra na direção dos animais. A euglena é o *Arqui-Zoon* do qual todos descendemos. Também é prova de que as características anteriormente ditas "incompatíveis" podem ser compatíveis, mas apenas em níveis muito inferiores e em formas arcaicas, e, portanto, de que a vida tencionava produzir uma única forma na qual as duas características seriam fundidas, de modo que, por trás da variedade de formas orgânicas, podemos adivinhar uma só e a mesma *tentativa*.

3) Em terceiro lugar, observamos que a opção simétrica à Origem – isto é, aquela na qual ambos os sinais são "positivos" (significando em alto nível) – não é atualizada. Desse fato, podemos inferir que ela é pretendida não como uma forma específica (nesse sentido, o raciocínio de Bergson não é teleológico), mas como uma articulação entre características opositivas que, por algum motivo, parecem ser incompatíveis.

Agora podemos desenhar a seguinte tabela que descreve a estrutura de todo o sistema da vida, através do qual cada forma orgânica é redefinida como uma posição em um sistema de oposições:

---

27 EC, p. 108, p. 589.

28 "E é por isso que devemos presumir que os primeiros seres vivos procuraram, por um lado, acumular sem descanso a energia emprestada ao Sol e, por outro, consumi-la de maneira descontínua e explosiva por meio dos movimentos de locomoção: os Infusórios de clorofila, as Euglenas, talvez simbolizem ainda hoje, mas sob uma forma fraca e incapaz de evoluir, esta tendência primordial da vida." (EC, p. 117, p. 593)

- - Euglenas *Arqui-Zoon*	- + Animais *Alter-Zoon*
+ - Plantas *Alter-Zoon*	+ + Superanimal *Hiper-Zoon*

Ou melhor, tendo em vista que a diagonal que vai de euglenas a super-animal é temporal, diacrônica ou evolucionária, enquanto aquela que liga plantas e animais capta uma relação sincrônica, a tabela deve ser inclinada do seguinte modo.

A diagonal vertical que une plantas e animais constitui o Eixo de divergência (ou o Eixo estrutural ou sincrônico); a diagonal horizontal que vai de euglenas a super-animal é o Eixo do impulso vital (ou o Eixo evolucionário ou diacrônico). Euglena é a Forma embrionária (ou o resíduo da Forma embrionária), e super-animal, no lado oposto, é a forma ideal inexistente.

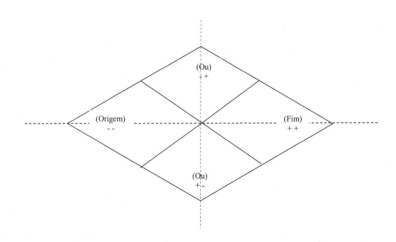

4) Agora observamos que cada forma biológica é assombrada por seu oposto simétrico no sentido de que uma parte dela é como que uma réplica ou *analogon* da outra ramificação da alternativa: por exemplo, a religião, em sociedades inteligentes, é o retorno da tendência reprimida, nomeadamente, do instinto; ou dormir é um *analogon* das plantas nos animais, e assim por diante. Esse reaparecimento de um dos lados da alternativa no seu lado oposto seria muito semelhante à forma como o *Ying* é evocado no *Yang* no famoso símbolo que resume o pensamento dualista chinês, se, em vez de um traço opositivo simples, como preto e branco, tivéssemos uma relação entre dois feixes simétricos de características opositivas.

5) Outra chave para argumentar que cada forma de vida é uma tentativa de reunir essas várias tendências divergentes é que a divergência é reiterada, como se fosse repetido o esforço para realizar uma única forma na qual todas as tendências que parecem ser divergentes seriam continuamente combinadas.

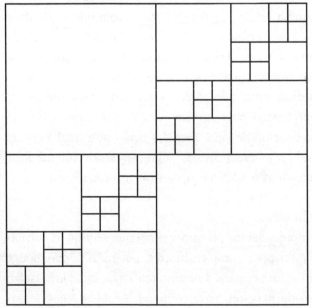

6) Por último, mas não menos importante, também observamos, por exemplo, entre plantas e animais, não só simetrias alternativas, mas também conexões funcionais. Por exemplo, se os animais exemplificam o caso em que a energia é dissipada em movimentos descontínuos, é porque eles encontram, primeiramente nas plantas e em seguida nos herbívoros, reservas de energia já acumulada. Consequentemente, para que os primeiros sejam viáveis, precisam ter não apenas um vínculo virtual com os últimos (como uma forma alternativa de lidar com a energia), mas também um vínculo atual e mais funcional, como uma posição diferente para com a *mesma* energia. A relação já não é apenas uma relação de oposição simétrica, mas também uma relação de conexão complementar; ela não é somente paradigmática, mas também sintagmática. Plantas e animais não são apenas alternativas exclusivas, mas também "actantes" conectados, no sentido proposto por Greimas.

Neste momento, podemos desenhar uma tabela mais completa e mais exata das alternativas combinatórias através das quais a vida é expressa. A simetria agora é muito complexa; cada célula dessa tabela, além de estar em numa relação "paradigmática" com outra que lhe é "simétrica" (aquilo que a primeira *poderia ter sido*), também é qualificada de modo sintagmático. O sistema é tanto sincrônico quanto diacrônico, tanto paradigmático quanto sintagmático, tanto virtual quanto atual. Essas linhas divergentes não parecem ser, portanto, reunidas casualmente no mesmo espaço, mas sim sistematicamente organizadas em um único e mesmo Sistema de vida. Essa é a razão pela qual Bergson dirá que, através de todas essas formas, algo está sendo intentado: a compatibilização das duas tendências opositivas incompatíveis.

(3/2) Rumo à intuição:

Agora que compreendemos plenamente em que sentido as formas orgânicas são antagonistas *e* complementares, podemos ir mais longe e dizer que elas são soluções para a mesma tentativa, ou, para usar o vocabulário preciso de Bergson, para o mesmo *problema* que temos de reconstruir. A evolução deve ser considerada pelo filósofo como um espaço de problema, e temos que passar da distribuição das soluções para a reconstrução do problema. Cada organismo está tentando (e fracassando em) resolver o problema da vida, e, desse ponto de vista, é comparável a todos os demais. É possível que não compartilhemos nada com as outras espécies além dos nossos problemas. Podemos deduzir da forma como plantas e animais divergem e se articulam entre si que o problema da vida em geral na combinação entre acúmulo e dissipação de energia é armazenar energia para o fim de dissipá-la em movimentos: O problema era então o seguinte: obter do Sol que por vezes suspendesse parcial e provisoriamente o seu dispêndio incessante de energia utilizável sobre a superfície da terra, que armazenasse certa quantidade dela, sob a forma de energia ainda não utilizada, em reservatórios apropriados donde poderia, em seguida, ser escoada no momento desejado, no lugar desejado, na direção desejada.[29]

Mas o resultado da conversão de energia contínua em ações descontínuas é uma elevação do nível de indeterminação no mundo, no sentido de que rompe o princípio leibniziano de continuidade, segundo o qual aquilo que existe no efeito corresponde em quantidade ao que existia na causa: aqui, um pequeno ensejo irá liberar uma grande quantidade de energia. Portanto, podemos dizer que o problema da vida consiste em usar matéria para criar mais liberdade ou indeterminação: "O elã de vida do qual falamos consiste, em suma, numa exigência de criação. (...) tende a introduzir [na matéria] a maior soma possível de indeterminação e de liberdade". (EC, p. 252, p. 708) Aqui, atingimos um ponto em que Bergson procede a uma *interpretação* desse problema, ou tentativa comum, que fora primeiramente reconhecido através dos sistemas divergentes de formas e das relações de incompatibilidade.

Já avançamos bastante no processo de remontar dos seres vivos à própria vida. Mas parece que o problema da vida continua a ser caracterizado como uma tentativa de agrupar tendências distintas dadas de

---

29 Cf. EC, p. 116, p. 593. Ver também: "toda a vida, animal e vegetal, no que tem de essencial, surge como um esforço para acumular energia e para liberá-la em seguida em canais flexíveis, deformáveis, na extremidade dos quais realizará trabalhos infinitamente variados". (EC, p. 254, p. 710)

antemão. Caracterizado intelectualmente, parece que cada problema sempre tem a forma: "junte *isto àquilo*", ou melhor, "agregue *disto* tanto quanto se pode agregar *daquilo*", pressupondo-se que "isto" e "aquilo" são incompatíveis. No entanto, semelhante raciocínio exigiria pressupor que essas tendências preexistiriam à própria vida. Isso não é apenas contrário do que diz Bergson (tendências são modos de expressão da vida, que, em si mesma, é simples), mas também deixaria a seguinte pergunta sem resposta: por que essas tendências são incompatíveis? Sabemos que não é por serem contraditórias no sentido lógico. Devemos dizer que o problema está na natureza do mundo no qual elas buscam se atualizar? Bergson não exclui esse fator.[30] Mas a verdade é que existem algumas razões positivas para tal incompatibilidade que não residem nem nas próprias tendências nem no contexto em que se espera que elas se encontrem, mas simplesmente em nós. De fato, é somente a partir de um ponto de vista retrospectivo que dizemos que são incompatíveis. Pois, na verdade, a própria distinção entre elas é apenas um resultado de sua "análise". Falar da "síntese dos incompatíveis" é apenas uma maneira de *falar* do que é simples, de caracterizar aquilo que, por natureza, é demasiado rico para ser efetiva e completamente caracterizado (e até mesmo a mais leve impressão verdadeira é rica demais para tanto, absolutamente singular, enquanto irrepetível e não analisável). Trata-se da forma pela qual a inteligência pode falar daquilo que só pode ser acessado através de intuição. Se tentarmos fazer a experiência daquilo a respeito do que cada uma das formas alternativas configura um ponto de vista, essa caracterização do problema como "compatibilização do incompatível" irá desaparecer e só restará *algo a ser sentido*, algo a ser expresso, algum sentimento profundo, complexo e infinitamente sutil a ser desenvolvido. Um sentimento complexo pode se desenvolver de duas maneiras: no exterior, através de linhas divergentes, *ou* no interior, pelo tipo de alteração qualitativa que é descrito no *Ensaio sobre...* Um sentimento é um problema no sentido de

---

30 "A natureza mesma da matéria que a vida encontrava diante de si em nosso planeta opunha-se a uma evolução conjunta mais longa das duas tendências." (EC, p. 117, p. 593)

que não pode ser o que é sem se tornar outra coisa, sempre diversa, de modo que não pode ser caracterizado a não ser através de "pontos de vista" alternativos sistematicamente relacionados.

Assim, apenas colocamos o problema para uma intuição da vida. Bergson não pode criar em nós essa intuição. Se fôssemos apenas inteligentes, não teríamos como avançar. Mas, visto que também possuímos uma experiência de nós mesmos, e, portanto, intuições já dadas,[31] podemos nos voltar para nós mesmos e tentar modular essa nossa experiência qualitativa a fim de encontrar uma sua faceta que pudesse captar todas essas tendências aparentemente incompatíveis, características da vida, em um único sentimento complexo. Isso é o que Bergson oferece no terceiro capítulo de *A evolução criadora*. Para se ter uma intuição da vida, deve-se entendê-la como uma resistência à interrupção da consciência que é a própria matéria. Isso pode ser feito se tivermos uma intuição da matéria, ou seja, se compreendemos a própria matéria à luz de uma experiência, que será a experiência de distensão (*"détente"*). E a vida será, portanto, uma espécie de último esforço em meio à mesma.

(3/3)
Podemos concluir de tudo isto que, embora a intuição não possa ser determinada pelo método comparativo descrito, baseado na inteligência, esse método pode ainda assim nos conduzir a essa experiência e apontar o problema para a intuição. Agora, será que ainda tenho o direito de chamá-lo de método estrutural? Não estamos aqui, tanto do ponto de vista do funcionamento do método em si quanto dos seus objetivos, num mundo filosófico completamente diferente daquele de Lévi-Strauss?

Creio que não. Pois o caso é que Lévi-Strauss também parte dessas observações de divergências entre formas que exemplificam feixes invertidos de características opositivas para chegar a inferências sobre aquilo que nelas está em jogo, algo que ele também chama de *proble-*

---

[31] Isto é, não as intuições que criamos a partir de um trabalho de pesquisa sobre o ser vivo, mas aquelas que funcionam sob a forma do reconhecimento.

mas. Os mitos, assim como as regras de parentesco, "não se limitam a *ser*; servem para alguma coisa, que consiste em resolver problemas".[32] A própria troca não é senão uma forma de resolver o problema levantado pela oposição entre o eu e o outro.[33] Mitos são meios para resolver problemas, por vezes de natureza social, por vezes de natureza lógica (como o problema da "mediação" em *O cru e o cozido*, p. 338). E, de modo mais geral,

> o pensamento simbólico (...), na troca como em qualquer outra forma de comunicação, supera a contradição que lhe é inerente por perceber as coisas, assim como os elementos do diálogo, simultaneamente sob a relação de si a outrem e destinados por natureza a passarem de um ao outro.[34]

Dito de outro modo, o que a análise estrutural dos sistemas simbólicos nos ensina é que eles são formas de resolver uma percepção problemática, a percepção de objetos paradoxais, que parecem ser vistos a partir de dois pontos de vista ao mesmo tempo, de um modo que poderia ser exemplificado por alguns dos famosos desenhos de Escher (em especial, por *Côncavo e convexo*). Essa ênfase na categoria problema é também a razão pela qual Lévi-Strauss muitas vezes sublinha "a ligação íntima que existe entre a análise estrutural e o método dialético",[35] dialética devendo aqui ser entendida no sentido mais clássico, como a arte de encontrar *problemas*.

Podemos dar um exemplo desse tipo de problema extraído exatamente do mesmo capítulo de *O pensamento selvagem* do qual retira-

---

32 Claude Lévi-Strauss, *Mythologiques...*, p. 187 (Grifo do autor).

33 Claude Lévi-Strauss. *Structures élémentaires de la parenté*. Paris-La Haye: Mouton & Co, Paris-La Haye, 1967, p. 98.

34 "Introduction à l'œuvre de Marcel Mauss". *In*: Marcel Mauss, *Œuvres*. Paris: PUF, p. XLVI.

35 *Claude Levi-Strauss. Anthropologie structurale*. Paris: Plon, 1958, p. 258.

mos as tabelas reproduzidas anteriormente e no qual o autor trata todas as culturas australianas como transformações de um único sistema. Ele conclui sua análise dizendo que, por trás do simbolismo australiano, é preciso encontrar um problema, então exposto da seguinte forma: "há, de fato, duas estações, assim como há dois sexos, duas sociedades, dois graus de cultura (uma elevada – a dos iniciados –, a outra baixa); mas, no plano natural, a boa estação é subordinada à má, enquanto que, no plano social, a relação oposta prevalece" (p. 116). E cada simbolismo surge como uma forma de tentar resolver ou disfarçar o problema.

De modo mais geral, se há diferentes versões dos mitos, é precisamente porque elas exploram as várias soluções para o mesmo problema. "O pensamento mítico concebe suas regras como as diversas respostas possíveis a uma questão".[36] Portanto, podemos utilizar o método comparativo estrutural para regredir aos problemas ocultos, mas originários, que são a matriz de todas elas. Isso é verdade não só para os mitos, mas também para as estruturas sociais: "a fórmula sociológica adotada por uma cultura é acompanhada pela consciência latente da fórmula oposta".[37]

Desse modo, o método estrutural de Lévi-Strauss tem o mesmo objetivo que o de Bergson e, assim como neste, o trabalho não termina quando se explicita a estrutura do sistema.[38] Mas a própria forma como funciona o método também pode ser comparada de modo notável com o método de Bergson.

1) Em primeiro lugar, para Lévi-Strauss, não mais do que para Bergson, as características opositivas são opções descontínuas, são polaridades qualitativas: cru ou cozido, alto ou baixo, amargo ou doce, escuro ou claro, longe ou perto, e assim por diante. Importando apenas

---

36 Claude Lévi-Strauss. *Le regard éloigné*. Paris: Plon, 1983, p. 215.

37 *Op cit.*, p. 219.

38 Eis o que ele diz no célebre artigo "A gesta de Asdiwal", que talvez seja uma das melhores introduções à análise estrutural dos mitos: "Analisamos a estrutura da mensagem. Trata-se agora de decifrar seu sentido". (AS2, p.197)

que as relações sejam binárias, ou seja, que tenham somente dois valores. Para Bergson, isso também é uma exigência.[39]

2) Mais importante é a seguinte observação: Lévi-Strauss também busca a Origem através da estrutura. O próprio final de *As estruturas elementares do parentesco* fornece um exemplo dessa busca pela origem. O autor conclui seu livro dizendo que linguagem e exogamia podem ser comparadas como duas soluções para uma mesma situação fundamental, duas soluções para um mesmo problema, esse problema que torna possível perceber a mesma coisa como existindo, ao mesmo tempo e pelo mesmo motivo, para mim e para o outro.[40] Esse é o problema do pensamento simbólico em geral e recebe soluções divergentes nestas três atividades simbólicas que são o parentesco, a língua e o trabalho. E Lévi-Strauss acrescenta que essa "riqueza afetiva, esse fervor, esse mistério" que agora é característico da relação entre os sexos deve ter outrora impregnado, na origem, todo o universo da comunicações humanas (*impregné à l'origine tout l'univers des communications humaines*). Palavras e bens foram dados e recebidos na mesma atmosfera dramática e intensa que encontramos agora em casamentos, batizados, relacionamentos amorosos e familiares. A construção do parentesco como um sistema simbólico, ou seja, como algo que está numa relação de transformação com a linguagem, nos permite regressar ao clima inflamado e patético em que nascem o pensamento simbólico e a vida social que constitui sua forma coletiva. (p. 569)

---

39 O binarismo tem sido um ponto debatido de modo particularmente intenso na tradição estruturalista, em especial entre Jakobson e outros fonologistas, incluindo Troubetzkoy. Viel, M, *La notion de marque chez Trubetzkoy et Jakobson*: un épisode dans l'histoire de la pensée structurale, Lille: Diffusion Didier, 1984.

40 "a contradição que permite perceber a mesma mulher sob dois aspectos incompatíveis: por um lado, objeto do próprio desejo e, por conseguinte, excitando instintos sexuais e de apropriação; e, ao mesmo tempo, sujeito, percebido como tal, do desejo de outrem, ou seja, meio de unir-se a ele pela aliança." (Claude Lévi-Strauss. *Structures élémentaires...*, p. 569)

Pois, se as palavras agora monopolizam a dimensão funcional do símbolico (como se mais não fossem que instrumentos para a transmissão de significados), e as mulheres, a sua dimensão interpessoal (elas criam vínculos, dívidas, dons e contradons), ao passo que os bens deviam ser restritos às finalidades de consumo, a possibilidade de colocar essas três dimensões em relações de transformação nos ensina que os *signos protosimbólicos* devem ter sido, ao mesmo tempo, valores e signos, riquezas e significados, pessoas e coisas, uma estranha mistura de palavras e mulheres, parentesco e linguagem... As palavras podiam ser comidas e os alimentos eram simbólicos; não eram apenas veículos para o significado, mas também coisas dadas a alguém como prova de confiança e por seu misterioso valor intrínseco; os bens não eram apenas úteis, mas também significativos, e assim por diante.

3) Mas isso não é tudo. Dissemos que, em Bergson, as possibilidades não são equitativa ou simetricamente distribuídas porque uma possibilidade atualizava a origem, enquanto outra era apenas concebível, mas não atualizada (o caso em que ambas as características estão no nível mais elevado). Mas também ocorre que, para Lévi-Strauss, em todo sistema simbólico existe uma possibilidade que não pode ser atualizada – por exemplo, uma versão de um mito que é concebível, mas não concretizada como tal, e que é realizada de uma forma completamente diferente em outra cultura. No artigo já citado de *O olhar distanciado*, "Da possibilidade mítica", Lévi-Strauss escreve:

> uma população consagra várias versões de um dos seus mitos ao exame de diversas eventualidades, exceto uma que estaria em contradição com os dados do problema que a confronta. Ela deixa, então, uma lacuna na tabela dos possíveis, permitindo que uma população vizinha, que não se coloca o mesmo problema, se aproprie do mito e preencha a casa vazia mas com a condição de desviar este mito da sua destinação primeira, e mesmo de alterar profundamente a sua natureza.[41]

---

41 *Idem, Le regard...*, op. cit., p. 220.

Assim, em cada sistema simbólico, há um lugar que deve permanecer vazio, pelo qual ele se conecta com um outro sistema, assim como para todo espaço de problema existe uma solução que não é uma solução real, mas sim a possibilidade de reformular o próprio problema, e pela qual um problema pode se conectar com outro que então será sua própria crítica. Portanto, um sistema simbólico, de acordo com Lévi-Strauss, nunca está fechado em si mesmo, e não é feito apenas de variantes, mas sempre dá lugar a um ponto de *variação* no qual a própria estrutura se modifica. Na medida em que nos permite detectar esse ponto, o método estrutural, longe de se opor ao esforço de diagnosticar mudança e evento, parece ser uma ferramenta para diagnosticar a variação ou a variante que o próprio sistema *é* no tumulto dos sistemas virtuais conectados.

Agora alguém pode se perguntar: o que venho tentando fazer? Será que meu intento foi convencer o leitor de que não há diferença entre bergsonismo e estruturalismo? Mas qual seria o ganho de uma tal empreitada ecumênica? Meu objetivo não era provar que Bergson teria antecipado as descobertas do estruturalismo, embora seja importante, para esse texto em particular, enfatizar o quanto ele tem sido "reprimido" no contexto do pensamento francês do século XX. Também não era provar que o estruturalismo não é, como muitos consideram, um projeto rígido, artificial, desumano e ahistórico: tal trabalho exigiria muito mais evidências.

Pretendi, em primeiro lugar, lançar uma luz diferente, ou ao menos talvez mais precisa, sobre o método proposto por Bergson e sobre a articulação entre inteligência e intuição, filosofia e ciência, que lhe é característica. E penso que a comparação com o estruturalismo nisso nos ajuda. Além do mais, procurei mostrar que, em vez das oposições artificiais entre consciência e estrutura, evento e sistema, ou vida e conceito, devemos tentar compreender o pensamento francês do século XX como uma distribuição estrutural de respostas para o problema da própria natureza dos problemas, e, consequentemente, como tentativas de redefinir o método dialético. Certamente, Bergson e Lévi-Strauss não compartilham a mesma concepção de problemas, mas de fato compartilham a ideia de que temos de entender a realidade como uma exposição de soluções e buscar os problemas que são suas matrizes. Gostaria, portanto, de concluir com uma hipótese: a filosofia do século XX tem que ser entendida no contexto da história de métodos comparativos e como várias formas de responder a um problema: como descrever um domínio qualquer como uma variedade de tentativas para responder a problemas específicos sem os tomar como contradições, ou seja, como seria possível pensar em um novo e positivo método dialético? E essa questão, assim acredito, não só percorre todo o século, mas permanece tão relevante quanto outrora.

Liberdade e necessidade em Bergson: dois sentidos do Eu?

Maria Adriana CAPPELLO[1]

> *Assim, quer a consideremos no tempo ou no espaço, a liberdade parece sempre lançar na necessidade suas raízes profundas e se organizar intimamente com ela. O espírito empresta da matéria as percepções, das quais ele retira seu alimento, e as devolve sobre a forma do movimento, no qual ele imprime sua liberdade* (Matéria e memória, p. 280).

A questão da distinção interior da consciência humana entre liberdade e necessidade, ou entre um *eu profundo* e um *eu superficial*, cujas linhas gerais procurarei traçar, é ela mesma bastante pontual, uma vez que se insere numa investigação mais ampla que trata da distinção desse mesmo *eu* entre a duração – que o constitui enquanto caso da consciência ou duração cósmica – e a reflexão, que o caracteriza enquanto consciência de si.

Investigação que é ela própria balizada por uma tese interpretativa ainda mais geral – defendida tanto por Deleuze, quanto, mais re-

---

1 Universidade Federal do Paraná.

centemente, por Frédéric Worms[2] –, pela qual a filosofia de Bergson é compreendida como uma tentativa sempre renovada de expressar a realidade de um princípio único em suas duas tendências. De fato, se levarmos em conta essa interpretação, a filosofia de Bergson se desenvolveria como um dualismo de tendências, fundado sobretudo em *Matéria e memória*,[3] seu segundo livro, que retroagiria até a distinção entre tempo e espaço, assim como ela foi exposta no *Ensaio sobre os dados imediatos da consciência*,[4] e encontraria sua formulação mais plena em *Evolução criadora*.[5]

Desse modo, essa apreciação geral da filosofia de Bergson, que considera tanto a duração quanto a espacialização como duas tendências igualmente componentes de uma realidade em princípio una, interessa aqui especificamente na medida em que incide sobre a constituição da consciência humana e sobre a questão da liberdade. E é levando em conta, portanto, o ganho que a consideração desse dualismo recebeu em *Matéria e memória* que acredito poder, retroagindo, também, até o modo em que consciência e liberdade foram inicialmente apresentadas no *Ensaio*, melhor compreender a nova dualidade pela qual Bergson passará a tratar tanto essa liberdade quanto essa consciência.

Uma vez que se trata de problematizar a perspectiva que domina o *Ensaio*, partamos da própria distinção da consciência ali enunciada na afirmação de que a "(...) a vida consciente se apresenta sob um duplo aspecto, de acordo com uma percepção direta ou refratada no espaço".[6]

---

2 Cf. Gilles Deleuze, *Le Bergsonisme*. Paris: PUF, 1998; "Bergson". In: *A Ilha Deserta e outros textos*. São Paulo: Iluminuras, 2006; Frédéric Worms, F. *Bergson ou le deux sens de la vie*. Paris: PUF, 2004; "La conscience ou la vie? Bergson entre phénoménologie et métaphysique". In: *Annales Bergsonniennes*, II. Bergson, Deleuze, la phénoménologie. Paris: Puf, 2004.

3 Henri Bergson, *Matière et mémoire*. Paris: PUF, 1999.

4 Idem, *Essai sur les données immédiates de la conscience*. Paris: PUF, 1997.

5 Idem, H. *L'Évolution Créatrice*. Paris: PUF, 1948.

6 *Idem, Essai sur...*, p. 102.

Tal passagem aparece como conclusão do segundo capítulo do livro, mais especificamente, como conclusão da distinção entre a multiplicidade quantitativa e a multiplicidade qualitativa, pela qual Bergson distingue radicalmente o espaço – meio vazio homogêneo que possibilita a justaposição de partes com exterioridade recíproca – daquela realidade que encontramos quando nos voltamos para a imediaticidade da consciência, organização íntima de estados com diferenciação qualitativa, ou seja, a própria duração. Distinção que acaba, então, recaindo sobre a consciência investigada, na medida em que esta pode ser apreendida, imediatamente, como multiplicidade qualitativa, ou, pela mediação do esquema espacial, como refratada em estados que se distinguem uns dos outros e, por fim, dela própria.

Ocorre que, além de aparecer como a consequência da análise que distingue espaço e duração, tal distinção da consciência é o preâmbulo da solução da questão da liberdade, tratada no último capítulo do *Ensaio*. Solução que nada mais é que a defesa teórica do fato mesmo da liberdade. Com efeito, a análise até então desenvolvida já havia desvelado a liberdade como a relação essencial entre uma consciência que dura e seus atos, restando apenas explicitar o quanto essa exteriorização de uma dinâmica interna estaria encoberta por concepções inadequadas, notadamente – a concepção associacionista da consciência que acabaria por sustentar vários tipos de determinismo.

Ou seja, para Bergson, por estarmos acostumados com a funcionalidade da aplicação do esquema espacial ao lidar com a matéria, seríamos levados a aplicar tal esquema indiferentemente a qualquer realidade e, inadequadamente, à realidade da duração interior. Desse *costume* resultaria a descrição da interioridade como composta de estados distintos e justapostos; descrição que, por sua vez, sustentaria uma relação causal e necessária entre esses estados, fundamento mesmo do determinismo. É assim que, no contexto da afirmação do fato incontestável e seminal da liberdade, o associacionismo aparece como uma má descrição da consciência, relacionada à espacialização, e o determinismo dele decorrente, como uma pseudoproblematização da liberdade. É então que, sob o prisma da afirmação da liberdade como a expressão mesma da consciência em duração, o determinismo decorrente da refração da consciência no espaço seria apenas nominal.

> A liberdade é, portanto, um fato, e o mais claro entre eles. Todas as dificuldades do problema, e o próprio problema nascem de querermos encontrar na duração os mesmos atributos da extensão, interpretar uma sucessão por uma simultaneidade e verter a ideia de liberdade em uma linguagem na qual ela é evidentemente intraduzível.[7]

Ocorre que, por outro lado, a ação livre é uma das mais raras, justamente porque é raro tomar posse de si, se recolocar na pura duração. E é por isso que na maior parte do tempo, vivemos exteriormente a nós mesmos, percebemos apenas um desbotado fantasma de nosso eu, sombra que a duração pura projeta no espaço homogêneo.[8] Dada, portanto, tal condição, como encarar a refração no espaço apenas nominalmente, e o problema da liberdade apenas um equívoco teórico? Não é também um fato que passamos a maior parte de nossas vidas, ou toda ela, como aquele *eu superficial*, dividido em estados que se determinariam uns aos outros, na mais estrita e necessária relação causal?

Encontramo-nos, assim, aparentemente, diante de duas possibilidades que devem ser harmonizadas. De um lado, o *eu superficial* aparece como uma ficção, fruto de uma má descrição da consciência; de outro lado, aparece como uma segunda natureza, uma crosta estática que realmente se constituiria sobre o *eu profundo* que dura. No primeiro caso afirma-se a liberdade; no segundo, vigora o determinismo.

Vejamos, então, tais distinções mais de perto, na tentativa de melhor determinar seus matizes e investigar em que medida elas podem se sustentar e em que medida demandam uma superação.

Como sabemos, o *Ensaio* se caracteriza por explorar a possibilidade daquilo que o próprio Bergson chamou de um "vigoroso esforço

---

7 *Op cit.*, p. 166.

8 *Op cit.*, p. 174.

de abstração", pelo qual a consciência, ao se isolar do mundo exterior, ou suspender a consideração da experiência segundo a estrutura mesma dos objetos que compõem esse mundo exterior, pode "voltar a ser ela mesma".[9] Esforço, portanto, que se constitui como uma mediação para alcançar aquilo que seriam os dados imediatos da consciência, com a autenticidade que, aos olhos de Bergson, essa imediaticidade confere. Essa mediação é necessária justamente porque adquirimos hábitos espacializantes que se sobrepõem à experiência imediata, deformando-a.

A estratégia escolhida por Bergson no desenvolvimento desse esforço também é bastante conhecida: expor, por contraste, aquilo que se apresenta como fundamento de toda experiência consciente, e que se mostrará como essência mesma dessa consciência; aquilo, justamente, que por só poder ser vivido na imediaticidade dessa consciência, não pode ser bem expresso pela mediação do conceito ou da generalização. É no bojo dessa estratégia que Bergson define a espacialidade, para mostrar sua inadequação e insuficiência no que diz respeito às experiências vividas, bem como sua inadvertida sobreposição à temporalidade, que teria ocorrido em toda a história do pensamento. Dessa análise da espacialidade que se configura, ao mesmo tempo, como uma crítica ao conceito tradicional de temporalidade, surge a temporalidade real, chamada por Bergson de duração.

A definição da espacialidade, por sua vez, é feita a partir da análise do número. Por essa análise, Bergson espera poder mostrar a solidariedade entre a multiplicidade numérica – que implica distinção e justaposição de partes com exterioridade recíproca – e o espaço, meio vazio homogêneo, concebido pela consciência, e condição desse tipo de multiplicidade que acabará por ser, ela mesma, condição da objetividade.

A partir dessa caracterização é possível mostrar que nem toda experiência pode ser bem descrita por meio da distinção e justaposição de partes e que, se bem observarmos, a experiência que foge ou se desnatura nessa descrição é justamente a daquela sucessão que reco-

---

9 *Op cit.*, p. 67.

nhecemos como própria de nossos estados de consciência e pela qual costumamos caracterizar a temporalidade. Assim, surge uma nova concepção de multiplicidade, que implica, ao contrário da anterior, retenção e organização íntima — multiplicidade mais apta a caracterizar a temporalidade que, então, se apresentará, ao contrário do espaço, não como condição, mas como essência mesma da subjetividade, como constituinte da consciência.

No entanto, ainda que denuncie essa desnaturação da consciência e da temporalidade pelo esquema espacial, Bergson justifica esse esquema por sua importância para a vida prática do homem. De fato, o espaço seria a concepção de um meio homogêneo pelo intelecto humano que assim reagiria contra a heterogeneidade que constitui o fundo de nossa experiência, para melhor agir sobre ela, operando distinções nítidas

> que tornariam o homem, em última instância, capaz de contar, abstrair e criar a linguagem. Sendo assim, é por estarmos habituados a deixar nosso intelecto operar as distinções que se mostraram profícuas em nossa ação no mundo, que, ao nos voltarmos para a nossa consciência, introduzimos aí essa forma de estruturação da experiência, destacando e posteriormente justapondo estados uns aos outros, delimitando, concomitantemente, instantes nos quais esses estados se dariam. Projetamos, dessa forma, o tempo no espaço, expressamos a duração por meio da extensão, e a sucessão toma para nós a forma de uma linha contínua ou de uma cadeia, cujas partes se tocam sem se penetrar. [10]

Entretanto, como Bergson não cansa de salientar, ao caracterizar assim a sucessão, ou a temporalidade, nós a perdemos, pois se não houver retenção do que passou não podemos nos dar conta da passagem, e nos mantemos em um presente eterno; mas, se essa retenção se der por justaposição, não há movimento, não há transformação, não há como

---

10 *Op cit.*, p. 75.

explicar a criação, dado que o que existe é sempre justaposição, nunca organização do presente com o antigo para dar origem ao novo.

Concepção de sucessão real que, de resto, surge do próprio sentido da experiência consciente, aquela mesma que não poderia ser bem descrita pelo esquema espacial. É assim que, numa passagem em que justamente Bergson critica a hipótese da justaposição de fatos de consciência com exterioridade recíproca que compusessem uma ordem reversível – hipótese defendida pelos adeptos da escola inglesa, não por acaso pais do determinismo – o filósofo nos apresenta no que consiste a ordem não reversível que caracteriza a consciência, referindo-se ao exemplo paradigmático da melodia:

(...) não é preciso se absorver inteiramente na sensação ou ideia que passa, pois, se assim for, deixaremos de durar. Como também não há necessidade de esquecer os estados anteriores: basta que ao nos lembrarmos desses estados não os coloquemos justapostos ao estado atual como um ponto a outro ponto, mas os organizemos com ele, como ocorre quando evocamos, fundidas em conjunto, as notas de uma melodia. Não poderíamos dizer que, ainda que as notas se sucedam, no entanto, nós as percebemos umas nas outras (...)? (...) Podemos, portanto, conceber a sucessão sem distinção, como uma penetração mútua, uma solidariedade, uma organização íntima de elementos que, representativos do todo, só se distinguem dele e dele se isolam por um pensamento capaz de abstrair.[11]

Vemos, assim, o paralelismo da descrição da consciência e da duração, que enfatiza a *organização contínua de* totalidades que poderiam ser consideradas como *"partes"* apenas num sentido bastante específico, e que se oporia à *distinção de partes*, propriamente ditas, *que se justapõem*.

Destarte, podemos constatar que, empreendida a análise do espaço, como concepção do entendimento com vistas à possibilidade de distinção necessária à vida prática e efetivada a crítica ao tempo homogêneo bem como à extrapolação desse paradigma prático do seu campo

---

11 *Op cit.*, p. 75.

campo próprio (ou seja, efetuada a suspensão, pela própria consciência, da consideração da experiência segundo a estrutura dos objetos no espaço), a consciência é capaz de se isolar do mundo exterior e pode "voltar a ser ela mesma".[12] E, como vimos, voltar a ser ela mesma, no *Ensaio*, significa apenas *durar*, na acepção mais própria do termo, uma vez que aqui a duração é explicitamente afirmada, por Bergson, como

> a forma que toma a sucessão de nossos estados de consciência quando nosso eu se deixa viver, quando ele se abstém de estabelecer uma separação entre os estados presentes e os estados anteriores.[13]

Detenhamo-nos, então, na consideração dessa experiência consciente como a dessa organização de estados, essa continuação do que passou no que se segue, essa sucessão pela qual o estado atual representa a totalidade do que veio antes, isso mesmo que caracteriza uma multiplicidade qualitativa, característica da duração e da consciência, (levando em conta, apenas, esse ato de retenção e organização e aquilo que é retido e organizado).

E notemos, seguindo uma fina análise proposta por Worms, que, como nos mostra o exemplo da percepção da melodia, ainda que estejamos diante da passividade de uma consciência que é impressionada[14] — consciência que pode até mesmo chegar a se obliterar nesse se deixar

---

12 *Op cit.*, p. 67.

13 *Op cit.*, p. 75.

14 Passividade atestada pelo fato mesmo da recepção de impressões, como a expressa na seguinte passagem: "é certo que o som do sino *chega até mim* sucessivamente (...) me limito a reter a impressão por assim dizer qualitativa que seu número exerce sobre mim...", *Op cit.*, p. 64 (Grifo meu).

impressionar[15] —, impõe-se, pelo próprio fato da passagem de um efeito a outro, de uma impressão à outra, a necessidade de um ato, e um ato que remete a uma espontaneidade, um ato subjetivo.

Nas palavras de Worms:

> o que prova paradoxalmente que deve haver um ato subjetivo se exercendo na própria sucessão temporal é justamente a passagem de uma passividade ou de um efeito sensível a outro. (...) Com efeito, entre escutar uma nova nota, e escutar uma melodia, (...) há uma diferença: a nota não é apenas passado, ela é passado nas outras notas, não houve apenas uma sucessão, mas uma continuação, uma conservação e uma integração, e, mesmo se eu não sou seu autor consciente, apenas minha consciência, não enquanto visão objetiva e reflexiva, mas enquanto afetada por essas sensações e prova de sua transformação e, talvez, portanto, também ato de união e contração, pode ser o seu lugar e, notadamente, seu agente. De fato, não é o tempo em geral nem mesmo o som objetivo que passou, mas um efeito sensível que se transformou: o mistério do tempo não está nas coisas, mas em nós, no coração de nossa sensibilidade, que, portanto, não pode ser apenas passiva. O organismo e a melodia não podem ser feitos sozinhos, precisamente porque eles são feitos no tempo, são estruturação e sucessão, e não estrutura e forma que existem previamente. Mas também não são construções arbitrárias de minha consciência reflexiva (ou de um pensamento exterior ao seu conteúdo), uma vez que impõem seu efeito na medida

---

15 Como é o caso do adormecimento causado pelas oscilações regulares do pêndulo de um relógio: "*Quando as oscilações regulares do pêndulo nos fazem dormir, é o último som ouvido que produz esse efeito? (...) A verdade é que cada acréscimo de excitação se organiza com as excitações precedentes, e que o conjunto tem para nós o efeito de uma frase musical que estará incessantemente para terminar e incessantemente se modificando em sua totalidade pela adição de algo novo.*", Op cit., p.78-79 (Grifo meu).

em que impõem seu conteúdo, como um sentido imanente ou uma unidade indivisível. Há, portanto, mesmo nas sensações mais passivas, como as sensações sonoras, um ato que consiste em organizá-las e retê-las, o único que explica a relação dialética e dinâmica de expressão e adição entre um elemento e o todo ao qual ele se integra e transforma".[16]

Guardemos essa caracterização da consciência, no *Ensaio*, por esse mesmo ato inerente à duração, ou seja, o ato de retenção e organização, que não pode ser considerado exterior ou separadamente daquilo que é retido e organizado; ato que, nesse sentido, opõe-se ao ato de distinção próprio à espacialidade. E vejamos em que medida podemos sustentar que houve uma alteração ou um enriquecimento da concepção de consciência quando, justamente, não mais a isolamos do mundo exterior para encontrar a si mesma, mas fazemos o inverso, reduzimo-la ao máximo, até encontrar aquele ponto mesmo em que ela se confunde com a exterioridade.

Referimo-nos, evidentemente, à caracterização da consciência em *Matéria e memória* a partir da hipótese da percepção pura.

A estratégia aqui é outra, não se trata mais de voltar a uma experiência imediata e original, procurando compreendê-la por oposição àquilo que até então foi apenas conceitualizado na tentativa de construir um discurso sobre essa vivência original. Trata-se de se pronunciar não apenas sobre o vivido, sobre a experiência original ou espacializada desse vivido, mas de teorizar sobre as condições mesmas desses vários tipos possíveis de experiência. Isso porque, justamente, a realidade a ser compreendida se ampliou. E ampliou-se para aquilo que, como Bergson mostrará, *excede* a essa interioridade. Excesso em relação à *interioridade* que, se quisermos, pode, por isso, ser chamado de *exterioridade*.

É nesse sentido que Bergson, ao iniciar a exploração desse novo universo da exterioridade, propõe a suspensão de quaisquer teses sobre sua realidade ou idealidade, o que equivale a assumir que o universo

---

16 Frédéric Worms, *Bergson...*, Paris: PUF, 2004, p.

das coisas é, ao menos em natureza, como o percebemos, e que ele existe independente de nós. Nunca é demais salientar que a assunção dessas teses é o efeito da suspensão de teses mais fortes, justamente aquela que assume uma distinção entre o ser e o aparecer, bem como aquela que assume uma redução do ser ao aparecer. É, portanto, ao se negar a considerar a matéria a partir da distinção entre ser e aparecer (como a coisa do realista), bem como ao se negar a considerar a matéria segundo o princípio da identificação entre ser e aparecer (como a ideia do idealista), que Bergson batiza sua matéria de *imagem*. E, ainda, por não ver como sustentar uma imagem em situação de isolamento, afirma que, ao nos darmos uma imagem, nos damos, necessariamente, um campo de imagens.

Passemos, então, às caracterizações que nos interessam no interior desse campo. Como sabemos, Bergson detecta nesse campo de imagens dois tipos de relações: aquelas passíveis de dedução — e, por isso, marcadas pela necessidade — e aquelas marcadas pela indeterminação. Como sabemos também, a indeterminação é detectada a partir de uma imagem em especial que não conhecemos apenas do exterior, pela percepção, mas também do interior, por afecção – nosso próprio corpo.

Lembremos, no entanto, que a distinção do corpo-próprio e, posteriormente, de todas as imagens a ele análogas, é feita apenas inicialmente pela afecção, como uma mediação para chegar a caracterizar essa distinção em termos estritamente físicos, ou seja, em termos de movimento, alteração mútua, relação de continente e conteúdo, etc.[17] Com efeito, a remissão à afecção, feita e imediatamente abandonada nas primeiras páginas de *Matéria e memória* para ser retomada somente no final do primeiro capítulo, quer nos levar às condições em que a afecção surge – inicialmente, no nosso corpo; posteriormente, por analogia, nos demais corpos organizados; na história mesma da evolução dos corpos organizados; e na consciência individual que com eles tem nascimento –, a saber, a presença de hesitação, postergação, interdição,

---

17 "Mas a verdade é que os movimentos da matéria são muito claros enquanto imagens, e que não cabe procurar no movimento algo além do que vemos nele". *Op cit.*, p. 18.

escolha, presenças que se resumirão em um *princípio de indeterminação* que rege o movimento entre os corpos. Princípio de indeterminação que, por sua vez, passará a caracterizar a influência de um corpo sobre outro como "ação".

Levando em conta, portanto, a hipótese de que meu corpo é uma imagem capaz de exercer, nas palavras de Bergson, uma ação "real e nova" sobre as imagens que estão a sua volta, e que essa "influência real" se caracteriza por aquilo que a distingue da necessidade reinante na relação entre as demais imagens, ou seja, se define por sua indeterminação, segue-se que tal ação se distingue das demais justamente porque implica um leque de possibilidades de escolha que é condição dessa ação real. No entanto, como meu corpo é um organismo vivo, que tende a se preservar, essa escolha não pode ser pura. Ela deve se pautar pela vantagem que esse organismo puder retirar das demais imagens circundantes, donde se segue que, de algum modo, estas devem lhe exibir as faces das quais tais vantagens poderão ser retiradas.

Assim, as imagens circundantes *ganham*, com a delimitação dessas faces, o aspecto de objetos, pelo qual, a partir do corpo próprio, são consideradas em sua utilidade; ainda que percam, por não serem consideradas, no campo representativo que então se engendra, as demais relações ou faces pelas quais interagem com o todo das imagens.

Eis, então, o segundo aspecto da consciência que nos traz *Matéria e memória*. A consciência como *discernimento*, e como ato de discernimento que poderíamos considerar tão original quanto o ato de organização, que caracterizou a consciência no *Ensaio*, e como justificativa da posterior concepção de espaço pela consciência humana.

Eis-nos, portanto, diante das duas tendências, opostas, da consciência, para as quais Worms, ainda, nos chama a atenção:

> Trata-se, inicialmente, de compreender que se a duração remete a um ato primitivo e, por isso mesmo, à realidade última de nossa vida, o próprio ato que a divide ou a separa não remete menos, segundo Bergson, a uma exigência última: a de viver e agir. (...) Enquanto uma é conservação, a outra é

distinção. (...) [Há, assim,] para além da duração e do espaço dois atos da consciência que remetem a dois sentidos da vida, e não duas formas exteriores que remeteriam a duas coisas misteriosas (...).[18]

Retomemos, então, nossa questão inicial, e vejamos como esses dois atos da consciência podem nos ajudar a compreender os dois estratos do *eu* caracterizados no *Ensaio*. E retomemos pela própria caracterização de espaço, também presente no *Ensaio*.

Como vimos, ali, também, o espaço é caracterizado como um ato da consciência; no entanto, um ato que, em vez de ser constituinte da consciência, assim como o era o ato de retenção, aparece, antes, como uma faculdade, uma capacidade de conceber a condição necessária para efetuar distinções. E, notemos ainda, capacidade de efetuar distinções que se voltam contra "sensações representativas",[19] as quais, aparentemente, nada têm a ver com recortes de objetos no mundo, mas, antes, com representações, em uma consciência, de objetos do mundo, ou estados de uma consciência causados por objetos no mundo. É assim que, nas palavras de Bergson, o espaço é caracterizado como um ato do espírito sobre sensações, e sobre sensações inextensas: "As sensações inextensas permanecerão o que elas são, sensações inextensas, se a elas nada for adicionado. Para que o espaço nasça de sua coexistência, será preciso um ato do espírito que as abarque a todas ao mesmo tempo e as justaponha (...). Então, se procurarmos caracterizar esse ato, veremos que ele consiste essencialmente em uma intuição ou, ainda, em uma concepção de um meio vazio homogêneo"; um ato, no entanto, não constitutivo do espírito, mas uma sua faculdade, "*uma faculdade especial de perceber ou conceber um espaço sem qualidade*".[20]

Uma vez que essa faculdade constitui-se a partir de uma espécie "de reação contra essa heterogeneidade que constitui o fundo mesmo

---

18 Frédéric Worms, "La conscience...", p. 201-202.
19 Segundo o vocabulário do *Ensaio*, 1º capítulo, p. 31ss.
20 Henri Bergson, *Essai sur...*, p. 70.

de nossa experiência", essa experiência — que ainda não se funda em uma base que é comum à exterioridade, o que só ocorrerá em *Matéria e memória* – é, sempre, experiência de puros estados de consciência. Sendo assim, são esses estados de consciência que se desnaturam por meio de tal faculdade e, com eles, a própria consciência da qual eles são estados, e é essa desnaturação que se pretende superar, no *Ensaio:* por um lado, pela busca da experiência original da consciência; por outro, pela recusa em transpor para a especulação teórica – portanto, para a especulação sobre a natureza mesma dessa consciência – o esquema forjado pela capacidade de distinguir.

Donde se explica o caráter eminentemente simbólico, porque exterior, da representação da consciência por meio desse expediente da espacialidade.

> Se, para contar os fatos de consciência devemos representá-los simbolicamente no espaço, não se segue que essa representação simbólica modificará as condições normais da percepção interna? (...) A sensação representativa, considerada em si mesma, é qualidade pura; mas, considerada através da extensão, essa qualidade se torna, em certo sentido, quantidade, que chamamos de intensidade. Assim, a projeção que fazemos de nossos estados psíquicos no espaço para formar com eles uma multiplicidade distinta deve influenciar esses mesmos estados, e dar a eles, na consciência reflexiva, uma nova forma, que a apercepção imediata não lhes atribuiria".[21]

É assim, que, no *Ensaio*, aparece, numa primeira vez explicitamente, a distinção entre duas consciências, a da apercepção imediata, cujas condições normais são modificadas e transformadas por uma representação simbólica dessa apercepção, no espaço, e que então assume a multiplicidade distinta da consciência reflexiva. Caráter simbólico

---

21 *Op cit.*, p. 67.

que é reiterado pela analogia, que permeia todo o *Ensaio*, entre essa consciência refratada no espaço, e a ficção do espaço homogêneo:

> Em outros termos, nossas percepções, sensações, emoções, ideias se apresentam sob um duplo aspecto: um nítido, preciso, mas impessoal; o outro confuso, infinitamente móvel, e inexprimível, uma vez que a linguagem não poderia apreendê-lo sem fixar sua mobilidade, nem adaptá-lo a sua forma banal sem fazê-lo recair no domínio comum. Se chegamos a distinguir duas formas da multiplicidade, duas formas da duração, é evidente que cada um dos fatos de consciência, tomados a parte, deverá revestir aspectos diferentes, segundo o considerarmos no interior de uma multiplicidade distinta ou de uma multiplicidade confusa, no tempo qualidade no qual ele se produziu, ou no tempo quantidade no qual ele se projeta.[22]

Evidencia-se, assim, o caráter simbólico do *eu superficial* pelo rebatimento da distinção entre duração e tempo homogêneo, para a distinção entre o *eu profundo* e o *eu superficial*. A favor dessa hipótese temos, ainda, o fato de a linguagem ser apresentada como possível geradora do *eu superficial*, que seria então o resultado de uma descrição *do eu profundo* com os termos gerais da linguagem, ou seja, responsável pelo rebatimento "no tempo quantidade" do eu que se produz no "tempo qualidade". Linguagem que, portanto, teria o poder de transformar o *eu profundo* em *eu superficial* apenas nominalmente, porque o descreve, simboliza, inadequadamente, donde o caráter fictício do *eu superficial* (assim como é fictício o tempo homogêneo).

No entanto, o que gostaríamos de salientar é que essa distinção entre os estados psicológicos se justifica como simbólica justamente porque, no *Ensaio*, não revela um aspecto constituinte da consciência, uma vez que nunca provém de uma tendência própria à mesma, mas de uma capacidade sua de lidar com algo diferente dela mesma, com algo

---

22 *Op cit.*, p. 96.

exterior. E, nesse sentido, podemos dizer que a distinção da consciência aqui é simbólica justamente porque sua causa é exterior, como parecem comprovar os exemplos mesmos examinados por Bergson ao explorar a motivação social que nos leva a tomar esse eu refratado no espaço, ficcionado pela linguagem, como um eu real.

Com efeito, no *Ensaio*, a linguagem, construída em nosso trato com a exterioridade, aparece como o vetor que transmite a imobilidade dos objetos exteriores para a interioridade da consciência; imobilidade caracterizada, primeiramente, pelas sensações representativas e que, posteriormente, se expandiria até atingir os sentimentos profundos.

Nesse sentido, Bergson explora, a partir de um primeiro grupo de exemplos, a variabilidade contínua de nossas sensações mais simples, como os sabores e os odores, variabilidade impossível de ser captada pelas palavras imutáveis, e que então explicamos, em respeito às palavras, por uma mudança nas *preferências* daquele que experimenta, e não *na própria experiência*, a percepção mesma do sabor ou do perfume.

Esse grupo de exemplos nos interessa porque, nele, Bergson parece ainda estar no registro da distinção entre sensações e objeto das sensações. De fato, Bergson nos diz:

> O que é preciso deixar claro, é que toda sensação se modifica ao se repetir, e que se ela não parece se modificar da manhã à noite é porque eu então a observo através do objeto que é sua causa (...)".[23]

Certamente não temos elementos suficientes para afirmar que Bergson está, aqui, assumindo a teoria da representação que tem como base a tradicional duplicação dos objetos "na mente e fora dela", mas é certo, também, que ele ainda não possui as hipóteses, conquistadas em *Matéria e memória*, pelas quais ele pode assumir que a distinção em questão se deve a dois atos de uma mesma natureza (retenção e distinção), e não a naturezas distintas, uma caracterizada pela exterioridade,

---

23 *Op cit.*, p. 98

espacialidade, objetividade, e outra, pela interioridade, subjetividade, temporalidade.

A exploração do segundo grupo de exemplos nos leva, finalmente, à caracterização do eu livre, o eu que, para Bergson, é, ao mesmo tempo, instinto e sentimento puros:

> O sentimento em si mesmo é um ser vivo, que se desenvolve, consequentemente, que muda sem parar; de outro modo não compreenderíamos como ele nos levaria pouco a pouco a uma resolução, nossa resolução seria imediatamente tomada. Mas ele vive porque a duração em que ele se desenvolve é uma duração de momentos que se penetram, ao separar esses momentos uns dos outros, ao desenrolar o tempo no espaço, tiramos desses sentimentos sua animação e sua cor. Eis-nos, então, em presença da sombra de nós mesmos, acreditamos ter analisado nossos sentimentos, mas os substituímos por uma justaposição de estados inertes, traduzíveis em palavras, (...) havendo feito deles gêneros por tê-los isolados uns dos outros, os preparamos para servir a uma dedução futura.[24]

Como vemos, o *eu profundo* e livre é aquele que, para além de seus caprichos, é sentimento profundo que, em sua organização contínua, nos levaria às decisões mais graves (assim como, em outra passagem, explorando outro grupo de estados da consciência, Bergson afirma que o eu profundo, para além de seu entendimento composto por ideias distintas e conectadas logicamente – expressão máxima de um eu espacializado e impessoal – possui um instinto que formaria como uma base irracional desse entendimento, pelo que esse eu seria levado a abraçar determinadas ideias a outras).[25]

---

24 *Op cit.*, p. 99.
25 *Op cit.*, p. 100: "Nos surpreenderíamos da mesma forma se, rompendo a estrutura da linguagem, nos esforçássemos por apreender nossas ideias em seu estado natural, tal como nossa consciência, livre da obsessão do

Ocorre, no entanto, que essas decisões mais graves são as mais raras, e agimos, no mais das vezes, porque sopesamos razões – ideias – ou nos deixamos levar por paixões aparentemente contraditórias que, em determinado momento, passam a pesar mais que outras. É certo que, para Bergson, quando assim agimos, nossa ação não é livre. No entanto, o que nos interessa aqui é detectar a fonte dessa falta de liberdade, dessa determinação, se ela se encontra fora do eu, ou se, ao contrário, ela é uma tendência inscrita no eu, com a qual temos de nos haver inexoravelmente.

Se assim for, ou seja, se essa tendência que é explicada no *Ensaio* como uma exteriorização for considerada, assim como ela será caracterizada posteriormente em *Matéria e memória*, como um ato de distinção tão autêntico quanto o ato de organização, próprio da duração, não poderíamos mais dizer que tais ideias ou sentimentos estariam apenas simbolizados em um eu fictício — o *eu superficial* —, mas que há uma modificação real desse eu e que a ele se aplica, realmente, o determinismo, que, então, não seria mais passível de ser debelado apenas teoricamente, mas, contra ele, teríamos de nos precaver de fato.

E é nesse sentido que, acreditamos, o pensamento de Bergson se desenvolve depois da investigação feita em *Matéria e memória*, depois do que, nos parece, não mais poderíamos manter, estrito senso, a caracterização do *eu superficial* como proveniente apenas de uma contaminação, pela espacialidade dos objetos exteriores, desde as sensações, das quais eles seriam causa, até os sentimentos mais profundos

---

espaço, as perceberia. (...) o ardor irrefletido com o qual tomamos parte em certas questões é prova suficiente de que nossa inteligência tem seus instintos; e como nos representar esses instintos senão por um élan comum a todas as nossas ideias, ou seja, por sua penetração mútua? As opiniões às quais mais nos aferramos são aquelas das quais menos damos conta, e as próprias razões pelas quais as justificamos raramente são aquelas pelas quais as adotamos. Em certo sentido, nós as adotamos sem razão, pois o que aos nossos olhos constitui o seu valor é que sua nuança corresponde à coloração comum a todas as nossas outras ideias, é que vemos nela, desde o início, algo de nós."

característicos do *eu fundamental*: em primeiro lugar, porque os objetos exteriores não possuem mais, eles próprios, esse caráter estático que pareciam possuir ainda no *Ensaio* e, em segundo, porque ganham seu caráter estático justamente por um ato constitutivo da própria consciência. Depois de *Matéria e memória*, portanto, como o próprio objeto também está em duração e, nesse sentido, aquilo que é próprio à consciência e ao objeto — a percepção pura —, tanto quanto aquilo que é próprio apenas à consciência — tanto a memória perceptiva quanto as afecções e, portanto, sua memória afetiva —, a contaminação não se daria mais entre a *distinção/espacialidade* própria a uma exterioridade objetiva e a *organização/temporalidade* da consciência, mas, haveria, sim, uma contaminação entre a *tendência/atividade objetivante/distintiva* da própria consciência com a *tendência/atividade subjetivante/aglutinadora* dessa mesma consciência.

Assim, por um lado, depois de *Matéria e Memória*, Bergson reforça, nas suas palavras, o absurdo da hipótese fundamental pela qual desenvolvemos o tempo no espaço, e colocamos a sucessão no interior da simultaneidade, ou seja, o absurdo de, ao não distinguirmos o espaço da duração, fazermos com que a duração desapareça no espaço, pela ficção do tempo homogêneo. Mas, por outro lado, parece que ele não mais pode sustentar que, para se livrar das

> contradições inerentes aos problemas da causalidade, da liberdade, ou seja, da personalidade (...) basta (...) substituir a representação simbólica do eu, pelo *eu real*, pelo *eu concreto*.[26]

Se considerarmos que, depois de *Matéria e memória*, o ato que implica distinção, e que dará origem à concepção de um espaço puro, é uma tendência constituinte da consciência, parece que seria preciso mais que isso para enfrentar a questão humana; seria preciso uma luta constante, do homem que se sabe constituído como duas tendências, contra as consequências morais da supervalorização de uma dessas tendências.

---

26 Op. cit., p. 104 (Grifo meu).

É, portanto, uma moral nova que se anuncia, e que, como sabemos, será desenvolvida nos livros posteriores a *Matéria e memória*, aquela que entende que está no coração mesmo da realidade (e do homem, que é parte dessa realidade) o convívio de duas tendências, que, justamente por serem constitutivas, originais, não podem ser superadas pela exclusão de uma ou de outra. Uma moral, portanto, que, ao contrário da tradição, não compreende que liberdade e determinismo são auto-excludentes, mas entende que a grande questão humana é justamente a do trânsito entre essas suas duas tendências, entre o constante fazer-se e deixar-se fazer – uma moral que, portanto, deve dar conta de um determinismo que não exclui a possibilidade da liberdade, e de uma liberdade que não afasta o perigo do determinismo.

Khorologia da memória, ou como localizar o não-localizável?[1]
Uma leitura de *Matéria e memória*[2]

Hisashi FUJITA[3]

> Quem sou eu? Se por exceção me reportasse a um adágio:
> com efeito, porque tudo não continuaria a saber que "assombro"?
> André Breton, *Nadja*.

Introdução. *Genius loci:* geopolítica e khorológica

Em face da atual geopolítica da filosofia, não se trata de negar o que denominamos "triarquia europeia da linguagem filosófica" (o inglês, o alemão e o francês), mas de fazer, para ir além. É indispensável, para ir além, que cada um aprofunde sua leitura filosófica até seu fundamento, que evidentemente não deixa de se relacionar com a história (intelectual, social, política, etc...) de seu *Heimat*, espécie de *genius loci*. Não há leitura inocente, dizia Althusser; é preciso uma vigilância crítica para ler em uma situação dada. Nesse sentido, estamos

---

1 Título original: *Khorologie de la mémoire, ou comment localiser l'illocalisable? Une lecture de Matière et mémoire.* Tradução: Silene Torres Marques.

2 Citamos as obras de Bergson com as seguintes siglas: DI para o *Ensaio sobre os dados imediatos da consciência*; MM para *Matéria e memória*; ES para *A energia espiritual*; DS para *As duas fontes da moral e da religião*; PM para *O pensamento e o movente*. Os números das páginas remetem à edição do Centenário (PUF, 1959).

3 JSPS/ Universidade Hitotsubashi.

particularmente felizes por ter esta oportunidade de render homenagem àquele que transportou, através da tradução de Renaud Barbaras, um brilho de fora da Europa. Pronunciar publicamente nossa gratidão a Bento Prado Jr. – e isto enquanto um japonês frente aos brasileiros – é um enorme prazer. Tanto quanto a Universidade Federal de São Carlos e a Universidade Hosei comprometem-se junto ao projeto do Erasmus Mundus, desejamos fortemente reforçar uma cooperação brasileiro-japonesa neste domínio da filosofia francesa.

Conceito maior e lógica menor na obra de Bergson

Mas a expressão *genius loci* pode servir também de divisa para nosso próprio propósito. É o que iremos ver nesta introdução. O bergsonismo é constituído, diz-se de ordinário, de certos *conceitos maiores* (*discursus*): para Deleuze, por exemplo, são a Duração, a Memória e o Elã vital. Mas então se esquece que Bergson era também um terrível crítico dos conceitos. De fato, cada obra de Bergson passa, sempre no momento crucial, por elementos pára-conceituais, tais como *metáforas, imagens* ou *figuras* (*excursus*), elementos frequentemente minorados na história da filosofia. Metáforas, imagens ou figuras não são desvios para o bergsonismo, mas bem ao contrário.[4] Uma das características do bergsonismo consiste precisamente nesta maneira *sui generis* de demarcar os conceitos, de os deslocar ou transformar. É esse modo de demarcação, de deslocamento ou transformação que denominamos a *lógica menor*.

---

4 "Comparações e metáforas sugerirão aqui o que não se conseguiremos exprimir. Isto não será um desvio; não faremos senão ir direto ao objetivo" (PM, p. 1285).

Ontologia da matéria e hantologia[5] da memória

Nesta perspectiva da "lógica menor", gostaríamos de propor aqui uma leitura de *Matéria e memória*. Iremos inicialmente examinar a interpretação deleuziana de *Matéria e memória*, tal como ele a propõe em seu *Bergsonismo*, para mostrar em seguida, em contraste, a nossa. Ele acentuou, sabemos, o elemento ontológico, para rejeitar a interpretação psicologizante: Efetuamos realmente um salto no ser, no ser em si, no ser em si do passado. Trata-se de sair da psicologia, trata-se de uma Memória imemorial ou ontológica "(*O Bergsonismo*, p. 52). Ou "aqui ainda, uma interpretação exageradamente psicológica do texto deve ser evitada" (p. 51). Não podemos deixar de ver aí um *ar do tempo* estruturalista. Sair da psicologia em favor da ontologia não é, para Deleuze, nada mais que privilegiar o passado e o virtual em detrimento do presente e do atual: "Em todo rigor, o psicológico é o presente. Apenas o presente é "psicológico": mas o passado, é a ontologia pura, a lembrança possui somente significação ontológica "(p. 51). Ou ainda: "temos exageradamente o hábito de pensar em termos de "presente"" (p. 53). A análise excelente do processo de atualização não impede Deleuze de distinguir, de uma maneira quase-heideggeriana (segundo *ar do tempo*), o Ser do ser presente – "confundimos o Ser com o ser-presente" (p. 49) –, ao ponto de privar deste último o caráter de ser, quando diz:

> Bergson afirmava que não havia senão uma diferença de grau entre ser e ser útil [...]. Mas neste caso, o ser é somente o da matéria ou do objeto percebido, portanto, um ser presente, que não se distingue do útil senão em grau (p. 50, n. 1).

---

5 Preferimos criar esse "neologismo" para preservar o jogo linguístico proposto pelo autor a partir da língua francesa. *Hantologie* refere-se ao verbo *hanter,* o qual significa assombrar, obsedar, obcecar, perseguir; se fôssemos traduzi-lo, optaríamos por assombrologia. (N.T.)

Deleuze não deseja atribuir ser à percepção; ele não quer admitir que o ser-presente ou o ser - útil tenha uma ontologia, ontologia da presença, tal como Bento Prado Jr. descreve em seu livro *Presença e campo transcendental*. O contraste é ainda mais flagrante quando Deleuze, em seu *Bergsonismo*, refere-se sempre aos capítulos II e III de *Matéria e memória*, enquanto Bento Prado Jr. se apoia principalmente no capítulo I.

Ora, para estabelecer assim o apogeu conceitual da ontologia no virtual e no passado, Deleuze acentua o momento metodológico que é o "salto na ontologia" (p. 52): "colocamo-nos imediatamente, de um salto, no elemento ontológico do passado" (p. 57). Ou, ainda, "é preciso instalar-se imediatamente no passado – num salto, num pulo" (p. 53). E ele acrescenta: "a expressão "imediatamente" é frequente nos capítulos II e III de *MM*" (p. 51, n. 3). No entanto, segundo nossa consulta textual, essa impressão é falsa: 3 vezes no capítulo I, 1 vez em cada um dos capítulos II e III e do "Resumo e conclusão". Mas compreendamos bem. Não estamos dizendo que o salto ontológico não é importante. Pelo contrário. Questionamos-nos se Deleuze não aprofundou suficientemente sua análise do salto ontológico, *se não há um outro salto ontológico que difere em natureza*. Dito de outra forma, trata-se menos da palavra "imediatamente" que da expressão "colocar-se em ", e é preciso distinguir "colocar-se na matéria" de "colocar-se na memória":

> Por que se pretende, contra toda aparência, que eu vá de meu eu consciente a meu corpo, depois de meu corpo aos outros corpos, enquanto que de fato *eu me coloco imediatamente no mundo material em geral*, para limitar progressivamente este centro de ação que se chamará meu corpo e distingui-lo assim de todos os outros? [...] Esperamos que ela far-se-á pouco a pouco, à medida que mostraremos mais claramente, atrás das ilusões, a confusão metafísica da extensão indivisa e do espaço homogêneo, a confusão psicológica da "percepção pura" e da memória. (MM, p. 46-47).

Há dois saltos, há duas ontologias

Compreendemos agora por que o *Bergsonismo* de Deleuze não aborda o primeiro capítulo de *Matéria e memória,* assim como esta famosa teoria da imagem que será em seguida a pedra angular de seu *Cinema*. Precisamente por que *Matéria e memória* deve ser para ele um monismo singular da Memória: quando ele diz que "todo *Matéria e memória* se move entre os dois" (p. 70), não é entre a memória e a percepção, mas entre o "inconsciente ontológico" que "corresponde à lembrança pura, virtual, impassível, inativa, em si" e o "inconsciente psicológico" que "representa o movimento da lembrança atualizando-se" (p. 69). Precipitando Deleuze nesse monismo dualista da memória, a evitação estruturalista da psicologia e a jubilação quase-heideggeriana do Ser se completam por um terceiro *ar do tempo*: vigilância antifenomenológica em relação à percepção. Deleuze certamente tem razão, na medida em que a percepção em Bergson perde já o que Merleau-Ponty denominaria espessura carnal.[6] Ele não impede que ela exista, que ela *permaneça*. E é esse modo de ser da percepção que é preciso examinar

---

6 *O lugar e a situação (Bergson e Merleau-Ponty)*. Abramos aqui um longo parêntese, para dizer que as estratégias pára-kantianas de Bergson e de Merleau-Ponty são ao mesmo tempo muito próximas e muito diferentes. *Muito próximas*: sabemos que Merleau-Ponty, em sua *Fenomenologia da percepção*, distingue duas espacialidades: "espacialidade de posição" e "espacialidade de situação". A primeira designa a maneira objetiva, estática e quase geométrica de cada posição determinada em relação a outras posições ou a coordenadas exteriores; a segunda é um espaço subjetivo, corporal e dinâmico. Se tenho uma caneta em minha mão, sei imediatamente a posição de minha mão sem calcular o ângulo que ela faz com meu antebraço, meu antebraço com meu braço, e assim por diante. Eu sei "de um saber absoluto" onde está minha caneta e, assim onde está minha mão, "como o primitivo no deserto é a cada instante orientado imediatamente sem ter que se lembrar e adicionar as distâncias percorridas e os ângulos de deriva desde a partida". O que Merleau-Ponty denomina "a espacialidade de situação" é, portanto, uma espacialidade da "bússola" e do "caleidoscópio", que de-

para compreender a diferença ontológica com o da memória. Digamos por enquanto que o ser-presente da percepção se expõe no modo do ser, na ontologia, enquanto o ser-virtual da memória se impõe no modo do seguir ou do assombrar, no que denominamos *hantologia*. Para dar uma ideia do que é a hantologia, não podemos nos impedir de citar o *Nadja* de André Breton. Trata-se do início do romance:

> Quem sou eu? Se por exceção me reportasse a um adágio: com efeito, por que tudo não continuaria a saber que "assombro"? Devo confessar que esta última palavra extravia-me, tendendo a estabelecer entre certos seres e eu relações mais singulares, menos evitáveis, mais perturbadoras do que eu pensava. Ela diz mais do que pretende dizer, ela me faz desempenhar em minha vida *o papel de um fantasma*, evidentemente ela faz alusão ao que foi necessário que eu renunciasse a ser, para ser *quem* eu sou. Considerada de uma maneira quase não abusiva nesta acepção, ela dá-me a entender que o que considero como as manifestações objetivas de minha

---

signa, como em Bergson, "a ancoragem do corpo ativo em um objeto, a situação do corpo em face de suas tarefas".

Mas *muito diferentes* também, na medida em que a espacialidade bergsoniana do *now-here**, do aqui-agora, implica simultaneamente a espacialidade de *no-where**, de nenhuma parte. Privada da espessura carnal, da história e da memória, o lugar da percepção bergsoniana não se dispõe senão segundo a distância que meu corpo toma em relação ao mundo circundante. Não se deve confundir aqui o lugar com a situação; o *lugar*, tendo relação com a terra, *se dispõe* segundo sua geografia particular, enquanto a *situação*, estando em relação com o terreno, *impõe-se* pela delimitação do solo político, econômico, histórico ou social. A situação da percepção merleau-pontiana depende daquele que aí se situa, ela é pessoal; o lugar da percepção bergsoniana depende do único fato de situar ou de localizar, ela é impessoal. Para saber mais sobre o assunto, ver nosso artigo "Entre *phainomena* et *phantasmata*. "Déjà-vu" bergsonien et "membre fantôme" merleau-pontien». *In: Revue de langue et littérature françaises* (Société de langue et littérature françaises de l'Université de Tokyo), n.31, juin 2005, p. 165-189.

existência, manifestações mais ou menos deliberadas, não são senão o que passa, nos limites desta vida, de uma atividade cujo campo verdadeiro é-me totalmente desconhecido (Grifo meu).

"Sou" de "eu sou" pode ser "ser", mas também "seguir". O fantasma não existe, mas ele segue, ele obseda. Isso significa que ele não é presente nem atual, mas ele não é também completamente ineficaz, nem inativo, nem impotente. Simplesmente *ele age diferentemente*. É precisamente esse gênero de fenomenologia fantasmática ou de hantologia espectral que encontraremos no capítulo III de *Matéria e memória*. Não nos contentamos em dizer que a imagem-lembrança no capítulo II é ativa, atualizada graças à percepção do presente. *A lembrança pura está em atividade de maneira inativa*.[7] Ela não se dirige certamente para a ação ou o útil. Mas isso não quer dizer que ela está morta. Dizer que a inação não é a falta de ação, mas um modo de ação, é uma das lições da crítica do negativo. O que nos embaraça, sobretudo na interpretação deleuziana de *Matéria e memória*, é esse Ser absolutamente inativo da memória que permite a Deleuze reduzir o ser da percepção (cap. I) a um limite extremo do processo de atualização (caps. II e III). No limite exato do bergsonismo, não encontramos qualquer razão de ser do que é simplesmente ineficaz. É isso mesmo, essa distinção do útil com o eficaz que apresentam os "dois sentidos da vida".

---

7 O *inativo* e o *inatual*. "O que Bergson denomina "lembrança pura" não possui qualquer existência psicológica. É por isso que ela é dita virtual, inativa e inconsciente" (p. 50); "Inútil e inativo, impassível ele [o passado] é, no sentido pleno da palavra" (*Idem, Ibidem*); "sob o apelo do presente, elas possuem mais a ineficácia, a impassibilidade que as caracterizavam como lembranças puras" (p. 59). Aqui, precisamente, Deleuze começa sua própria ontologia, da qual vamos ver o desenvolvimento em *Diferença e repetição* ou em *O que é a filosofia?*.

Khorologia: lugar da matéria, local da memória

Se formos investigar no que diferem a ontologia da matéria e a hantologia da memória devemos dizer que a última instância de *Matéria e memória* não é ontológica, mas topológica, ou, mais precisamente, *khorológica*. Na exata medida em que *Matéria e memória* procura distinguir "colocar-se na percepção" de "localizar-se na memória", este segundo grande livro de Bergson deixa-se decifrar como uma lógica do lugar, como uma *khorologia* na qual se examinarão vários lugares – *lugar da matéria* (da percepção ou do corpo, do objetivo) e *local da memória* (do espírito, do subjetivo) – referência longínqua a Pierre Nora.

Por que essa gótica denominação de "khorologia" e não, por exemplo, simplesmente a tópica ou a topologia? Precisamente por que, como a *khora* de Platão no *Timeu*, nem o *logos* nem o *mito* conseguem identificar esse local da memória; seria uma certa "imaginação metafísica", para retomar a expressão de Paul-Antoine Miquel,[8] que poderá formalizar a lógica própria dessa *khora* bergsoniana. Seja como for, a verdadeira questão filosófica de *Matéria e memória* é se interrogar acerca da lógica desse local *sui generis*, ou *como localizar o não-localizável*:

> O processo de *localização* de uma lembrança no passado, por exemplo, não consiste de forma alguma, como se disse, em mergulhar na massa de nossas lembranças *como num saco*, para daí retirar as lembranças cada vez mais próximas entre as quais *tomará lugar* a lembrança a *localizar*. [...] O trabalho de *localização* consiste na realidade num esforço crescente de expansão, pelo qual a memória, sempre presente por inteira a si mesma, *estende* suas lembranças sobre uma *superfície cada vez mais ampla* e acaba por distinguir assim, *num amontoado até então confuso*, a lembrança que *não encontrava seu lugar* (MM, p. 310, grifo meu).

---

[8] Paul-Antoine Miquel. *Bergson ou l'Imagination métaphysique*. Paris: Kimé, 2007.

Vemos claramente que Bergson aqui, em vez de rejeitar em bloco a própria ideia de localização, propõe uma revisão conceitual: ele diz claramente que a memória não é algo como um saco, mas como uma superfície. Com efeito, do "fundo impessoal" da percepção no capítulo I à "extensão" no capítulo IV, passando pelo esquema motor como "recipiente vazio" no capítulo II e os "planos de consciência " no capítulo III, Bergson não abandona um momento a questão do lugar. Em nossa perspectiva da "lógica menor" que ressalta a potência da metáfora, *Matéria e memória* aparece atravessada do começo ao fim por uma khorologia.

Contra Kant, ou a crítica da imaginação transcendental

Se, portanto, a khorologia, fundada sobre uma racionalidade diferente da do entendimento, racionalidade imaginativa de qualquer modo, interroga-se sobre o lugar da percepção e sobre o local da memória, ela certamente não seria uma aventura interessante, mas, no final das contas, gratuita. De forma alguma. Bergson tem a intenção aqui de atacar um objeto preciso: Kant, seu adversário eterno. Citemos o primeiro capítulo de *Matéria e memória*. No mesmo momento em que ele introduz o conceito de imagem e justifica sua necessidade, Bergson invoca Kant:

> Você somente poderá restabelecer essa ordem evocando, por sua vez, um *deus ex machina,* supondo, por uma hipótese arbitrária, não se sabe qual harmonia preestabelecida entre as coisas e o espírito, ou pelo menos, para dizer como Kant, entre a sensibilidade e o entendimento (MM, p. 178).

"Não sei qual harmonia preestabelecida entre a sensibilidade e o entendimento"; isso não é nada mais que a imaginação transcendental que deveria tornar possível a experiência humana. Com efeito, do mesmo modo que o *Ensaio* era uma crítica fundamental da Estética Transcendental, *Matéria e memória* é uma crítica radical do "esquematismo transcendental". Citemos agora a sua conclusão. O que está em jogo nas duas primeiras obras de Bergson, *Ensaio* e *Matéria e memória*, é neste momento mais claro que nunca:

> A questão é saber se, nessa "diversidade dos fenômenos" da qual falou Kant, a massa confusa com tendência extensiva poderia ser apreendida aquém do espaço homogêneo sobre o qual ela se aplica e por intermédio do qual a subdividimos do mesmo modo que nossa vida interior pode destacar-se do tempo indefinido e vazio para ser novamente duração pura (MM, p. 323).

Por que Kant? Por que a imaginação transcendental? Porque *a questão do lugar não é nada mais que a questão do esquematismo*. Iremos ver que a seleção das imagens para a representação constitui, no fundo, a questão do esquema corporal; o reconhecimento das imagens, sabemos, constitui a questão do esquema motor; por trás da sobrevivência das imagens vislumbra-se a noção de esquema dinâmico; a delimitação e fixação das imagens é a retomada do esquema corporal para remetê-lo à questão do esquematismo em geral. Em resumo, por trás de toda arquitetura de *Matéria e memória*, é a questão do esquematismo que está em jogo. É essa questão, fundamental para a compreensão de *Matéria e memória,* que visamos interrogando-nos sobre o que é a diferença entre vários saltos ontológicos, entre o salto ontológico de "nos colocarmos na percepção (ou no mundo material em geral)" e o, *hantologique,*[9] de "nos localizarmos na memória" (no passado ou entre as ideias).

---

9 Neste momento, optamos por deixar o texto no original francês: a tradução empobreceria o sentido da comparação proposta pelo autor.

Donde se organiza espontaneamente o plano da investigação: num primeiro momento, tentaremos determinar o "lugar da percepção" e o que denominamos a "lógica do *situs*". Para tanto, é preciso passar do primeiro ao quarto capítulo de *Matéria e memória*. Pois é neste último que Bergson retoma e desenvolve esta lógica singular da percepção e da matéria. Assim teremos passado do "fundo impessoal" da percepção ao par conceitual "tensão/ extensão". Denominamos *monumental* essa passagem do capítulo I ao capítulo IV, neste sentido preciso que o monumento, materialidade pura, vem etimologicamente de *monere*, "fazer lembrar".

Na sequência, num segundo momento, seria preciso procurar o "local da memória" e o que denominamos a "lógica do *locus*", a lógica mais profunda de *Matéria e memória*. Para tanto, procederíamos em duas etapas, lendo inicialmente o segundo capítulo para ver como funciona o reconhecimento da imagem-lembrança, depois o capítulo III para ver em que consiste a vitalidade que encerra a sobrevivência da memória pura. Assim teríamos passado do "esquema motor" ao "cone" dos planos de consciência. Denominamos *imemorial* esse movimento do capítulo II ao III, pois essa expressão paradoxal oscila entre o que é impossível de se recordar e o que subsiste e sobrevive como memória. O subtítulo de nossa conferência seria: "monumental e imemorial".

Mas nos limites que nos são fixados, contentemo-nos de ceder para o lado do monumental, ou seja, de propor nossa leitura dos capítulos I e IV de *Matéria e memória*.

I. O que dura e o que permanece (capítulo I de *Matéria e memória*)

Partamos então da citação precedente, do lado do monumental. Desde o início, *Matéria e memória* é subversivo, no sentido de contra-revolução copernicana:

> Por que pretende-se, contra toda aparência, que eu vá de meu eu consciente a meu corpo, depois de meu corpo aos outros

corpos, quando de fato eu me coloco imediatamente no mundo material em geral, para progressivamente limitar este centro de ação que se chamará meu corpo e distingui-lo assim de todos os outros? (MM, p. 196-197).

Sublinhemos, portanto, que se trata de uma *dupla* operação. Certamente, podemos falar aqui de uma "fenomenologia" da percepção, no sentido de suspender toda posição de realidade e de determinar as condições transcendentais da percepção e da "aparência". Certamente ele diz: "Atenhamo-nos às aparências; vou formular pura e simplesmente o que sinto e o que vejo" (MM, p. 170). Mas, diferentemente da teoria deleuziana do campo transcendental pré-subjetivo, a teoria bergsoniana da imagem apresenta simultaneamente o mundo das imagens *e* a imagem particular que é meu corpo.

A bússola e o caleidoscópio (questão do esquema corporal)

Para focalizar essa dupla posição de imagem, sabemos, Bergson usa duas metáforas tópicas ou topológicas da "bússola" e do "caleidoscópio". Vistos do lado do mundo das imagens, os movimentos de meu corpo marcam a todo o momento, "como faria uma bússola que deslocamos", sua posição ou seu posicionamento em relação às imagens circundantes; vista do lado de uma imagem singular que é meu corpo, "como se tivéssemos girado um caleidoscópio", minha percepção do universo se modifica em suas mínimas variações, tudo muda a cada um de seus movimentos. É essa condição que pretendem exprimir as expressões "centro de indeterminação" ou "zona de indeterminação". Toda a singularidade dessa dupla operação encontra-se na tentativa de desmascarar, lembremo-nos, "a confusão metafísica da extensão indivisa e do espaço homogêneo, a confusão psicológica da percepção pura e da memória", unicamente a partir do lugar ou da posição do mundo das imagens e de meu corpo. É o que quer dizer o título do capítulo primeiro "Da seleção das imagens para a representação. O papel do corpo. O importante para Bergson não é o corpo como tal, mas o papel do corpo; o importante não é o que é o corpo, mas o que pode o corpo em relação ao mundo, ou seja, o esquema corporal. Criticar unicamente a partir da posição do esquema corporal a ficção concomitante do espaço homogêneo e do objeto material isolado é um outro modo de continuar a guerra contra Kant. Não é o papel da consciência que sobrevoa o mundo, mas o papel do corpo imerso no mundo que consiste em ordenar as imagens segundo seu interesse, em coordenar o espaço a partir dele.

O "fundo impessoal" e sua lógica da permanência

Essa perspectiva, que permite distinguir a lógica bergsoniana do *situs* da lógica merleau-pontiana da situação, nos conduz ao ponto crucial de nossa leitura do primeiro capítulo de *Matéria e memória*: é que, elaborado a partir da lógica do *situs*, o esquema corporal revela o "fundo impessoal" da percepção que não possui senão diferença de grau com a matéria:

> Eles não têm dificuldade em mostrar que nossa percepção completa esta carregada de imagens que nos pertencem pessoalmente, imagens exteriorizadas, ou seja, em suma, rememoradas; eles esquecem apenas que um fundo impessoal permanece, onde a percepção coincide com o objeto percebido, e que esse fundo é a própria exterioridade (MM, p. 214)

Na primeira obra, *Ensaio sobre os dados imediatos da consciência*, Bergson partiu da análise dos sentimentos profundos, do mais interior; aqui, em *Matéria e memória*, ele parte da posição do fundo impessoal, comum ao nosso corpo e ao nosso mundo, do mais exterior. Ora, aqui é necessário observar que, na exata medida em que a zona de indeterminação tem por função reter a ação virtual e liberar a ação real, o modo de ser desse fundo impessoal é de *permanecer*. Esse fundo impessoal é a permanência da ação virtual.

> Nossas zonas de indeterminação desempenhariam de certo modo o papel de tela. Elas não acrescentam nada àquilo que é; fazem apenas que a ação real passe e que ação virtual permaneça (MM, p. 188).

Na exata medida em que, como a bússola e o caleidoscópio, meu corpo constitui a cada instante um "corte transversal do universal devir", ele é o *lugar de passagem* dos movimentos recebidos e devolvidos, o traço de união entre as coisas que agem sobre mim e as coisas sobre as quais eu ajo, a sede, numa palavra, dos fenômenos sensório-motores. A lógica do *situs* que coloca meu corpo e o mundo é, portanto, a lógica da permanência que faz predominar as ações virtuais. E veremos que a virtualidade-permanência da ação corporal vai se opor à virtualidade-inação da lembrança pura. Mas antes de chegar a essa oposição e aos capítulos centrais, é preciso inicialmente continuar nossa lógica do *situs* e da permanência até o quarto e último capítulo de *Matéria e memória*.

II. A lógica do situs (capítulo IV de *Matéria e memória*)

Na obra de Bergson, o quarto capítulo é um lugar de milagre: aí acontece sempre algo de singular. Um fabuloso destino do pensamento científico-metafísico no quarto capítulo de *A evolução criadora*, uma fabulosa filosofia política no quarto capítulo de *As duas fontes*. No início do quarto capítulo de *Matéria e memória*, o próprio Bergson diz: "Poderíamos a rigor deter-nos aqui, pois era para definir o papel do corpo na vida do espírito que havíamos empreendido este trabalho" (MM, p. 317). Qual papel desempenha então este último capítulo que aparece, portanto, "como uma espécie de "suplemento", sem relação com o objeto inicial da obra"?[10]

A teoria da "percepção pura", tal como é apresentada no primeiro capítulo, Bergson a denomina uma *primeira seleção*, que se resume na relação entre o corpo como "instrumento de seleção" e a percepção como "posição" do corpo. Ora, essa teoria devia ser atenuada e completada em dois pontos, pois, para a comodidade do estudo, ele havia tratado o corpo vivo como um ponto matemático no espaço e a percepção consciente como um instante matemático no tempo. Era necessário restituir ao corpo sua extensão, e, à percepção, sua duração. Os capítulos II e III reintegraram na consciência esses dois elementos subjetivos, a afetividade ou a memória (MM, p.363-364). O estabelecimento dessa relação entre o corpo e a memória, Bergson a denomina uma *segunda seleção* que "completa e esclarece a situação presente em vista da ação final" (MM, p. 316).

Ora, a segunda seleção é muito mais difícil de esclarecer, pois ela encontra o que constitui a especificidade do ser humano: trata-se da memória humana, a coisa mais individual e subjetiva, mais afetuosa e espiritual. Algo cuja natureza não podia possuir, como no caso da percepção, uma regra inflexível para delimitar as representações. De uma só vez, é a imaginação que intervém no dispositivo espiritual:

> *Uma certa margem é, portanto, necessariamente deixada desta vez à fantasia* ; e se os animais não se aproveitam muito dela, cativos que são da necessidade material, parece que ao contrário o *espírito humano comprime/lança-se incessantemente com a totalidade de sua memória contra a porta que o corpo lhe irá entreabrir*: daí os jogos a fantasia e o trabalho da imaginação, – *liberdades* que o espírito toma com a natureza (MM, p. 317, grifo meu).

---

10 "Introduction" *In: Matière et mémoire*. Paris: PUF, col. "Les grands livres de La philosophie", 1997, p. 187.

Precisemos imediatamente que a imaginação possui uma dupla face: imaginação funcionando no esquematismo, e imaginação em livre acordo com a inteligência. Nessa passagem Bergson fala da segunda, que terá sido abordada no capítulo III. Mas neste capítulo IV ele falará da primeira. É necessário, portanto, completar o estudo da percepção (cap. I) e o estudo da memória (cap. II e III) pelo da imaginação transcendental que vai dar a base concreta à afetividade humana, à vida do espírito. E é essa faculdade humana, diferentemente difícil da memória pura que Bergson aborda no quarto capítulo.

A ritmedida[11] (tensão /extensão)

Sabemos que o papel do capítulo IV consiste em inventar um par conceitual "tensão/ extensão" para responder à questão da matéria e de seus ritmos de duração, mas é precisamente contra a problemática kantiana da imaginação transcendental, da qual Kant falava na *Crítica da razão pura* como "uma arte escondida no fundo do coração humano" determinando toda a *arte combinatória* dos fenômenos.

> Entre as qualidades sensíveis consideradas em nossa representação, e essas mesmas qualidades tratadas como mudanças calculáveis, há, portanto, apenas uma diferença de ritmo de duração, uma diferença de tensão interior. Assim, através da ideia de *tensão* procuramos suspender a oposição da qualidade à quantidade, como, através da ideia de *extensão*, a do inextenso ao extenso. Extensão e tensão admitem graus múltiplos, mas sempre determinados (M.M, p. 376, grifo do autor).

Na minha primeira estadia no Brasil e em São Carlos há seis meses, propus uma leitura do *Ensaio*, leitura que considera esta obra como reflexão sobre o ritmo e o número: a duração em seu modo de interpe-

---

11 No original em francês, *la rythmesure*.

netração sucessiva revela-se como organização rítmica. Enquanto diferenciação de tensão, o ritmo não revela somente a essência profunda da duração, mas a essência escondida da medida. Bergson desenvolverá esta intuição aqui no quarto capítulo de *Matéria e memória*.

> Na realidade, não há um ritmo único da duração; podemos imaginar muitos *ritmos* diferentes, que, mais lentos ou mais rápidos, *mediriam* o grau de tensão ou de relaxamento das consciências, e, nesse sentido, fixariam seus lugares respectivos na série dos seres (MM, p. 342, grifo meu).

Assim, com a ideia de diferencial tensão/extensão, Bergson reintroduz a de medida; não se trata mais de uma medida quantitativa, tampouco de uma medida qualitativa — que seria a seus olhos uma pura contradição —, mas de uma *medida diferencial* que constitui o próprio fundamento do qual deriva a distinção entre quantidade e qualidade, entre numérico e não-numérico.[12] Apreendida sobre esse fundamento, a multiplicidade qualitativa se revela, antes como não-numérica, como "número em potência", ou seja, virtualmente numérica. É o que denominamos a ritmedida. Pensar a natureza da duração ou da multiplicidade qualitativa conduz desse modo a pensar a essência da divisibilidade, do número e da medida. Não se trata, portanto, de negar a todo custo o mensurável ou o numérico, mas de encetar uma crítica radical dessas noções procurando reapreendê-las em seu próprio fundamento. É isso que visa o dispositivo ritmétrico da tensão/extensão que completa assim o "fundo impessoal" ou "a zona de indeterminação" e sua lógica do *situs*.

---

12 Falando da articulação do real, Arnaud François visa, parece-nos, o mesmo problema.

Em direção à imaginação imanente

Assim, o intervalo da quantidade à qualidade será diminuído pela invenção conceitual da *tensão*, como a distância do extenso ao inextenso será reduzida pela de *extensão*, na medida em que a heterogeneidade das qualidades sensíveis deve-se à sua contração em nossa memória, e que a homogeneidade relativa das mudanças objetivas a seu relaxamento natural. A ideia de que toda percepção concreta é já uma síntese, pela memória, de uma infinidade de "percepções puras" que se sucedem (MM, p. 319), é um outro meio de prolongar a guerra contra Kant. Pois a questão para Bergson – vimos em nossa introdução – é saber se, nessa " diversidade de fenômenos" da qual falou Kant, a massa confusa com tendência extensiva poderia ser apreendida aquém do espaço homogêneo (MM, p. 323). No primeiro tempo dessa batalha, Bergson distingue, portanto, o espaço abstrato da extensão concreta. E isso considerando o espaço como *schème*. Nesse estágio, afirmando que "O espaço não é, aliás, no fundo, senão o esquema da divisibilidade indefinida" (MM, p. 341), Bergson parece simplesmente glorificar um retorno ao imediato através da extensão vivida:

> Seria possível, portanto, numa certa medida, libertar-se do espaço sem sair da extensão, e haveria efetivamente aí *um retorno ao imediato*, uma vez que percebemos de fato a extensão, enquanto não fazemos mais que conceber o espaço à maneira de um esquema (MM, p. 323, grifo meu).

Mas não é preciso ver aí um simples retorno à extensão que precede o espaço logicamente e ontologicamente, pois Bergson procura ir mais longe ainda. Ou seja, por um lado ele vai além da extensão concreta:

> Certamente elas [as sensações] remontam a uma origem comum, que é o movimento no espaço; mas justamente porque evoluem fora do espaço, elas renunciam, enquanto sensações,

ao parentesco que ligava suas causas. Rompendo com o espaço, elas rompem também entre si, e deste modo não participam nem umas das outras, nem da extensão (MM, p. 347).

E, por outro lado, Bergson encontra ao mesmo tempo a origem vital e o aspecto positivo do espaço e do esquematismo.

> Espaço homogêneo e tempo homogêneo não são, portanto, nem propriedades das coisas, nem condições essenciais de nossa faculdade de conhecê-los: exprimem, de uma forma abstrata, o duplo trabalho de solidificação e de divisão que aplicamos à continuidade movente do real para nela encontrarmos pontos de apoio, *para nela fixarmos centros de operação, para nela introduzirmos, enfim, mudanças verdadeiras*; estes são os *esquemas de nossa ação sobre a matéria* (MM, p. 345, grifo meu).

Sublinhemos uma vez mais que elaborando essa estratégia genética Bergson visa Kant:

> pretende-se, com Kant, que o espaço e o tempo sejam formas de nossa sensibilidade? [...] fazendo do tempo homogêneo e do espaço homogêneo ou das realidades contempladas ou formas da contemplação, [a filosofia crítica] atribui [...] ao espaço e ao tempo um interesse antes especulativo do que vital. Haveria então lugar [...] para uma doutrina que veria no espaço e no tempo homogêneos princípios de divisão e de solidificação introduzidos no real em vista da ação, e não do conhecimento, que atribuiria às coisas uma duração real e uma extensão real (MM, p. 346).

A verdadeira oposição não seria então, tanto entre o espaço abstrato e a extensão concreta, nem entre a concepção intelectual e a percepção real. Senão como compreender a famosa fórmula "Perceber significa imobilizar" (MM, p. 342)? Encontramos uma pequena dica na passagem seguinte que mostra a direção a tomar. Dica muito pequena, mas importante:

> Assim entendido, o espaço é o símbolo da fixidez e da divisibilidade ao infinito. A extensão concreta, ou seja, a diversidade das qualidades sensíveis, não está nele; é ele que *colocamos nela*. Ele não é o suporte sobre o qual o movimento real se põe; é o movimento real, ao contrário, que o põe abaixo de si (MM, p. 351).

A verdadeira oposição refere-se a esse "nós". Quem é esse "nós" que não está nem no espaço abstrato nem na extensão concreta, mas, como no *Timeu*, em uma espécie de *khora*? De fato, é necessário precisar que nessa fórmula "Perceber significa imobilizar" trata-se de uma percepção concreta e não de uma percepção pura, de uma percepção *de fato* e não *de direito*, acompanhada pela imaginação. É necessário inicialmente distinguir os sentidos da imaginação:

> Mas convém não confundir os dados dos sentidos, que percebem o movimento, com os artífices do espírito que o recompõe. Os sentidos, entregues a si mesmos, apresentam-nos o movimento real, entre duas detenções reais, como um todo sólido e indiviso. A divisão é obra da imaginação, que tem justamente a função de fixar as imagens moventes de nossa experiência ordinária, como o relâmpago instantâneo que ilumina durante a noite uma cena de tempestade (MM, p. 325).

Mas aí ainda, não está a última instância. Pois Bergson encontra ao mesmo tempo a origem vital e o aspecto positivo da imaginação transcendental.

Mas nossa imaginação, preocupada antes de tudo com a comodidade de expressão e as exigências da vida material, prefere inverter a ordem natural dos termos. [...] ela não consegue deixar de ver o repouso como anterior à mobilidade, [...] o espaço precedendo o movimento. Então [...] ela desenhará uma trajetória e fixará posições: aplicando a seguir o movimento contra a trajetória, ela o fará divisível *como essa linha e, como ela, desprovido de qualidade* (MM, p. 351, grifo meu).

A verdadeira oposição não consiste, portanto, somente na imaginação, mas, mais precisamente entre seus dois usos bem diferentes. Não se trata de sair da imaginação, de liberar-nos da imaginação, mas de voltar a própria origem da imaginação e de seu esquematismo para compreender o que eles são além da virada da experiência, para ultrapassar nossa condição humana. Relembremos que esta famosa "virada da experiência", opondo-se à razão especulativa de Kant conectada às necessidades de nossa vida, propõe liberá-la ou desencadeá-la na direção de outra racionalidade: "Mas haveria um último empreendimento a tentar. Seria ir buscar a experiência em sua fonte, ou melhor, acima dessa *virada* decisiva em que ela, infletindo-se no sentido de nossa utilidade, torna-se propriamente experiência *humana*. A impotência da razão especulativa, tal como Kant a demonstrou, talvez não seja, no fundo, senão a impotência de uma inteligência submetida a certas necessidades da vida corporal [...]. Desfazendo o que essas necessidades fizeram, restabeleceríamos a intuição em sua pureza primeira e retomaríamos contato com o real" (MM, p. 321). Libertar e enfurecer a imaginação transcendental não é exultar a loucura da imaginação empírica, mas é todo um trabalho rigoroso da filosofia da intuição e de uma imaginação metafísica esquivando o estreito rochoso entre o *logos* e o *mito*.

À guisa de conclusão: dois filósofos da linha, dois esquematismos

Para concluir provisoriamente, retornemos à citação precedente que exige a qualidade da linha em sua vitalidade. Com efeito, Bergson e Kant, inimigo e aliado de Zenão são dois grandes filósofos da "linha". A imaginação, tal como é descrita no capítulo IV de *Matéria e memória*, é uma imaginação regida pelo entendimento e nossas necessidades vitais, tal como é elaborada na *Crítica da razão pura*: "O movimento não é mais, para nossa imaginação, senão um acidente, uma série de posições, uma mudança de relações" (MM, p. 339). É uma imaginação que esmaga a vitalidade da linha. E é talvez uma das razões pelas quais Kant, na *Crítica da faculdade de julgar*, "concentre incessantemente seus exemplos nas artes que supõem um desenho, um traço; curiosamente ele não diz nada da música em sua especificidade".[13] Kant é um grande filósofo do desenho que estaria de acordo com esta descrição de Bergson:

> É assim que as milhares de posições sucessivas de um corredor se contraem numa única atitude simbólica, que nosso olho percebe, que a arte reproduz e que se torna, para todo o mundo, a imagem de um homem que corre (MM, p. 343).

Ora, Bergson, por sua vez, como diria Deleuze, é um grande filósofo da linha viva, ou seja, do cinema: nessa cinemática imanente, trata-se de alguma coisa que liga não somente os diversos ritmos de duração das coisas, nem somente nossos sentidos entre eles, mas que constitui, enquanto faculdade imaginativa em livre acordo com a inteligência, a "memória, ou seja, síntese do passado e do presente em vista do futuro" (MM, p. 354).

Digamos de outra forma. Se "o papel mais humilde do espírito é ligar os momentos sucessivos da duração das coisas" (MM, p. 355),

---
13 Nota de Alexis Philonenko em sua tradução da Crítica da faculdade de julgar. Paris: Vrin, 1993, p. 92.

ele religa antes de tudo nossos diversos sentidos. Ele o faz do interior – é o que denominamos a "estética imanente" ou a "medida do ritmo" em nossa leitura do *Ensaio* –, o que quer dizer aqui "no próprio movimento enquanto movimento". As investigações lógicas ainda mais radicais de Bergson revelam-se aqui como um tópico completamente singular que denominamos, sublinhando a potência de uma intuição situada entre o *logos* e o *mito*, esquematismo imanente ou *khorologia*. "Progredindo através da extensão", a khorologia bergsoniana procura mostrar que "o movimento real é antes o transporte de um estado do que de uma coisa" (MM, p. 337). "Mas por que buscar em outro lugar?", diz ele. Precisamente, se há o prolongamento da lógica do *situs* no quarto capítulo de *Matéria e memória*, não o encontraremos em outra parte senão na duração que crispa, por assim dizer, a função da imaginação, noutro lugar que na linha viva, no movimento como lugar do acontecimento.[14]

> Mas por que buscar em outro lugar? Enquanto você apóia o movimento contra a linha que ele percorre, o mesmo ponto aparece alternadamente, conforme a origem à qual você o relaciona, em repouso ou em movimento. O mesmo não acontece se você extrai do movimento a mobilidade que é sua essência (MM, p. 331).

---

14 Para completar essa posição de *Matéria e memória*, seria preciso aqui demonstrar textualmente a maneira pela qual Bergson, em sua tese latina *Quid Aristoteles de loco senserit*, critica a solução aristotélica por haver desconhecido o poder do espaço puro e a relatividade dos lugares, *mas já também* a solução kantiana por haver negligenciado a potência da mudança qualitativa e a abstração espacial, para se aproximar de uma solução leibniziana entre essas duas opções. Seria preciso ler, portanto, o último capítulo de *De Loco* como uma premissa do último capítulo de *Matéria e memória* para bem compreender a retomada, neste último, da teoria leibniziana das "pequenas percepções" como decomposição qualitativa do percebido em não-percebido. Mas não é aqui o lugar ideal para fazê-lo.

Vimos assim, acreditamos, como funciona a "lógica menor", tomando como exemplo *Matéria e memória*: a khorologia não considera o movimento no lugar nem o lugar no movimento, mas o movimento como lugar, o lugar como movimento, como o próprio processo de localizar ou de situar. É o que denominamos a lógica du *situs*.

Podemos examinar nos capítulo II e III de *Matéria e memória* um outro uso da imaginação no próprio seio dos planos de consciência. Esse famoso cone invertido seria uma figura khorológica. Através da leitura desses capítulos centrais de *Matéria e memória*, prolongada até a de *A energia espiritual* (1919), veríamos como as potências inativas da memória, o esquematismo liberto da imaginação imanente, assim como sua hantologia do *locus*, seriam não apenas o pior inimigo de Merleau-Ponty e de seu "primado da percepção", mas também um adversário *futuro anterior* da "fenomenologia do inaparente" (Heidegger), que se tornou dominante após a "virada teológica da fenomenologia francesa" (Dominique Janicaud).[15] Mas isso é uma outra história.

---

15 *Le Tournant théologique de la phénoménologie française. Paris:* Éd. de l'éclat, col. "tiré à part", 1990.

Consciência e matéria em Bergson

Jonas Gonçalves COELHO[1]

I

Nosso objetivo mais geral é refletir sobre a relação entre consciência e matéria no pensamento bergsoniano. Essa temática permeia, de maneira mais ou menos explícita, as obras principais de Bergson e é também objeto de muitos de seus textos complementares e de divulgação de sua filosofia. Tendo em vista o centenário recente de *A evolução criadora*, circunscrevemos a nossa reflexão à ótica do evolucionismo bergsoniano, em especial, à maneira como define a noção de "vida". Analisaremos, em especial, o texto "A consciência e a vida",[2] no qual Bergson, ao sintetizar sua concepção evolucionista, nos deixa entrever aquele que consideramos o principal problema de sua concepção dualista, ou seja, o fato de a consciência ser simultaneamente tomada como efeito e como causa da vida e, de certa forma, efeito por ser causa. O

---

[1] Universidade Estadual de São Paulo.

[2] Originado em uma conferência de Bergson proferida na Universidade de Birmingham em 1911, sendo posteriormente desenvolvido e publicado no livro de Bergson, *L'énergie spirituelle*. Utilizamos a tradução de Franklin Leopoldo e Silva que foi publicada no volume *Bergson* da coleção "Os Pensadores" da Abril Cultural.

problema consiste, como procuraremos mostrar, em confundir a experiência consciente com a própria "substância consciência".

Esclarecemos desde já que não nos referimos à substância entendida como suporte imutável das mudanças, tese contestada por Bergson, para quem a substancialidade da vida interior consiste, como veremos posteriormente, numa "certa continuidade de mudança".[3] Falamos de substância no sentido definido por Descartes no livro *Princípios de filosofia*, ou seja, como aquilo cuja existência não depende de outro ser existente, que não é atributo de uma outra coisa; ao contrário, serve de substrato ou suporte de outras coisas existentes que seriam seus atributos e independentemente das quais não poderia ser percebida, mas cuja existência está automaticamente garantida pela presença do atributo.

> Quando concebemos a substância, concebemos somente uma coisa que existe de tal maneira que só tem necessidade de si própria para existir [...] para compreender o que são substâncias, basta tão só que vejamos que podem existir sem o auxílio de qualquer outra coisa criada. Mas quando é questão de saber se alguma dessas substâncias existe verdadeiramente, isto é, se está presente no mundo, digo que não é suficiente que exista dessa maneira para que nós a apercebamos. Porque isto, só por si, nada nos faz descobrir que excite algum conhecimento particular no nosso pensamento. É necessário, além disso, que tenha alguns atributos que possamos notar; e não há nenhum que não seja suficiente para este efeito, porque uma das noções comuns é que o nada não pode ter nenhum atributo, nem propriedades ou qualidades. Por esta razão é que logo que encontramos algum, temos motivo para concluir que é o atributo de alguma substância, e que tal substância existe.[4]

---

3 Henri Bergson, H. *Mélanges*. Paris: PUF, 1972, p. 1079.

4 René Descartes, *Princípios da Filosofia*. Lisboa: Guimarães Editores, 1989, p. 92-93.

Trataremos da relação entre consciência e matéria tendo como eixo o conceito bergsoniano de vida, apresentando, primeiramente, a consciência como efeito de uma determinada organização material, ou seja, como experiência consciente; a seguir, como espírito, ou seja, como causa dessa mesma organização e, consequentemente, da própria experiência consciente; para, por fim, refletir sobre os fundamentos da identificação da consciência propriedade com a consciência substância.

II

Nas considerações iniciais de Bergson sobre a definição de consciência o filósofo claramente está se referindo à experiência consciente. Diz aí que não precisamos definir algo que por experiência própria já sabemos o que é, segundo suas palavras, algo "tão concreto, tão constantemente presente à experiência de cada um de nós". E embora saibamos o que é essa experiência consciente que vivenciamos subjetivamente seria difícil defini-la claramente, ou seja, traduzi-la em conceitos. Bergson opta então por descrever a consciência, ou seja, a experiência consciente, a partir do que seriam seus dois traços fundamentais: a memória e a atenção.

A memória, definida como "conservação e acumulação do passado no presente", seria a propriedade principal da experiência consciente ("consciência significa primeiramente memória"); propriedade sem a qual a consciência não existiria ("a memória existe, ou então a consciência não existe"); a propriedade universal da consciência: ("Toda consciência é, pois, memória"). A outra propriedade fundamental da experiência consciente é a "atenção à vida": "não há consciência sem uma certa atenção à vida". Para Bergson, essa atenção é inseparável da "antecipação do futuro", ela é "uma expectativa", considerando-se que os objetos percebidos atentamente, ou seja, conscientemente, no presente são aqueles que interessam às nossas pretensões futuras – isso porque nossa percepção consciente opera segundo uma lógica pragmática.

Memória e atenção – "reter o que já não é" e "antecipar o que ainda não é" – seriam propriedades tão fundamentais e tão interligadas na percepção consciente que Bergson as caracteriza não como duas funções, mas sim como a "primeira função da consciência", ou seja, é somente na experiência perceptiva consciente que o passado, que não existe mais, mantém-se presente e se articula com um futuro que não existe ainda: "a consciência é o traço de união entre o que foi e o que será, uma ponte entre o passado e o futuro".[5]

Tendo apresentado as principais características da experiência consciente, Bergson passa a refletir sobre a sua extensão, ou seja, a que seres da natureza se poderia atribuir legitimamente vida interior consciente. Chamemos a esse problema de "problema das outras consciências". O problema se coloca, como o sabemos, pelo menos desde Descartes, e Bergson o corrobora, porque não apreendemos direta e imediatamente a experiência consciente alheia como apreendemos as nossas próprias experiências conscientes. Por isso, raciocinamos por analogia, esquecendo-nos de que, ainda que elas indiquem alguma probabilidade, não nos fornecem evidências ou certezas.

> Para saber com plena certeza se um ser é consciente, seria preciso penetrar nele, coincidir com ele, ser ele. Eu os desafio a provar, por experiência ou por raciocínio, que eu, que lhes falo neste momento, sou um ser consciente. Eu poderia ser um autômato engenhosamente construído pela natureza, indo, vindo, falando; as próprias palavras pelas quais me declaro consciente poderiam ser pronunciadas inconscientemente.[6]

Mas, diferentemente de Descartes, Bergson não desqualifica a probabilidade ou "quase certeza" de haver uma "semelhança interna" – no caso, a presença da consciência – postulada a partir da semelhança externa dos corpos: "O raciocínio por analogia não dá jamais algo além da probabilidade; mas há muitíssimos casos em que esta probabi-

---

5 Henri Bergson. *A consciência e a vida*. São Paulo: Abril Cultural, 1979, p. 6.

6 *Idem, Ibidem.*

lidade é suficientemente alta para equivaler praticamente à certeza".[7] E é justamente apoiando-se nas semelhanças físicas entre os seres vivos, tentando estabelecer o que seria comum e responsável pela consciência, que Bergson estende a consciência aos outros seres vivos. Mas, eis a surpresa, não apenas àqueles seres vivos que têm um cérebro. Surpresa por tratar de uma diferença – não semelhança – importante, considerando-se que o pensamento consciente é frequentemente considerado como produto da atividade cerebral.

Mas Bergson assume aparentemente uma concepção funcionalista, alegando que as mesmas funções poderiam ser desempenhadas por órgãos cujas formas sejam totalmente diferentes. Por exemplo, a digestão é uma função do estômago, mas não apenas do estômago, a não ser que definamos funcionalmente o estômago como o órgão da digestão: "[...] não é necessário possuir estômago, nem mesmo órgãos, para digerir: uma ameba digere, embora ela seja apenas uma massa protoplasmática indiferenciada".[8] A função da digestão não poderia então ser usada como critério para estabelecer uma diferença radical, uma descontinuidade, entre os seres mais complexos e os seres mais simples. Nos seres complexos haveria apenas uma divisão de funções entre órgãos diferentes, divisão essa que teria trazido um ganho, na medida em que a especialização contribui para um melhor desempenho da função. O mesmo pode ser dito a respeito da relação entre a consciência e o organismo. A consciência não seria função exclusiva do cérebro, órgão especializado dos seres humanos e de alguns outros animais, mas estaria também presente, ainda que de forma rudimentar, nos seres vivos mais simples cuja forma indiferenciada indica que não há divisão de funções.

Como em Bergson o fundamental para a presença da experiência consciente é a "faculdade de escolher, isto é, de responder a uma excitação determinada por movimentos mais ou menos imprevistos"[9],

---

7 Idem, Ibidem.

8 Op cit. p. 7.

9 Op cit. p. 9.

a consciência estaria presente, ainda que em estado rudimentar, onde quer que houvesse algum grau de indeterminação da ação:

> quanto mais se desce na série animal, mais os centros nervosos se simplificam e se separam uns dos outros; finalmente, os elementos nervosos desaparecem, confundidos na massa de um organismo menos diferenciado: não devemos supor que se, no topo da escala dos seres vivos, a consciência se fixava em centros nervosos muito complicados, ela acompanha o sistema nervoso ao longo desse descenso, e que, quando a substância nervosa enfim se funde numa matéria viva ainda indiferenciada, a própria consciência aí se espalha, difusa e confusa, reduzida a pouca coisa, mas não reduzida a nada?[10]

Mas em algumas formas de vida a consciência não é apenas "difusa", "confusa", "reduzida a pouca coisa", ela é, paradoxalmente, inconsciente. Em acordo com sua concepção evolucionista, Bergson postula que há um potencial de movimentos espontâneos em todos os graus da escala evolutiva, incluindo-se os parasitas e até os próprios vegetais, cujo movimento seria muitas vezes latente, ou seja, "a faculdade de se mover está mais adormecida do que ausente".[11] Decorre daí que há um potencial de consciência em todos os seres vivos que se transforma em ato em alguns e que não se realiza em outros:

> a rigor, tudo o que é vivo poderia ser consciente: em princípio, a consciência é coextensiva à vida. Mas ela o é de fato? Não lhe acontece esvair-se ou adormecer? É provável [...].[12]

---

10 *Op cit.*, p. 7.

11 *Op cit.*, p. 10.

12 *Op cit.*, p. 7.

É nesse sentido que se deve entender a universalidade da consciência correlata da universalidade de movimento espontâneo mesmo nos seres que não possuem cérebro:

> Parece-me, pois, verossímil que a consciência, originalmente imanente a tudo o que vive, se entorpece quando não há mais movimento espontâneo e se exalta quando a vida se apóia na atividade livre.[13]

Decorre dessa relação de dependência entre a experiência consciente e o movimento espontâneo que a função consciência, diferentemente da digestão, não se realiza plenamente nos organismos mais simples tal como se realiza nos organismos que têm cérebro. O privilégio do cérebro deve-se justamente ao fato de ele ser o órgão que possibilita o movimento espontâneo em seu mais alto grau. O cérebro é parte de um sistema nervoso que inclui a medula e os nervos. A medula conteria "mecanismos montados" para produzir movimentos como resposta imediata a estímulos externos recebidos, ou seja, "respostas prontas". Mas muitos dos estímulos externos não agiriam diretamente sobre a medula; eles passariam por um "desvio", por um órgão "intermediário", justamente o cérebro, o qual estaria em relação com outros mecanismos da medula capazes de desencadear outros movimentos. O cérebro seria assim "uma encruzilhada, onde a estimulação vinda por qualquer via sensorial pode seguir por qualquer via motora".[14] Isso significa que a resposta propiciada pelo cérebro não está predeterminada no estímulo, – a partir dele várias ações são possíveis, ou seja, mecanismo motor acionado, a ação realizada seria aquela "escolhida", a "mais apropriada"; daí Bergson dizer que o "cérebro é um órgão de escolha". A ideia de escolha, e mais ainda, de uma escolha norteada pragmaticamente, implica uma atividade consciente que, como vimos,

---

13 *Op cit.*, p. 10.

14 *Op cit.*, p. 9.

envolve o passado e o futuro; mais ainda, ela seria condição da própria consciência:

> se, como dizíamos, a consciência retém o passado e antecipa o futuro, é precisamente, sem dúvida, porque ela é chamada a efetuar uma escolha: para escolher, é preciso pensar no que se poderá fazer e lembrar as consequências, vantajosas ou prejudiciais, do que já foi feito; é preciso prever e recordar [...] Se consciência significa memória e antecipação, é porque consciência é sinônimo de escolha.[15]

Se a possibilidade de escolha é a condição da consciência e se o cérebro é o órgão da escolha, poderíamos então concluir que, para Bergson, o cérebro é o órgão da consciência? Em outras palavras, apenas seres que têm cérebro podem ter experiência consciente? Não, pois como vimos anteriormente, o filósofo postula a presença da consciência, ainda que num grau ínfimo, em seres vivos mais simples, considerando-se que neles existe um potencial de movimento espontâneo. Mas, considerando-se essa relação entre consciência e movimento espontâneo, seria possível que a consciência se manifestasse em estruturas artificiais inorgânicas ou orgânicas, semelhantes ou não às estruturas orgânicas existentes, desde que fossem construídas de tal modo que elas garantissem a possibilidade de movimento espontâneo, de ação indeterminada?

A resposta de Bergson é negativa. Ele distingue radicalmente os seres vivos dos seres inorgânicos, "matéria bruta", alegando que o potencial de consciência é inerente aos primeiros pelo fato de a indeterminação, em maior ou menor grau, ser intrínseca ao domínio da vida, enquanto a determinação absoluta e, consequentemente, a previsibilidade, seriam propriedades intrínsecas ao inorgânico:

> a matéria é inércia, geometria, necessidade [...] com a vida aparece o movimento imprevisível e livre. O ser vivo escolhe ou

---

15 *Op cit.*, p. 9-10.

tende a escolher [...] Num mundo em que todo o restante está determinado, uma zona de indeterminação rodeia o ser vivo.[16]

De fato, o próprio ser vivo seria uma zona de indeterminação considerando-se que nesses casos a matéria oferece "uma certa elasticidade" que permitiria uma aumento crescente de indeterminação e consequentemente uma "dilatação" da consciência.

Mas, poderíamos continuar perguntando, por que não poderíamos criar artificialmente essas mesmas condições de indeterminação, ou seja, estruturas que permitam as mais diferentes respostas diante de apenas alguns estímulos provenientes do ambiente externo e, consequentemente, o surgimento da experiência consciente? Para Bergson, isso também não seria possível e, em sua justificativa, vemos a consciência transformar-se, de efeito, que aparentemente era da organização material orgânica, em causa dessa mesma organização – no final das contas, em causa de si mesma. Para evidenciá-lo consideraremos mais detalhadamente a concepção evolucionista de Bergson, começando pela posição que assume face aos evolucionismos de Lamarck e de Darwin.

III

Bergson está de acordo com "a ideia de uma evolução das espécies, isto é, da geração de umas pelas outras desde as formas organizadas mais simples", tese que seria corroborada pela anatomia comparada, pela embriologia e pela paleontologia. Mas, reduzindo o evolucionismo ao adaptacionismo, diz que a adaptação não explica a evolução e que, muito pelo contrário, ela explica a fixação da vida em determinadas formas bem sucedidas no ambiente. Diferentemente, se deveria explicar o próprio processo evolutivo, ou seja, o porquê de a vida não ter se fixado em tais formas bem sucedidas por tanto tempo, ou "o movimento que leva" a formas de vida cada vez mais complexas. Como, aos olhos de Bergson, Darwin e Lamarck não explicam satisfatoriamente o movimento evolutivo, o filósofo propõe uma explicação: a evolução resulta

---

16 *Op cit.*, p. 12.

de um "elã", ou seja, um "esforço", uma "compulsão interior". Qual seria a natureza desse "elã"? Como ele se relaciona com a matéria? A resposta à primeira questão depende da resposta da segunda. Comecemos então pela questão da relação entre elã e matéria.

Primeiramente, a matéria aparece como obstáculo, como oposição ao elã vital, o que indica uma perspectiva claramente dualista:

> É visível que o esforço encontrou resistências na matéria que utilizava; teve que se dividir a meio caminho, partilhar entre linhas de evolução diferentes as tendências que trazia em si; teve que desviar, retroceder; por vezes teve que parar. Somente em duas linhas alcançou um êxito incontestável, êxito parcial num caso, relativamente total no outro [...].[17]

O uso de termos como "resistência", relacionados à matéria, e de "tendência", "desvio" e "retrocesso", relacionados ao elã, nos faz pensar em finalidade evolutiva determinada por um princípio não material e, às vezes, como finalidade determinada conscientemente, como se estivéssemos frente a um dualismo finalista. E isso fica mais claro quando Bergson refere-se ao elã vital como "consciência", a ele atribui a propriedade "liberdade", trata a matéria como "instrumento" e descreve a evolução como a criação de formas, ainda que elas próprias, imprevisíveis, que expressem ou realizem a liberdade da consciência.

> Em suma, as coisas se passam como se uma imensa corrente de consciência, em que se interpenetrariam virtualidades de todo gênero, houvesse atravessado a matéria para conduzi-la à organização e para fazer dela, que é a própria necessidade, um instrumento de liberdade. Mas a consciência teve que cair na armadilha. A matéria a rodeia, a prende em seu próprio automatismo, a entorpece em sua inconsciência. Em certas linhas da evolução, particularmente as do mundo vegetal,

---

17 *Op cit.*, p. 19.

automatismo e inconsciência constituem a regra; a liberdade imanente à força evolutiva ainda se manifesta, é verdade, pela criação de formas imprevistas que são verdadeiras obras de arte; mas estas formas imprevisíveis, uma vez criadas, se repetem maquinalmente: o indivíduo não escolhe. Em outras linhas, a consciência chega a se liberar o suficiente para que o indivíduo encontre algum sentimento e, consequentemente, alguma latitude de escolha; mas as necessidades da existência lá estão para transformar o poder de escolha num simples auxiliar da necessidade de viver. Assim, de alto a baixo na escala da vida, a liberdade está indissoluvelmente ligada a uma cadeia que ela tenta, todavia, alongar. Somente no caso do homem efetua-se um salto brusco; a cadeia se rompe.[18]

E não parece, como sugere o início da citação acima, que essa maneira dualista e finalista[19] de explicar a evolução seja somente um modo de falar de Bergson. É essa mesma concepção que fundamenta sua crítica à pretensão de se produzir a vida artificialmente em laboratórios. Segundo o filósofo, ainda que a Física e a Química fossem capazes de produzir uma matéria semelhante à matéria viva, ela não seria viva porque nela não estaria "instalada" a "força" que "arrastaria" a matéria para "além do puro mecanismo". É essa força distinta da matéria e que nela se instala, o "elã vital" responsável pela evolução e pela reprodução, que Bergson considera como sendo a vida.

---

18 *Op cit.*, p. 19.

19 Apesar de Bergson criticar o finalismo por considerá-lo incompatível com a indeterminação e a liberdade por ele defendidas e de postular que a variedade e as formas de vida não estão predeterminadas desde o início do processo evolutivo, o filósofo dá a entender, em vários momentos de sua obra e não apenas nos casos citados, que a finalidade do processo evolutivo é a realização na matéria da plenitude da consciência e da liberdade essencial do espírito. Ou seja, é como se esse fim tivesse que ser atingido, ainda que as formas para tal realização não sejam predeterminadas.

> [...] a vida se instala, em seus primórdios, num certo gênero de matéria que começaria ou que teria podido começar a se fabricar sem ela. Mas a matéria teria se detido aí se fosse abandonada a si mesma; e aí se deteria também, sem dúvida, o trabalho de fabricação de nossos laboratórios. Imitar-se-á certas características da matéria viva; não se lhe imprimirá o elã pelo qual ela se reproduz e, no sentido transformista da palavra, evolui. Ora, esta reprodução e esta evolução são a própria vida. Uma e outra manifestam um impulso interior, a dupla necessidade de crescer em número e em riqueza pela multiplicação no espaço e pela complicação no tempo, enfim, os dois instintos que aparecem com a vida [...].[20]

É difícil evitar uma interpretação dualista e finalista do evolucionismo bergsoniano diante da afirmação de que o "elã vital" é uma

> "força espiritual" que penetraria na matéria para abrir uma passagem subterrânea, faria tentativas de todos os lados, progrediria um pouco, chocar-se-ia com a rocha a maior parte do tempo, e, entretanto, ao menos numa direção lograria êxito e reencontraria a luz. Esta direção é a linha de evolução que termina no homem.[21]

A seguir, referindo-se ao elã como espírito, propõe-se a explicar o objetivo dessa empreitada: "Mas por que o espírito se lançou nesta empresa? Que interesse tinha ele em furar o túnel?"[22] A resposta é que, se por um lado, o "esforço é penoso" – só pode ser penoso para o espírito –, por outro, ele "é também precioso" – precioso para o espírito –, pois seria graças ao esforço que tiramos de nós mesmos – espíritos encarnados? – mais do que tínhamos, "elevamo-nos acima de nós mesmos".

---

20 Henri Bergson, *A consciência...* p. 20.

21 *Idem, Ibidem.*

22 *Idem, Ibidem.*

A razão da união com a matéria estaria então no fato de ser a matéria preciosa por propiciar ao espírito o esforço que o leva além de si mesmo, como se o espírito só pudesse se realizar plenamente na matéria:

> este esforço não seria possível sem a matéria: pela resistência que ela opõe e pela docilidade a que podemos conduzi-la ela é ao mesmo tempo obstáculo, instrumento e estímulo; ela experimenta nossa força, conserva-lhe a marca e provoca a intensificação.[23]

O homem seria o ponto culminante, a realização máxima, desse grande empreendimento espiritual, embora somente alguns deles, aqueles que estivessem no ponto culminante da evolução, sejam a expressão visível da natureza espiritual oculta que os impulsiona.

> Somente no homem, sobretudo nos melhores dentre nós, o movimento vital prossegue sem obstáculo, lançando através desta obra de arte que é o corpo humano, e que ele criou de passagem, a corrente indefinidamente criadora da vida moral. O homem, levado incessantemente a se apoiar na totalidade de seu passado para avaliar tanto mais penetrantemente o seu futuro, é o grande êxito da vida. Contudo, criador por excelência é aquele cuja ação, ela própria intensa, é capaz de intensificar também a ação de outros homens, e generosamente iluminar núcleos de generosidade. Os grandes homens de bem, e mais particularmente aqueles cujo heroísmo inventivo e simples abriu novos caminhos para a virtude, são reveladores de verdade metafísica. Eles podem estar no ponto culminante da evolução, nem por isto eles estão menos perto das origens, e tornam sensível para nós o impulso que vem do fundo.[24]

---

23 *Op cit.*, p. 22.
24 *Op cit.*, p. 25.

IV

Tendo apresentado o que consideramos ser a concepção dualista finalista bergsoniana, a questão que se coloca é se, para explicar a experiência consciente e a evolução vital, faz-se realmente necessário, ou se é legítimo, esse deslocamento da matéria para a consciência ou o espírito. A resposta é "não", se considerarmos os desenvolvimentos recentes da neurociência e do neodarwinismo, os quais se propõem a superar satisfatoriamente os problemas referentes ao papel do cérebro nas representações conscientes e ao surgimento e evolução do olho em linhas de evolução divergentes apresentados por Bergson em *Matéria e memória* e em *A evolução criadora*, respectivamente, como crítica às posições materialistas dominantes em sua época e como enigmas que acreditava decifrar a partir de sua concepção teórica. Mas, o objetivo de nosso texto é bem mais modesto do que confrontar as posições de Bergson com a ciência contemporânea, é refletir e apontar um erro inferencial[25] implícito nesse deslocamento da experiência consciente para a espírito – erro cuja origem pode remontar ao livro *Ensaio sobre os dados imediatos da consciência*.

Bergson critica a aplicação das propriedades espaciais dos objetos materiais à interioridade psicológica, o que significa dizer que os processos conscientes não são materiais. Aos acontecimentos psicológicos, considerados individualmente ou em conjunto, não se aplica a noção de espaço, aplicando-se apenas a noção de tempo, mas não do tempo espacializado ao qual estão intimamente ligadas as categorias de intensidade, multiplicidade e unidade. O tempo real, ou seja, a duração psicológica, deve ser entendido como uma sucessão contínua e heterogênea ou, em outras palavras, como uma "continuidade indivisível de mudança". E como Bergson chegou a essa conclusão? Foi por

---

25 Tomamos o termo inferência no sentido definido em Lalande: "Toda a operação pela qual se admite uma proposição cuja verdade não é conhecida diretamente, devido à sua ligação com outras proposições já tidas por verdadeiras. Essa ligação pode ser tal que a proposição inferida seja julgada necessária, ou apenas verossímil". André Lalande. *Vocabulário técnico e crítico de filosofia*. São Paulo: Martins Fontes, 1993, p. 565.

meio da crítica da linguagem, em especial, dos conceitos que, estando, originalmente, intimamente ligados à experiência sensível e aos objetos materiais, constituem-se como esquemas a partir dos quais se pensa a interioridade psicológica. Critica assim a discriminação da vida interior em termos de estados psicológicos múltiplos cujos elementos estariam justapostos num tempo homogêneo, ou seja, alinhando-se no espaço, sendo expressos por palavras. Critica essa representação do "eu" como "um eu recomponível artificialmente, e estados psíquicos simples que se agregam e desagregam como o fazem, para formar palavras, as letras do alfabeto".[26] Estamos aqui diante de uma objetivação de nossos estados de consciência na qual eles são transformados ou tratados como se fossem "objetos ou coisas", separando-os entre si e de nós próprios, e a eles se referindo por meio de palavras que ocultam a sua riqueza qualitativa.

Contra essa objetivação da subjetividade psicológica Bergson propõe que atentemos para o dado imediato da experiência consciente, aquele que é ocultado pela linguagem e a ela irredutível. E que dado é esse? É a heterogeneidade qualitativa ou mudança qualitativa contínua. Considerados em si mesmos, nossos estados de consciência estão sempre mudando e são qualidade pura misturando-se de tal modo que não se poderia saber se são um ou vários. Se não fecharmos os "olhos à incessante variação de cada estado psicológico" e, "quando a variação se tornou tão considerável a ponto de se impor à nossa atenção", falarmos como se na passagem de um estado para o outro houvesse um salto, "como se um novo estado se tivesse justaposto ao precedente",[27] "veremos" que a continuidade se mantém na passagem de um acontecimento psicológico ao outro, assemelhando-se "mais do que se imagina a um mesmo estado que se prolonga".[28] Daí Bergson não fazer objeções a que se atribua à sucessão psicológica uma unidade, desde que se en-

---

26 Henri Bergson. *Essai sur les donnéss immédiates de la consciente*. Paris: PUF, 1988, p. 178.

27 *Idem, L' évolution créatrice*. Paris: PUF, 1991, p. 2.

28 *Op cit.*, p. 3

tenda que não se trata de uma unidade "abstrata, imóvel e vazia", mas de uma unidade "movente, mutável, colorida, viva".[29] Isso quer dizer que não há necessidade de um suporte sob as mudanças, o que seria fontes de inúmeras dificuldades filosóficas que Bergson entende evitar ao postular que a mudança e a indivisibilidade constituem a própria substancialidade da vida interior.

> Mas em nenhuma parte a substancialidade da mudança é tão visível, tão palpável, quando no domínio da vida interior. As dificuldades e contradições de todo gênero às quais chegaram as teorias da personalidade decorrem do que é representado, de uma parte, uma série de estados psicológicos distintos, cada um invariável, que produziriam as variações do eu por sua própria sucessão, e de outra parte um eu, não menos invariável, que lhe serviria de suporte. Como esta unidade e esta multiplicidade poderiam se unir? Como, não durando nem uma nem outra – a primeira porque a mudança é alguma coisa que lhe acrescenta, a segunda porque ela é feita de elementos que não mudam – poderiam constituir um eu que dura? Mas a verdade é que não há um *substratum* rígido imutável nem estados distintos que nele passam como atores em um cenário. Há simplesmente a melodia contínua de nossa vida interior, melodia que prossegue indivisível, do começo ao fim de nossa existência consciente. É justamente esta continuidade indivisível de mudança que constitui a duração verdadeira.[30]

Mas como Bergson chega a essa caracterização da duração psicológica? Ela é, em si mesma, um dado imediato da consciência? Ou os dados imediatos da consciência são apenas as experiências subjetivas conscientes? O que se exemplifica o tempo todo no *Ensaio* é a irredutibilidade de nossas sensações, sentimentos e ideias conscientes à lin-

---

29 Idem, *La pensée et le mouvant*. Paris: PUF, 1993, p. 189.
30 Henri Bergson, *Mélanges*. Paris: PUF, 1972, p. 906.

guagem com sua estrutura espacial. Ao se abstrair do mundo exterior e se voltar para si mesma o que a consciência imediata apreende são milhares de sensações, sentimentos ou ideias únicos e indefiníveis cuja complexa originalidade e riqueza só podem ser apreendidos por quem os experimenta. A tentativa bergsoniana de descrever qualitativamente as vivências psicológicas reafirma os limites de tal empreendimento correlatos dos limites da linguagem, postulados pelo próprio filósofo.

Pensando agora no erro inferencial, poderíamos dizer que, para Bergson, esses pensamentos subjetivos conscientes, em si mesmos absolutamente distintos da matéria, seriam propriedade de algo não material e, mais que isso, a própria "coisa" imaterial, que Bergson também chama de espírito ou alma, o qual poderia, pelo menos em princípio, existir independentemente da matéria? Ou esses pensamentos conscientes, ainda que sejam absolutamente distintos das coisas materiais, seriam propriedade da matéria, mesmo que para isso seja necessário uma organização altamente complexa como o cérebro, não podendo, portanto, existir sem a matéria? A resposta à primeira questão é positiva sendo amplamente defendida em textos posteriores que podem ser lidos como uma fundamentação e desenvolvimento da seguinte afirmação de Bergson: "A substancialidade da alma pode nos ser revelada na percepção que nós temos de nós mesmos e tornar-se assim um fato de experiência".[31] Consequentemente, sua resposta à segunda questão é negativa, como também pode ser verificado nos principais livros de Bergson que se seguem ao *Ensaio*: *Matéria e memória*, *A evolução criadora* e *As duas fontes da moral e da religião*. Tais obras reforçam a tese do dualismo espírito e matéria que Bergson pretende fundamentar confrontando-se com as posições científicas dominantes que lhe são contemporâneas. Em todas essas obras a tese da imortalidade da alma, a nosso ver o principal indicativo de uma posição dualista quando não se tem dúvida a respeito da existência da matéria, é explicitamente defendida.[32]

---

31 *Op cit.*, p. 950.

32 Em geral Bergson segue em suas várias referências à imortalidade da alma a seguinte linha argumentativa: "Mas suponha que a experiência estabeleça –

Mas poderíamos também apontar uma série de dificuldades em tais obras, como, por exemplo, a interpretação bergsoniana das patologias cerebrais e da evolução darwiniana, em *Matéria e memória* e *A evolução criadora*, respectivamente, e a legitimidade da intuição mística, em *As duas fontes da moral e da religião*, como, pelo menos em parte, decorrentes do equívoco inicial de se inferir que o espírito e não apenas a experiência consciente são um dado imediato da consciência. Voltamos a afirmar que uma análise atenta da argumentação de Bergson no *Ensaio* nos mostra apenas que a experiência consciente, legitimamente caracterizada em termos qualitativos, seria um dado imediato da consciência, ou seja, utilizando-nos de uma linguagem cartesiana, diríamos que o dado imediato do pensamento consciente é apenas o próprio pensamento e não o espírito, ou substância pensante.

Referências bibliográficas

BERGSON, Henri. *A consciência e a vida*. São Paulo: Abril Cultural, 1979.

_____. *Essai sur les donnéss immédiates de la consciente*. Paris: PUF, 1988.

---

e ela o imporá cada vez mais firmemente – que o que se produz no cérebro representa apenas uma ínfima parte da vida mental; que desde então mesmo o espírito se encontra, por assim dizer, destacado do cérebro, ao qual ele adere somente na medida necessária para concentrar sua atenção à realidade, então, quando o cérebro desaparece, o espírito subsiste tal como ele era, menos limitado talvez, mais independente, com uma memória total, inteira, do passado. E mesmo que a demonstração desta tese não se encontra acabada, ela se completará pouco a pouco e, em primeiro lugar, se pode já afirmar uma coisa: neste problema, o dever de dar provas recai, não sobre aqueles que afirmam a sobrevivência da alma, mas naqueles que a negam. Porque a única razão que nós temos para negar a sobrevivência da alma, é o fato de vermos o cérebro se desorganizar como o resto do corpo. Mas esta razão perde todo o seu valor se se estabelece que o espírito, em sua maior parte, é independente da função cerebral." Henri Bergson, *Mélanges*, p. 1213.

_____. *L' évolution créatrice*. Paris: PUF, 1991.

_____. *La pensée et le mouvant*. Paris: PUF, 1993.

_____. *Mélanges*. Paris: PUF, 1972.

DESCARTES, René. *Princípios da filosofia*. Lisboa: Guimarães Editores, 1989.

LALANDE, André. *Vocabulário técnico e crítico da filosofia*. São Paulo: Martins Fontes, 1993.

Crise da razão em Bergson e crise da tonalidade em Debussy: uma nova problemática do tempo

Eduardo SOCHA[1]

O domínio interdisciplinar da filosofia da música procura identificar no processo histórico de construção das formas musicais um campo de questões que interessam diretamente à especulação filosófica, mas que tradicionalmente escapam a seu próprio esforço de conceitualização. De fato, esse exame do quadro evolutivo das técnicas musicais nos indica uma modalidade tensa da relação epistêmica entre homem e tempo, uma modalidade que tende a fragilizar a formalização conceitual, pois conjuga não apenas as estratégias conceituais da razão e a realidade sociohistórica em que estas se inscrevem, mas conjuga principalmente o conceito às intervenções mais íntimas da sensibilidade, da percepção, da memória, da consciência.

Sabemos que a música sempre constituiu um objeto de investigação peculiar no interior da filosofia. Poderíamos mencionar as discussões sobre harmonia e cosmologia já na filosofia antiga, do pitagorismo à fundação de um *ethos* musical em Platão; ou ainda, os tratados de Santo Agostinho, Descartes, Rousseau, Schopenhauer, Nietzsche, além do programa estético-musical fornecido para a modernidade pela filosofia

---

1 Universidade de São Paulo.

de Adorno. Encontraríamos, enfim, um arco teórico suficientemente amplo para justificar os pressupostos de uma "filosofia da música".

Parece fundamental ressaltar que a percepção da discursividade musical está determinada, como foi dito, pelas circunstâncias socioculturais em que o fato sonoro correspondente se apresenta. Sem que tal preceptiva teórica se converta em um imperativo de caráter materialista, a historicidade do material musical, tanto em sua produção quanto em sua recepção, não pode ser menosprezada, de modo que o exame inscrito em uma filosofia da música deve considerar as relações que o desenvolvimento particular da linguagem musical estabelece com o sistema cultural de sua época. É somente nesse sentido que podemos afirmar a transitoriedade do juízo estético e a ausência de leis eternas no pensamento musical, ideias que Schoenberg, por exemplo, procurou expor de maneira insistente. O estudo interno de uma obra coaduna-se, portanto, com o estudo do momento de sua produção. A organização do tempo de cada música pelo compositor, longe de ser solidária às ambições de uma ontologia musical acabada, historicamente independente, reflete contudo em seu próprio desdobramento *interior* o tempo histórico *exterior* ao qual pertence.[2] Assim, qualquer resposta à questão ontológica "qual o ser da música?" deve necessariamente comportar uma dimensão histórica.

Dito isso, como seria possível uma eventual aproximação entre a filosofia da duração de Bergson e o projeto composicional de Debussy,

---

2 Para Adorno, uma "filosofia da música completa" está comprometida com a tarefa de identificação objetiva das mediações entre a temporalidade imanente de uma forma musical, conceitualizável no plano técnico, e "as sedimentações intelectuais e espirituais do tempo real", seu tempo histórico. Ou seja, se toda temporalidade musicalmente estabelecida envolve uma dimensão histórica para a qual a filosofia da música deve estar atenta, abandona-se a questão *imediata* pelo puro ser da música. Dessa maneira, Adorno acredita poder demonstrar em detalhes não apenas as relações entre, por exemplo, Schopenhauer e Wagner, mas entre a lógica de Hegel e o método de composição de Beethoven (cf. "On The Contemporary Relationship of Philosophy and Music". In: *Essays on Music*, p. 144).

no que diz respeito à renovação da noção de tempo? Evidentemente, não seria o caso de propor uma correspondência direta entre conceitos da filosofia e soluções técnicas musicais, nem seria esse o propósito efetivo de uma filosofia da música. Afinal, ambos os domínios possuem desenvolvimentos específicos, subsumidos naquilo que Weber chama de "legalidade própria" de cada esfera cultural, e isso deveria ser suficiente para inibir qualquer tentativa de transposição formal de um domínio para outro. Por outro lado, não se pode ignorar que tanto o projeto filosófico de Bergson quanto o projeto musical de Debussy compartilham o solo de uma crise geral da cultura na passagem do século XIX para o XX, crise que hoje se convenciona como o ponto de partida para a ruptura com a herança romântica, tanto na arte quanto na filosofia; ruptura esta que seria provocada por um certo esgotamento das possibilidades formais de expressão e pelo questionamento crescente acerca do progresso trazido pela ciência positivista. Notamos as ressonâncias dessa crise em diversas manifestações da arte moderna: seja na nova orientação simbolista na poesia, no declínio do gênero romance com a crítica ao naturalismo positivista, ou no fim do compromisso figurativo na pintura.

Crise da razão em Bergson

Sabemos que Bergson respondeu de maneira peculiar à *crise do gênero conceitual* no interior da linguagem filosófica. Como nos lembra Franklin Leopoldo e Silva, essa crise, motivada pela expansão do positivismo e do kantismo no pensamento francês, inaugurou a reavaliação da filosofia em seu sentido mais abrangente de expressão cultural, tanto sob o aspecto metodológico, quanto sob o aspecto temático-discursivo.[3] Tal reavaliação já estaria prefigurada, de certo modo, no próprio espírito romântico, que buscava estreitar as relações entre metafísica e arte. Ou seja, o recurso metafísico à arte, legado pela geração romântica, tornava possível a metacrítica dos sistemas conceituais e de

---

3 Franklin Leopoldo e Silva. *Bergson:* Intuição e discurso filosófico, cap. III, seção 1: A crise do "gênero"conceitual, p. 194.

seus métodos de apreensão do real. O reconhecimento de que a arte integra, de uma só vez, *criação material* e *reflexão sobre a criação* viabilizava assim um novo modo de confrontação com os problemas clássicos da metafísica (daí a afirmação de Schelling de que a arte constituiria o verdadeiro *órganon* da filosofia).[4] Também para a filosofia da duração, o recurso à arte apresentava-se de maneira clara não apenas como fonte sugestiva e estilística no campo discursivo, mas como modo crucial de apreensão da realidade.[5] Sabemos que Bergson não escondia os laços fundamentais que sua metafísica estabelecia com o pensamento artístico:

> A filosofia, tal como a concebo, aproxima-se mais da arte do que da ciência (...) A ciência dá apenas um quadro incompleto, ou melhor, fragmentário do real e o apreende por meio de símbolos artificiais. A arte e a filosofia se encontram na intuição que é sua base comum. Eu diria até que *a filosofia é um gênero do qual as diferentes artes são as espécies*.[6]

Um segundo aspecto marcante para a crise da razão à qual Bergson seria sensível diz respeito à relativização do paradigma matemático-científico no plano geral do conhecimento, com o advento de disciplinas que resistiam ao princípio de totalização pela mensurabilidade, como a biologia evolutiva e a psicologia. A transição de paradigma em direção às novas ciências da vida despertou o questionamento filosófico da adequação entre vida e ciência, questionamento a que foram conduzidas as filosofias de Brunschvig, Nietzsche e Husserl. Assim, podemos dizer que o enfrentamento da polêmica entre realismo e criticismo intelectualista teria propiciado, no âmbito da metafísica, o caminho bergsoniano para a descoberta da natureza qualitativa da

---

4 *Op cit.*, p. 194.

5 *Op cit.*, p. 313: "No pensamento de Bergson, as exigências de expressão da metafísica são mais bem cumpridas pela arte".

6 Henri Bergson. *Mélanges,* p. 843 (Grifo do autor).

duração. Sua distinção original entre tempo-espaço e tempo-duração buscaria, portanto, delimitar as fronteiras do saber filosófico e do saber científico na topografia geral do conhecimento. Ao propor a superação do intelectualismo, Bergson lembra que a filosofia sempre evitou a compreensão direta da experiência, em função da tendência irresistível do entendimento em interpor sistemas conceituais na apreensão da realidade, tendência coextensiva ao saber científico. A filosofia bergsoniana convida, nesse sentido, a um ato simples do espírito, de contato imediato e "desimpedido" com o real, mas a um ato paradoxalmente reflexivo a fim de romper os hábitos do entendimento, ou ainda, a fim de "inverter a marcha habitual do trabalho do pensamento". É assim que, ao se colocar filosoficamente contra a intelectualização do tempo e contra o primado da estabilidade do Ser, Bergson renuncia à construção de um "sistema" no sentido clássico, de uma complexa maquinaria de conceitos. A metafísica, para Bergson, deveria afinal prescindir dos símbolos, embora precise fazer uso deles para afastar o véu que se sobrepõe à experiência. Nesse sentido, a expressão filosófica – e esse é o ponto que nos interessa aqui – deve operar através de um regime *sugestivo* ou *alusivo* da linguagem, exigindo sua reinvenção. Se é indevido o rótulo do bergsonismo como filosofia irracional (ou o preconceito de espiritualismo vulgar), talvez não o seja aquele proposto por Simon Frank, que classifica o pensamento de Bergson como *transracional*;[7] não se trata aqui de sutileza teórica, pois Bergson nunca questionou o caráter indispensável do entendimento para a própria realização do pensamento filosófico. Sua filosofia apenas subordinou a intervenção das formas conceituais da linguagem do entendimento na compreensão da experiência – pois aquilo que é útil à nossa sobrevivência e se revela adequado ao conhecimento instrumental não corresponde à verdade na metafísica. Como sustentam vários comentadores, o advento dessa metafísica "pré-teórica" ou "pré-reflexiva" encontrou respaldo nas constatações das novas ciências da vida, cuja evidência empírica pôde fornecer um modelo alternativo ao matemático-geométrico para

---

[7] Simon Frank. "L'Intuition Fondamentale". *In: Essais et témoignages*.

a própria genealogia filosófica do real. Bergson reconhecia essa adesão da filosofia, consciente ou não, à problemática científica de sua época correspondente:

> Sem dúvida, os problemas de que o filósofo se ocupou são os problemas que se punham em seu tempo; a ciência que ele utilizou ou criticou foi a ciência de seu tempo; nas teorias que expôs poderemos reencontrar, se procurarmos, as ideias de seus contemporâneos e de seus antecessores. Como poderia ser de outra forma?[8]

Assim, é a partir dessa polêmica maior em que a filosofia estava inscrita, ou seja, a partir da reconfiguração de seu sentido mais amplo de expressão cultural – com o recurso à arte, por um lado, e com a influência de um novo modelo científico, por outro – que a noção de tempo se torna objeto primordial de especulação para o projeto de refundação da metafísica. O que interessa enfatizar é que tal crise do gênero conceitual induziu a filosofia bergsoniana a uma renovação da linguagem, a fim sugerir de modo preciso (e não exato) a experiência qualitativa do tempo.

Debussy e crise da tonalidade

Na mesma época em que essa cena filosófica se apresenta a Bergson, Debussy depara-se, no contexto da linguagem musical, com a *crise do sistema tonal*, sistema até então compreendido como uma espécie de "segunda natureza" sobre a totalidade da organização sonora, ou seja, sistema considerado como o idioma intrínseco à própria razão e afetividade musical. De fato, a teoria fisicalista do som escrita por Rameau no século XVIII havia atribuído um caráter eterno à tonalidade, sistematizando a prática musical já em curso e reivindicando

---

8 Henri Bergson. *A intuição filosófica*, p. 57.

a descoberta da lei fundamental da harmonia. Essa organização da tonalidade – baseada, por exemplo, na estereotipia dos intervalos, na preparação e resolução das dissonâncias, no uso quase exclusivo das escalas diatônicas e do esquema antecedente-consequente, nas progressões fixas de acordes e na antecipação de estruturas reconhecíveis pelo ouvinte – assegurou as pretensões idealistas para a constituição de uma gramática de sentimentos, e seu jogo de expectativas formais configurou um modo particular de apreensão de tempo musical.[9] Apesar do surgimento de acordes que suspendiam temporariamente a sensação de tonalidade, a premissa da cadência perfeita (o movimento conclusivo entre dominante-tônica que fundamenta o discurso tonal) sempre esteve no horizonte dos procedimentos composicionais da música pelo menos desde o século XVI. Todavia, em função do próprio desenvolvimento histórico do material musical, a tonalidade parece atingir o limite de suas possibilidades expressivas a partir da segunda metade do século XIX, com a radicalização da melodia infinita e dos efeitos de modulação contínua engendrados pela ópera wagneriana. Sensível a essa desagregação, a obra de Debussy procura lentamente romper com as estruturas tradicionais da sintaxe harmônica, produzindo uma nova ambientação temporal, não mais atrelada às expectativas funcionais anteriores, mas caracterizada por uma temporalidade que muda continuamente de significação, tendo em vista sua concepção radical de forma: trata-se aqui de "um tempo musical que ignora os fantasmas herdados do classicismo, [como] simetria, periodicidade, unidade, esquemas e categorias".[10] Abalando noções que permaneciam musical-

---

9 Pretensões que ficam bastante claras, por exemplo, no capítulo 3 de *O mundo como vontade e representação*, de Schopenhauer.

10 André Boucourechliev. *Debussy: La révolution subtile*, p. 14. O autor procura desmistificar o Debussy "impressionista", portador da "evanescência" ou de uma "vaporosidade musical". O estilo objetivo de sua escrita, que manifesta uma preocupação timbrística sem precedentes, resiste a esse perigoso "anátema de evanescência". Sob essa perspectiva, Adorno teria caído também nessa armadilha, ao ver na produção de Debussy uma pseudomorfose com a pintura impressionista.

mente invioláveis e utilizando uma retórica composicional que evita, por exemplo, a ideia de desenvolvimento temático, Debussy consegue ainda manter uma organização do discurso musical que não compromete a percepção subjetiva de continuidade, ao contrário de procedimentos musicais posteriores como o atonalismo e a técnica dodecafônica. Esses procedimentos, respondendo igualmente à crise aberta pelo esgotamento do sistema tonal, marcariam o divórcio entre construção formal e percepção subjetiva de continuidade.

Temporalidade em Debussy

De fato, Liszt e Wagner já acenam a uma ruptura com a tonalidade, pelo uso extenso dos cromatismos. Com Debussy, no entanto, a própria definição da tonalidade acaba por se comprometer, quando sua música passa a incorporar a generalização da dissonância, a descontinuidade das linhas melódicas, o uso da escala estranha como a de tons inteiros, o desmantelamento da regularidade métrica. Ora, na medida em que são rompidas as regras do encadeamento harmônico tal como Max Weber descreve em *Fundamentos racionais e sociológicos da música*, a expectativa da temporalidade musical imposta pela tradição também é questionada. Dada a permanência das dissonâncias sem perspectiva de resolução e a ausência de um centro estável e polarizante, cria-se um regime de tempo musical sem retorno, "atomizado", em que "o movente e o instante brotam na música". O compositor realiza com isso a *reinvenção da linguagem*, a fim de captar, pelo uso *sugestivo* do material musical, o imediato da experiência marcado pelo jorro contínuo de criação. Ao abandonar a repetição melódica e o desenvolvimento temático, Debussy abre caminho para uma nova concepção musical, em que os pontos de referências formais, se não eliminados completamente, ficam diluídos no próprio discurso. A concepção de uma temporalidade reversível, portanto, baseada na antecipação de estruturas preestabelecidas (como acontece na forma sonata, por exemplo) deixa de ser obrigatória: atinge-se com isso a pura irreversibilidade do tempo, como afirmará anos mais tarde Boulez. A música de Debussy parece assim não apresentar um fim, e "a obra cessa como a visão de um quadro a partir do qual nos afastamos".[11] Cabe enfatizar que, apesar dessa eliminação de referências formais, o ideal de *fluxo qualitativo*, como Adorno sustenta, não é sacrificado em Debussy, pois o tempo da experiência vivida, a duração que marcaria intimamente a dialética tonal, é conservada.

Bergson e Debussy

Tendo em vista o diagnóstico das crises regionais na filosofia e na música e a consequente renovação qualitativa da noção de tempo, podemos desde já observar as relações entre Bergson e Debussy. Em primeiro lugar, é justamente na percepção dessa nova temporalidade musical que a concepção bergsoniana de tempo nos parece esclarecedora, já que em Debussy observamos o contato com a experiência concreta da duração criadora no próprio gesto composicional. Em outras palavras, o tempo auditivo, derivado de uma *forma aberta*,[12] aqui se aproximaria da duração em seu caráter imprevisível, imanente, criador. Evitando o jogo de expectativas formais da tradição (como a apresentação clara de antecedentes e consequentes, o desenvolvimento temático), Debussy sublinha a distinção bergsoniana entre o tempo-espaço formalizante e a duração, no ato de criação. Podemos afirmar, com Enrico Fubini, que a música de Debussy

> representa a mais extraordinária encarnação artística de uma concepção de tempo que não é arquitetônica e espacial, mas,

---

11 Theodor Adorno. *Philosophie de la nouvelle musique*, p. 193.

12 Para Jean Barraqué, Debussy teria inventado a *forma aberta*, ou seja, "um procedimento no qual as noções mesmas de exposição e desenvolvimento coexistem em um fluxo sem interrupção, permitindo que a obra que seja induzida por si mesma, sem o recurso a modelos pré-estabelecidos" (Barraqué. *Debussy*, p. 184).

antes, uma concepção orgânica e vitalista, próxima de certa forma à concepção bergsoniana de tempo.[13]

Esta nova encarnação artística, que rejeita o *pathos* romântico ao mesmo tempo em que procura a novidade na *emoção* do instante, questiona a legitimidade de uma linguagem musical travestida de "segunda natureza", sem abandonar, porém, os preceitos de continuidade e reminiscência que asseguram o efeito de uma constituição orgânica de tempo musical. Como o próprio compositor esclarecia, seu método sempre procurou "fazer alguma coisa que fosse inorgânica na aparência mas bem *organizada* em seu núcleo",[14] ou seja, algo que provocaria o distanciamento com a segunda natureza forjada pela tonalidade, sem prejuízo da fluência discursiva.

A escolha do quadro conceitual bergsoniano para compreender a temporalidade em Debussy não nos parece casual por uma série de razões. Bergson descrevia a música de Debussy como música da duração (...), que acompanha e exprime a corrente única e ininterrupta da emoção dramática e por ela confessava uma predileção intuitiva.[15] Não são raros os testemunhos da primeira metade do século que indicam uma relação entre a psicologia bergsoniana e a música de Debussy; seja tanto pela subordinação de elementos quantitativos em nome da qualidade pura e particularizada, seja pela recusa da retórica tradicional, Debussy cria uma expressão mais econômica em seus meios, concentrada na emoção criadora do instante. Outros comentários, como aquele de Adorno, sugerem uma certa conotação bergsoniana na liberdade formal de Debussy. Em *Filosofia da vova música*, texto fundamental para a estética musical da primeira metade do século, Adorno utiliza justamente esta expressão "bergsonismo musical" para

---

13 Enrico Fubini, *Revista estudos avançados USP* n. 28, p. 348.

14 Jann Pasler. *Jeux:* Playing with Time and Form in 19th Century Music – Summer 1982, p. 69.

15 Depoimento à biografia de André Suarés sobre Debussy. Henri Bergson. *Mélanges*, p. 844.

designar aquilo que entende como tempo musical subjetivo, codificado na música ocidental pelo menos desde o advento da polifonia. O bergsonismo musical seria aquilo que separa, por exemplo, a música de Debussy e a de Stravinsky. Enquanto Stravinsky prepara o "fim do bergsonismo musical jogando o tempo-espaço contra o tempo-duração", estabelecendo uma temporalidade marcada por constantes choques de métrica, que tendem a dissolver a ideia de percepção contínua e orgânica de tempo, Debussy ainda produz uma ambientação sonora reconhecível pela consciência. Sua música desnuda o confronto permanente entre tempo musical interno e o tempo exterior/cronológico. Ou seja, nas palavras de Michel Imberty,

> pela primeira vez na música ocidental, um músico inventa uma linguagem, não para dominar o tempo cronológico ou para se apoderar dele como tempo próprio de sua aventura interior e de seus sonhos, mas para exprimir a impossibilidade de dominá-lo.[16]

Observação final

Sabemos que as metáforas musicais de Bergson dizem respeito, em larga medida, à simples transição melódica, sem maiores preocupações com os demais elementos da organização musical. Considerando estritamente a melodia enquanto expressão privilegiada da duração, poderíamos encontrar aí um obstáculo na constatação do "bergsonismo" em Debussy.[17] Pois realmente não podemos falar de continuidade melódica em pe-

---

16 Michel Imberty. *Les Écritures du Temps, apud* Eve-Norah Pauset, *Temps et Recit chez Gustav Mahler:* une lecture croisée de Theodor W. Adorno et Paul Ricoeur (tese de doutorado, Université de Lille III).

17 Embora a transposição de tais metáforas para o plano harmônico e rítmico seja bastante plausível, o que tende a relativizar a suposta primazia da melodia sobre a harmonia nas metáforas bergsonianas. Philippe Soulez, por exemplo, insiste que, em *Matéria e memória*, a dispersão da vida mental

ças como *La Mer, Jeux,* as *Images,* os cadernos dos *Preludes,* sobretudo no que se refere àquela progressão sugerida pelas metáforas de Bergson, ou seja, que pressupõem desenho melódico bem definido, com certo desenvolvimento temático e pulsação regular. Já no *Prelúdio para a tarde de um fauno* (1894), manifestava-se o desejo de reorganização do fluxo musical-narrativo pelas transgressões em relação à harmonia funcional, o que consolidaria posteriormente os alicerces para uma nova concepção de tempo na música ocidental.

No entanto, apesar desses modelos melódicos atomizados, Debussy conseguiria sustentar a ideia de *tendência* ou de bergsonismo musical, refratária ao estatismo e à espacialização das formas (estatismo e espacialização que em Stravinsky, por exemplo, aparece na *Sagração da primavera*). Reconfigurando o material depositado na linguagem tonal, trabalhando-a por assim dizer em registro *alusivo,* Debussy privilegia e dilata o instante, sem provocar, no entanto, a fragmentação discursiva. Ou seja, a superação da dicotomia entre continuidade-descontinuidade, entre multiplicidade qualitativa e quantitativa que caracteriza o pensamento de Bergson, também estaria presente no cerne do pensamento musical de Debussy. Essa superação e ambiguidade foi claramente percebida por Jankélevitch, que além de ter sido comentador de Bergson, escreveu três livros sobre a obra de Debussy. Sobre essa ambiguidade do contínuo e do múltiplo que está tanto na obra do filósofo quanto na do compositor, Jankélevitch escreveu certa vez:

> É preciso dizer que Debussy supera a alternativa do contínuo e do descontínuo. Um devir contínuo progride graças aos instantes descontínuos que o propulsionam: mas estes instantes são inumeráveis; uma mudança contínua resulta das mutações intermitentes que a colocam em marcha: mas estas mutações im-

em "tons" (alturas) diferentes do topo à base do cone, do plano da ação ao plano do sonho, assegura também uma visão "harmônica" da duração. (Soulez e Worms. *Bergson: Biographie,* p. 103).

perceptíveis são infinitas... não estaria aí, afinal de contas, toda a ambiguidade da duração bergsoniana...?[18]

Trata-se da mesma ambiguidade que traz, afinal, como maior benefício à filosofia, uma força inequívoca de precisão.

---

18 Jankélevitch. *La vie et la mort dans la musique de Debussy,* apud Imberty. *La musique creuse le temps,* p. 386.

A ilusão do movimento e a miragem do tempo

Geovana da Paz MONTEIRO[1]

> Nada mais de estados inertes, nada mais de coisas mortas; apenas a mobilidade da qual é feita a estabilidade da vida. Uma visão desse gênero, na qual a realidade aparece como contínua e como indivisível, está no caminho que leva para a intuição filosófica. BERGSON, H. *A intuição filosófica.*

Para Anderson

Afirmar que a mudança constitui o mundo físico não é, aos olhos de Bergson, algo trivial. Segundo pensa o filósofo, embora de um modo geral todos estejam de acordo quanto ao fato de nada permanecer sempre idêntico, não percebemos em verdade a mudança. "Dizemos que a mudança existe, que tudo muda, que a mudança é a própria lei das coisas: sim, dizemo-lo e repetimo-lo, mas temos aí apenas palavras,

---

[1] Mestre em Filosofia pela Universidade Federal da Bahia (UFBA) sob a orientação dos professores Dr. Olival Freire Júnior e Dr. João Carlos Salles Pires da Silva.

e raciocinamos e filosofamos como se a mudança não existisse".[2] Sendo assim, se nos propuséssemos a analisar os argumentos contra a realidade do movimento, veríamos que a percepção do movente se realiza, na maioria das vezes, a partir de um misto espaço-temporal. A filosofia bergsoniana, ao longo do seu desenvolvimento, poderia, então, caracterizar-se pela tentativa de desfazer esse amálgama para, com isso, sugerir à consciência uma percepção ampla da verdadeira mudança.

Para Bergson, desde que o grego Zenão de Eleia (cerca de 504/1 -? a.C.) elaborou seus famosos paradoxos em favor da imobilidade, o movimento tem sido representado espacialmente. Conforme aquele pré-socrático, um movimento poderia ser indefinidamente dividido. De fato, ao representarmos o trajeto de um móvel que saia do ponto A em direção ao ponto B, podemos sem dificuldades imaginar a divisão do espaço percorrido em qualquer número de partes, além de também podermos identificar os pontos percorridos pelo móvel a etapas do seu movimento. Haveria nisso algum obstáculo à verdadeira mudança? Contrariando a defesa de Zenão, Bergson nos propõe: "representar-nos-emos toda mudança, todo movimento, como absolutamente indivisível".[3] Sua proposta faz-se perfeitamente compreensível se aceitarmos que toda associação do movimento ao espaço será arbitrária, que o movente jamais coincidirá com o imóvel. Tampouco o objeto que se move poderia ser associado ao trajeto percorrido, uma vez que o objeto esteja em movimento e o trajeto estático. Um movimento a se fazer permaneceria, então, indecomponível. Ora, Bergson dirá que demonstramos a possibilidade do movimento movimentando-nos; logo, não poderíamos representar uma sucessão temporal de posição em posição, teríamos assim apenas uma justaposição espacial, restando o tempo que corre, incapaz de ser imobilizado porque não espera.

Porém, a contestação de Bergson para os argumentos zenonianos não implica a negação da divisibilidade indefinida do espaço percorrido, – o que o filósofo não admite é a divisibilidade do ato se fazendo, uma

---

2 Henri Bergson. *O pensamento e o movente*, p. 150.

3 *Op cit.*, p. 164.

vez que este seja, para ele, a própria mudança.[4] Ocorre que, embora o espaço seja de fato ocupado pelo móvel, o ato que o transpõe de uma posição à outra não seria, ele próprio, espacial. Em suma, o ato, isso é, o movimento percebido independentemente do espaço, seria concebido apenas qualitativamente; portanto não poderia se associar ao espaço, meio homogêneo onde se desenrola o movimento.[5] Contudo, para que a física represente matematicamente um movimento qualquer, a fim de medir determinado intervalo de tempo, precisa espacializá-lo. Mas, assim, "a ciência só incide no tempo e no movimento com a condição de eliminar, antes de mais, o elemento essencial e qualitativo do tempo a duração, e do movimento a mobilidade".[6]

Com efeito, ao que parece, o menos relevante para a ciência é a percepção. Não só a ciência: há muito a filosofia teria se afastado da percepção para se aproximar das ideias. Segundo Bergson, os eleatas abriram caminho a esse afastamento a partir de suas críticas à percepção do devir, ou seja, ao conhecimento sensível de um modo geral como sendo uma experiência enganadora.[7] Tais filósofos teriam condenado a filosofia à procura de um mundo inteligível capaz de explicar o mundo físico. Admitindo para os fenômenos um caráter superficial, teriam posto a inteligência e seus conceitos em primeiro plano, esquecendo-se, portanto, de olhar para os fenômenos imediata e profundamente per-

---

4 "Não lidamos aqui com uma coisa, mas com um progresso: o movimento, enquanto passagem de um ponto a outro, é uma síntese mental, um processo psíquico e, por conseguinte, inextenso. No espaço em que se considere o móvel, obter-se-á somente uma posição. Se a consciência percepciona outra coisa além de posições é porque se lembra das posições sucessivas e as sintetiza". (Henri Bergson. Ensaio sobre os dados imediatos da consciência, p. 79).

5 "Quase sempre se diz que um movimento acontece no espaço, e quando se classifica o movimento homogêneo e divisível é no espaço percorrido que se pensa, como se se pudesse confundir com o próprio movimento". *Idem, Ibidem.* Cf. O pensamento e o movente, "A percepção da mudança".

6 *Idem. Ensaio sobre ...*, p. 81.

7 Cf. *Idem*. A evolução criadora, p. 333.

cebidos.[8] É assim que a teoria da relatividade restrita de Albert Einstein aparece a Bergson como um caso exemplar dessa extrapolação da experiência, tanto por parte dos físicos, quanto por parte daqueles que a erigiram ao nível metafísico, estabelecendo entre o real e o concebido, o fictício, uma identidade que, aos olhos do filósofo, não se sustenta ao apelo essencial da intuição.

Segundo o princípio galileano da relatividade do movimento, todos os sistemas inerciais[9] são equivalentes no que concerne à descrição do movimento, ou seja, de acordo com esse princípio, determinar a velocidade de um objeto qualquer em movimento retilíneo uniforme só teria sentido se feito relativamente a um sistema de referência. Se é assim, tanto faz afirmar que um trem se move em velocidade constante relativamente à estação, quanto a estação relativamente ao trem, o que poderia ser denominado, então, um movimento bilateral. Aqui nos encontramos em um ponto de vista completamente físico. Se partíssemos para uma reflexão de natureza psicológica, para além da mera medida quantitativa, haveria um conteúdo qualitativo essencial a cada espécie de mudança.[10] Desse modo, ao tomar como parâmetro de apreensão do *movente* tal conteúdo, Bergson sustenta não haver aí bilateralidade de movimentos para dois sistemas quaisquer; pois, ao partir de si mesma

---

8 Quanto às críticas de Bergson aos filósofos gregos conferir *A evolução criadora*, capítulo IV, e "A percepção da mudança", *O pensamento e o movente*.

9 Sistemas inerciais ou galileanos são aqueles cujo movimento retilíneo uniforme é sempre determinado em relação a outro sistema suposto em repouso com relação ao primeiro. Em tais sistemas, portanto, as leis da mecânica são igualmente aplicadas. (Cf. Landau e Rumer. *O que é a teoria da relatividade*, p. 25-37).

10 Para Bergson, o movimento é o fato que determina a própria essência da realidade – sendo duração e movimento quase termos sinônimos – dos estados de consciência ao devir universal é sempre de transformações incessantes que ele fala e, portanto, de movimento. A visão bergsoniana da realidade é radical, uma vez que, para o filósofo não haveria imobilidade em parte alguma. (Cf. Regina Rossetti, *Movimento e totalidade em Bergson*, p. 18).

em repouso, a consciência sempre atestaria, através da percepção, uma disparidade entre ambos os sistemas.

Expliquemos com um exemplo de *Duração e simultaneidade*:[11] na objeção de H. Morus a Descartes a respeito da reciprocidade do movimento, o primeiro é partidário da percepção imediata que lhe transmite uma unilateralidade. Ou seja, para Morus, à medida que esteja acomodado em sua poltrona e um outro homem dele se afaste mil passos, seria um fato que este homem, cansado de andar, se mova, ao tempo que ele, Morus, tranquilo em sua cadeira, esteja a repousar. Em contrapartida, o movimento percebido "de fora" apareceria como uma reciprocidade de deslocamento aos olhos do cientista, e isto é um fato.[12] Entretanto, segundo acredita Bergson, a alteração que se produz no interior da consciência não se explica ou se mede ao recurso de um deslocamento, isto é, de uma mera mudança de lugar no espaço.[13] O mesmo exemplo fora dado por Bergson anos antes em *Matéria e memória*, acrescido de outras afirmações fundamentais acerca do movimento. A primeira diz que "todo movimento, enquanto passagem de um repouso a um repouso, é absolutamente indivisível".[14] Nessa passagem de um ponto a outro, o móvel "atravessa", por assim dizer, o espaço. Embora seja o espaço, meio vazio homogêneo, infinitamente divisível – e, desse

---

11 Cf. *Duração e simultaneidade*, p. 37.

12 Descartes fora o primeiro a falar em reciprocidade do movimento; nesse sentido, Bergson dirá que Einstein é um seu continuador (Cf. *Idem, Ibidem*, p. 37). Nos *Princípios da filosofia*, II, § 29, Descartes afirma: "Ora, se entendemos 'lugar' no seu verdadeiro sentido [...], há que determiná-lo mediante os corpos imediatamente contíguos àquele que se diz estar em movimento e não mediante aqueles que estão extremamente distantes, como as estrelas fixas relativamente à Terra".

13 Quanto a isso, as palavras de André Robinet são esclarecedoras: "A experiência imedita do movimento permite apreender a mobilidade enquanto passagem, como progresso. E cada ser é animado por sua própria mobilidade" (André Robinet. *Bergson*, p. 23).

14 Henri Bergson. *Matéria e memória*, p. 219.

modo, os pontos da linha imaginariamente traçada pelo móvel seriam passíveis de tal divisibilidade –, o movimento propriamente dito, isto é, o ato, não se submeteria à fragmentação. "O que facilita a ilusão é que distinguimos momentos no curso da duração, assim como posições no trajeto do móvel".[15] Tais momentos seriam meramente artificiais, ou seja, seriam instantes recortados do fluxo contínuo, embora heterogêneo, da duração.[16]

Outra afirmação importante e que deriva da análise e refutação dos argumentos de Zenão é a de que "há movimentos reais".[17] De um ponto de vista matemático, não haveria inconvenientes em se admitir a relatividade do movimento, sendo então possível, ao gosto do observador, imobilizar ou mover determinado referencial. Entretanto, passando-se para considerações acerca do mundo físico, "o movimento, qualquer que seja a sua natureza íntima, torna-se uma incontestável realidade".[18] Conquanto matematicamente –, ou, se quisermos, simbolicamente,– não haja uma garantia de que determinado objeto esteja em movimento e não outro objeto qualquer relacionado ao primeiro, ninguém contestaria seriamente, é o que pensa Bergson, que o universo muda e que tal mudança seja percebida pela consciência de nossa própria mudança.[19] "Vale dizer que toco a realidade do movimento quando ele me aparece, interiormente a mim, como uma mudança de *estado* ou de *qualidade*".[20] Assim, o movimento mecanicamente compreendido não passaria de uma abstração, de uma medida comum a todos os movimentos.

Em contrapartida, compreendido em si mesmo, isto é, intuitivamente, um movimento seria sempre indivisível. Remetendo-se em *Du-*

---

15 *Op cit.*, p. 222.

16 Nas palavras de Bergson, "a indivisibilidade do movimento implica portanto a impossibilidade do instante" (*Idem, Ibidem*).

17 *Op cit.*, p. 226.

18 *Idem, Ibidem*.

19 *Op cit.*, p. 227.

20 *Op cit.*, p. 229-230.

ração e simultaneidade à "Introdução à metafísica" (1903), Bergson nos faz recordar um de seus textos mais iluminadores acerca dessa percepção interior, isto é, dessa intuição do movimento. Ali o filósofo nos diz que a função do metafísico é a de estabelecer esse contato com o interior do movente, contato tal que escaparia aos interesses da ciência, embora deva ser conveniente à filosofia. Ao filósofo, ele afirma,

> [...] a realidade profunda de um movimento, nunca pode lhe ser mais bem revelada do que quando ele próprio realiza o movimento, quando o *percebe* sem dúvida ainda de fora como todos os outros movimentos, mas, ademais, *apreende-o* de dentro como um esforço, do qual apenas o vestígio era visível.[21]

O filósofo, tal como o cientista ou o mais comum dos homens, perceberia o movimento no espaço e pelo espaço. Sendo a percepção sempre mista, o esforço do filósofo deverá se direcionar a ultrapassar a condição cuja humanidade lhe impõe, ou seja, a do apego às formas fixas. Seu labor deverá consistir em apreender o movimento, além de percebê-lo superficialmente. E tal apreensão não seria mediada pelo espaço, ao contrário, seria a apreensão imediata na duração, apreensão de um absoluto. Mas, tais considerações se deteriam aqui a uma experiência estritamente pessoal, ou seja, intuitiva, não interessando à investigação física do mundo o conteúdo qualitativo que revestiria toda forma de mudança.[22] Com efeito, movimento absoluto, experiência interna, intuição metafísica, nenhum destes termos é relevante à construção da ciência física. Afinal, movimentos percebidos de dentro não se

---

21 Henri Bergson. *Duração...*, p 38 (Grifo meu).

22 "Tudo o que a ciência poderá nos dizer da relatividade do movimento percebido por nossos olhos, medido por nossas réguas e nossos relógios, deixará intacto o sentimento profundo que temos de realizar movimentos e de fornecer esforços dos quais somos os dispensadores" (*Op cit.*, p 37).

prestariam à mensuração. E se "a ciência tem por função medir",[23] o que ela faria com uma intuição metafísica?[24]

É assim que, para Bergson, Descartes reflete em seu exemplo a figura do homem de ciências, isto é, do *homem inteligente*, enquanto que, ao lhe objetar a reciprocidade do movimento, Morus assume as vestes do metafísico, que não precisa ser inteligente no sentido que Bergson imprime a esse termo. Pensando como Morus, atendo-se aos dados imediatos, a consciência seria capaz de perceber sutilmente a continuidade qualitativa, embora não sem observá-la vinculada à extensão. A reflexão de Bergson então se clarifica:

> [...] se cada corpo, tomado isoladamente e delimitado ali onde nossos hábitos de percepção o terminam, é em grande parte um ser convencional, como poderia ser diferente com o movimento que supostamente afeta esse corpo isoladamente?[25]

A argumentação do filósofo se anuncia como uma defesa da percepção interna do movimento. Afinal, se a exterioridade é de tal sorte apreendida e fixada pelas convenções científicas, o que garantiria a efetividade do movimento relativo radical? O que garantiria que ele também não passa de mais uma convenção? A percepção interna, ao contrário, certamente garantiria à consciência um movimento absoluto, qual seja, aquele que se dá internamente a ela. Por outro lado, a percepção de um movimento externo lhe atestaria uma mudança no universo, embora tal certeza viesse a se aplicar apenas a mudanças de posição recíprocas. Sendo assim, do ponto de vista científico, todo movimento seria relativo, o que equivale a dizer, para Bergson, que todo

---

23 Henri Bergson. *Duração*..., p 39.

24 "A ciência só pode e só deve reter da realidade o que está esparramado no espaço homogêneo, mensurável, visual. O movimento que ela estuda é portanto sempre relativo e só pode consistir numa reciprocidade de deslocamento". (*Idem*, Ibidem).

25 *Op cit.*, p. 44.

movimento externa e superficialmente percebido é relativo, portanto, recíproco.[26] Então, quando falamos de um deslocamento no espaço, sem dificuldades podemos associá-lo a dois sistemas S e S recíprocos. Por outro lado, se pensarmos em movimentos internos, – e aí não estamos mais no ponto de vista científico, mas filosófico, imediatamente apreendidos pela consciência, – temos um movimento absoluto.

Em *Duração e simultaneidade*,[27] Bergson retoma uma noção desenvolvida outrora em *A evolução criadora*, a saber: o mecanismo cinematográfico do pensamento, segundo o qual o movimento poderia ser repartido em estados imóveis e em seguida restituída sua mobilidade através da percepção. Em suma, o mecanismo cinematográfico seria a tentativa de reconstituir a mudança a partir de imobilidades tal como ocorreria num cinematógrafo.[28] A série de imagens (instantes) recortadas e justapostas num filme já está sempre predeterminada, ou seja, nenhum instante previamente fixado se alterará durante seu processo de reprodução. Mas, para Bergson, na vida não é assim. O tempo real é duração e sucessão, portanto, indeterminável. "Se há sucessão e duração é justamente porque a realidade hesita, tateia, elabora gradualmente imprevisíveis novidades".[29] Entretanto, essa constatação não exclui a grande parcela de determinação que há no universo,[30] por meio da qual a ciência se realiza.

> [...] o que é predeterminado é algo virtualmente *já feito* e só dura por sua solidariedade com o que *se faz*, com o que é duração real e sucessão: é preciso levar em conta esse entrelaçamento, e vê-se então que a história passada, presente e

---

26 "Todo movimento – mesmo o nosso, enquanto percebido de fora e visualizado – é portanto relativo" (*Op cit.*, p. 45).

27 *Op cit.*, p. 174, § 3.

28 *Idem, A evolução...*, cap. IV.

29 *Idem, Duração...*, p. 175.

30 *Idem, Ibidem.*

futura do universo não poderia estar dada globalmente ao longo de um filme.[31]

Somente que a ciência não pode lidar com a imprevisibilidade, ao menos aquela nos moldes segundo os quais Bergson e sua época a concebiam. Dessa ciência estava excluída a indeterminação por ele proclamada. Um vez que seu objetivo fosse calcular para prever, o que poderia haver de indeterminado seria simplesmente algo ainda não percebido; ou seja, fenômenos até então ignorados pela racionalidade humana, tal como, diria Bergson, uma quarta dimensão do espaço, perfeitamente concebível matematicamente, embora não perceptível ao senso comum. Para o filósofo, essa dimensão matemática que se aplica aos cálculos da relatividade restrita, que é o tempo transformado em espaço, não abrangeria o essencial, a saber, uma continuidade de invenção e criação.[32] Eis a passagem em que ele deixa clara sua posição:

> O tempo é para mim o que há de mais real e de mais necessário; é a condição fundamental da ação que estou dizendo? É a própria ação; e minha obrigação de vivê-lo, minha impossibilidade de alguma vez saltar o intervalo de tempo por vir, bastaria para me demonstrar caso não tivesse o sentimento imediato disso que o porvir é realmente aberto, imprevisível, indeterminado.[33]

---

31 *Op cit.*, p. 175-176.

32 *Op cit.*, p. 180. Essa definição do tempo como criação é retomada por I. Prigogine, ou seja, a ideia de um tempo que exclui toda repetição porque irreversível, o que Prigogine vai chamar de um "tempo bifurcante" (Cf. Ilya Prigogine e Isabelle Stengers, I. *A nova aliança*). Merleu-Ponty também admite que "Bergson talvez tenha deformado a física relativística, mas a física torna-se bergsoniana. A ideia de crescimento da entropia nada significa sem um sentido positivo do escoamento do tempo psicológico" (Maurice Merleau-Ponty. *A natureza*, p. 178).

33 BERGSON, H. *Duração e simultaneidade*, p. 180.

Portanto, a irreversibilidade do tempo cotidianamente constatada, irreversibilidade criativa, nada teria de mera construção dialética para uma metafísica. O filósofo diria: a metafísica envolvida na questão do tempo fora construída, em verdade, por essa física do espaço, que converte tudo o que é virtual em real. Mas ela remonta a muito mais longe: fora Platão o primeiro a atribuir ao tempo e sua duração uma negatividade. Platão, conforme Bergson, "[...] considerava o tempo uma simples privação de eternidade".[34] Assim, a ideia de que o conhecimento racional extrapola essa esfera meramente temporal, esfera transitória da realidade, assimila-se perfeitamente à inteligência, ou àquilo que Bergson, em *Duração e simultaneidade,* denomina como "nosso entendimento". As leis estáticas por este estabelecidas, a partir do fluxo qualitativo do real, são justamente uma extrapolação do tempo que dura. E sendo assim, a dialética ascendente de Platão rumo ao mundo das formas é o ápice ao qual se destinaria nossa inteligência. E [...] se a inteligência tem por essência extrair leis, é para que nossa vontade tenha maior domínio sobre as coisas.[35] Entretanto, nessa função, a inteligência trata a duração negativamente embora seja ela, para Bergson, [...] o que há de mais positivo no mundo.[36]

Porém, o pensamento não se restringe ao mecanismo cinematográfico da inteligência, isto é, o pensamento pode ir além das leis e formas fixas e, assim, tocar integralmente o real, "[...] e a integralidade de nossa experiência é duração".[37] Saímos, dessa forma, segundo Bergson, de uma experiência intelectual, quase sempre se dando no espaço, em direção à experiência intuitiva, inteiramente temporal. Portanto, a inteligência, ao contrário da intuição, que atinge um absoluto, é faculdade aberta às virtualidades que a coisa suscita à imaginação. Mas a primeira só opera no virtual a partir do real já feito, podendo, com isso, desconstruí-

---

34 *Idem, Ibidem.* Cf. *Idem*, p. 339-349.

35 *Idem, Duração...*, p. 181.

36 *Idem, Ibidem.*

37 *Idem, Ibidem.*

lo ao seu desígnio. Uma imagem bergsoniana a esse respeito poderia sugerir o que aqui tentamos expressar:

> Quando a casa estiver construída, nossa imaginação poderá percorrê-la em todas as direções e reconstruí-la igualmente colocando primeiro o teto para em seguida ir pendurando nele um por um todos os andares. Quem poria esse método no mesmo nível que o do arquiteto e o teria por equivalente? Examinando com atenção, veríamos que o método do arquiteto é o único meio efetivo de compor o todo, isto é, de fazê-lo; os outros, a despeito da aparência, não passam de meios de decompô-lo, isto é, em suma, de desfazê-lo; portanto, existem tantos quanto se queira. O que só podia ser construído numa certa ordem pode ser destruído não importa como.[38]

Essa tendência à ação constitutiva da inteligência é, na perspectiva bergsoniana, bastante razoável no que concerne aos problemas estritamente práticos. Com efeito, por seu intermédio a ciência deverá se guiar. Contudo, se é para a natureza da realidade que voltamos nossas especulações, isto é, para a "evolução verdadeira, o devir radical",[39] neste caso a praticidade deverá dar lugar à intuição. Mas nossa atitude natural para com o devir, dirá Bergson, caracteriza-se essencialmente pela tentativa de reconstituí-lo a partir de instantâneos abstraídos de movimentos qualitativamente variados. Sendo assim, pensamos e representamos a duração como um cinematógrafo, visto que o artifício de tal aparelho é reconstituir a partir das imagens instantâneas o movimento real. Porém, tais instantes são artificiais assim como a divisão que acreditamos realizar através do pensamento na realidade ela mesma. "Em vez de nos prendermos ao devir interior das coisas, postamo-nos fora delas para recompor artificialmente seu devir".[40] Para

---

38 *Op cit.*, p. 183.

39 *Idem. A evolução...*, p. 296.

40 *Op cit.*, p. 330-331.

Bergson, o instante é sempre uma virtualidade,[41] ou seja, uma miragem retrospectiva eficazmente utilizada para medir a duração. Todavia, "o tempo real não tem instantes";[42] portanto, não é passível de medida.

Como, então, um procedimento estritamente vinculado à ação, isto é, à obtenção de resultados funcionais, poderia nos levar ao conhecimento daquilo que se exime de toda prática intelectualmente articulada? O mecanismo cinematográfico está apto a nos proporcionar um conhecimento descontínuo. Portanto, desse método de apreensão da realidade deveria se apartars todo pensamento especulativo, ou seja, todo pensamento que vise à continuidade da duração. Pois, como dirá Bergson, "para avançar com a realidade movente, é nela que seria preciso reinserir-se".[43] É por que Aquiles não permanece estaticamente em ponto algum do seu trajeto que ultrapassa a tartaruga. Logo, não se poderia aplicar ao movimento aquilo que se aplicaria ao espaço percorrido, o primeiro indivisível enquanto ato que se faz.[44] O mecanismo cinematográfico, embora dê à consciência a impressão do movimento, jamais poderia reconstituí-lo. Do movimento real a consciência poderá ter uma percepção imediata se com ele se deixar mover. Afinal, como

---

41 Cf. *Idem. Duração...*, p. 62. A ideia bergsoniana de que o instante é um artifício da inteligência é veementemente contestada por G. Bachelard em seu ensaio *L'intuition de l'instant*, no qual, ao retomar o pensamento de Roupnel, afirma: "o tempo só tem uma realidade, a do instante". (p. 15) Bachelard defende uma concepção temporal completamente oposta a de Bergson. Para o primeiro, o tempo é uma experiência descontínua, de modo que à noção de duração como continuidade ele contrapõe a seguinte: "a duração é feita de instantes sem duração, como a reta é feita de pontos sem dimensão". (p. 20) Dando assentimento à teoria da relatividade de Einstein, Bachelard completa: "nos lembramos de termos sido, não nos lembramos de termos durado. O distanciamento no tempo deforma a perspectiva do comprimento, pois a duração depende sempre de um ponto de vista". (p. 34)

42 Henri Bergson. *Duração...*, p. 62.

43 *Idem, A evolução...*, p. 333.

44 *Op cit.*, p. 335.

ela reconstituiria um movimento que se esgota continuamente senão pelo que ele já não é? Mas, como vimos, "[...] repousos justapostos não equivalerão nunca a um movimento".[45]

Referência bibliográfica

BACHELARD, Gaston. *L'intuition de l'instant*. Paris : Éditions Stock, 1992.

BERGSON, Henri. *A evolução criadora*. Trad. de Bento Prado Neto. São Paulo: Martins Fontes, 2005.

_____. *Duração e simultaneidade*. Trad. de Cláudia Berliner. São Paulo: Martins Fontes, 2006.

_____. *Ensaio sobre os dados imediatos da consciência*. Trad. de João da Silva Gama. Lisboa: Edições 70, [S. d.].

_____. *Matéria e memória*. Trad. de Paulo Neves. São Paulo: Martins Fontes, 1999.

_____. *O pensamento e o movente*. Trad. de Bento Prado Neto. São Paulo: Martins Fontes, 2006.

DESCARTES, René. *Princípios da filosofia*. Lisboa: Edições 70, 1997 (Col. Textos Filosóficos).

MERLEAU-PONTY, Maurice. *A natureza*. São Paulo: Martins Fontes, 2006.

ROBINET, André. *Bergson*. Paris: Éditions Seghers, 1965.

ROSSETTI, Regina. *Movimento e totalidade em Bergson: A essência imanente da realidade movente*. São Paulo: Edusp, 2004 (Ensaios de cultura, vol 25).

PRIGOGINE, Ilya e STENGERS, Isabelle. *A nova aliança*. Brasília: Editora UnB, 1997.

---

45 *Op cit.*, p. 337.

Intuição, ciência e metafísica em Bergson

Aristeu MASCARENHAS[1]

A confusão significativa em torno ao conceito de *intuição* sempre foi um dos motivos recorrentes para as infindáveis dissensões entre metafísica e ciência, sobretudo no pensamento moderno. Com efeito, quando posta na condição de objeto de investigação, a intuição se apresenta sob tal diversidade significativa que dificilmente a história da filosofia teria condições de mostrar um objeto único a partir do qual se poderia buscar uma aproximação conceitual segura. Além disso, por maiores que sejam as afinidades eletivas entre autores em algumas correntes da tradição do pensamento filosófico, no que toca à intuição, certamente não se pode dizer que haja uma teoria desse conceito que seja aceita de forma generalizada. Daí a hesitação confessa de Bergson quanto à adoção do termo na sua própria filosofia. Tendo isso em mente, para levar a termo a pretensão aqui posta de investigar a relação entre ciência e metafísica, parece ser consequente iniciar por uma abordagem da *intuição* no pensamento de Bergson e sua distinção específica em relação ao uso moderno, sobretudo na filosofia kantiana.

Já nos *Ensaio sobre os dados imediatos da consciência* Bergson mostrava suas aceitações e recusas em relação à filosofia de Kant. Suas

---

1 Universidade Federal de São Carlos.

investigações nesse texto levaram-no a colocar em xeque os resultados obtidos por Kant na *Estética transcendental*, sobretudo a respeito do estatuto do *tempo* e do *espaço* como *formas* da intuição sensível, como *condições subjetivas* da nossa intuição ou condições necessárias de toda a experiência (interna e externa).[2] Se na sua primeira *Crítica* o autor alemão define essa intuição pelas suas duas *formas puras e a priori*, espaço e tempo – sendo o tempo hipostasiado como uma forma pura interna da experiência e o espaço tomado como meio homogêneo exterior de apresentação da realidade fenomênica à experiência –, em contrapartida, Bergson, no *Ensaio*, se referirá ao tempo como *"duração"* qualitativa e *heterogênea* da experiência interna e ao espaço como *forma homogênea* na qual se "desenrolariam" os estados matérias, ou seja, uma exterioridade sem sucessão e sem qualidade. Considere-se, aqui, a título de exemplo dessa descrição, *o esforço de um braço*, em que a unidade da percepção interna do tempo estaria dada numa *duração* do movimento de um estado a outro da mão, enquanto esse movimento se "desenrola" no espaço subdivisível, quantificável, mensurável. Vê-se, pois, que, se na definição de espaço como local onde se desenrola mensuravelmente o real, já aparece delineada uma distinção significativa em relação a Kant, no que diz respeito ao tempo, o rompimento é muito mais profundo. E o autor francês passa, como se sabe, a uma oposição radical entre essa dimensão da intuição kantiana, herdada da mecânica newtoniana, que será referida como tempo espacializado,[3] e o que ele irá

---

2 Pode-se ver o fundamento dessa crítica na afirmação kantiana acerca do tempo, extensível também ao espaço: "*O tempo é, pois, simplesmente, uma condição subjectiva da nossa (humana) intuição (porque é sempre sensível, isto é, na medida em que somos afectados pelos objectos) e não é nada em si, fora do sujeito*". Cf. Immanuel Kant. *Crítica da razão pura*. Trad. A. Morujão. Lisboa: Fundação Calouste Gulbenkian, 2001, §6. Afirmação que, certamente, o pensador da *duração* não corroboraria, sobretudo quando constata que *o mundo dura*; que há duração, por mais distendida que seja, também na matéria.

3 De fato, afirma Bergson: "o tempo que o astrônomo introduz nas suas formulas, o tempo que os nossos relógios dividem em parcelas iguais, este tem-

chamar de *"tempo real"* ou *"duração"*. Um tempo no qual os momentos se interpenetram e são qualitativamente distintos uns dos outros.

A questão é que, rompido com Kant e toda uma tradição moderna que trata o tempo nesses termos, o autor francês não pode, por conseguinte, aceitar desses a ideia de intuição, assim como uma teoria do conhecimento daí advinda. De fato, em um momento posterior, ao analisar o problema da intuição na doutrina kantiana, Bergson afirma, nas ultimas páginas de *A evolução criadora,* que:

> (...) essa dualidade de intuição, Kant não queria e, nem podia admiti-la. Para admiti-la, teria sido preciso ver na duração o tecido mesmo de que é feita a realidade e, por conseguinte, distinguir entre a duração substancial das coisas e o tempo espalhado em espaço.[4]

Tal excerto leva a pensar que é acima de tudo a descoberta da *duração* ou do *tempo real* que leva o autor francês a um *re*posicionamento do estatuto da intuição de forma a considerar o tempo a partir dos caracteres que ele a este atribuiu. De todo modo, não há mais como falar de intuição nos moldes modernos já que a noção de tempo, lá, está definida segundo *os termos do espaço*. Definição que, do ponto de vista do conhecimento, propicia um conjunto de ilusões, que por vezes acompanham tanto a ciência quanto a filosofia, sobretudo nas descrições do movimento. Dessa perspectiva, a caracterização do tempo *nos termos do espaço* implica em uma construção representativa insuficiente do real, pois oferece a um observador apenas "croquis" ou recortes instantâneos, imóveis, da realidade sobre os quais o entendimento analítico poderá montar seu aparato.

---

po, dir-se-á, é outra coisa; é uma grandeza mensurável e, por consequência, homogênea". Cf. Henri Bergson. *Essai sur les données immédiates de la conscience.* Paris: Presses Universitaires de France, 1948, p. 80.

4 Idem. *A evolução criadora.* Trad. Bento Prado Neto. São Paulo: Martins Fontes, 2005 p. 389.

Com efeito, operada essa crítica do tempo, seria necessário pensar conseguintemente a intuição como uma *intuição da duração* ou da *"fluidez contínua do tempo real que flui indivisível"*.[5] Razão pela qual Bergson buscará elucidar o papel desse *método* (ou faculdade) no seu pensamento já na "Introdução à metafísica", artigo de 1903 publicado originalmente na *Revue de Métaphysique et Morale*; antes, portanto, de se debruçar de forma mais detida sobre o problema da vida, que é índice mesmo de uma fluidez do tempo real. Parece, assim, que a "torção" no conceito de tempo operada lá no *Ensaio* tem forte repercussão nesse pequeno texto, pelo menos no que diz respeito à *re*formulação da sua concepção de intuição. Parece ser também a partir da especificação do papel desta *como método,* e sua posterior aplicação, que o autor se depara com a necessidade de *tornar mais precisa* sua posição acerca da *metafísica* e da *ciência,* assim como de estabelecer o papel específico que cada uma irá assumir no quadro geral de seu pensamento. De fato, nesse texto, pode-se obter de Bergson algumas imagens expressivas da sua ideia de intuição e do papel que esta irá assumir como *método* ou "faculdade" complementar de conhecimento.

E, aqui, a primeira dificuldade com que o leitor parece se deparar é que, à primeira vista, não há como "conhecer" a intuição senão pelo uso da própria intuição como método de conhecimento, uma vez que a intuição é, sobretudo, *intuição da duração*, a qual o método de análise por si só não toca. Além disso, torna-se inescapável falar de uma certa "anterioridade" da intuição na obra de Bergson, antes de sua caracterização ou explicitação como método. Ou seja, ao que tudo indica, há um uso do *método* da intuição antes mesmo da sua constituição *como método*. E o que se pode notar, por exemplo, na descrição das *sensações afetivas* ou do *sentimento da graça* no seu primeiro livro, o *Ensaio*, em que se invoca uma espécie de *"simpatia física"* em que *"coincidiriam"* sujeito e objeto.[6] De fato, é possível perceber uma certa

---

5 Idem. *O pensamento e o movente*. Trad. Bento Prado Neto. São Paulo: Martins Fontes, 2006, p. 146.

6 *Op cit. Essai sur...*, p. 10.

similaridade terminológica entre o esboço dessa descrição dos estados psicológicos e a posterior apresentação da intuição em "Introdução à metafísica". Leia-se: *"Chamamos aqui de intuição a simpatia pela qual nos transportamos para o interior de um objeto para coincidir com aquilo que ele tem de único"*.[7] Contudo, parece possível ao menos delinear os contornos do termo a partir de imagens aproximativas oferecidas ao longo dos seus textos. E, uma vez estabelecido o papel específico desse *método* ou "faculdade" de conhecimento na obra de Bergson, abre-se a possibilidade de divisar mais claramente o problema da relação entre *experiência e pensamento científico* e *experiência e pensamento filosófico* em termos significativamente satisfatórios tanto para uma *ciência* quanto para uma *metafísica*. Afinal, como levará a crer o autor francês, tanto a ciência como a metafísica – pelo menos uma *outra metafísica*[8] depurada pela crítica – podem atingir absolutamente seu objeto se a cada uma estiver estabelecido o lado que lhe cabe *de direito* das articulações do real.

Pois bem, adiantando a argumentação, o que se pode ver é que Bergson reservará à ciência e ao seu método por excelência – a análise – o espaço, a simultaneidade, a quantidade e o descontínuo. E que à metafísica e seu método próprio, que é intuição, caberá de direito o espírito, o tempo, a sucessão, a qualidade, a continuidade, enfim, a duração real. Vê-se, com isso, que, referidos à noção de intuição, aparecem quase sempre os termos que acompanham a ideia bergsoniana de *duração real* ou de *tempo real*. E vale ressaltar que o tempo

---

7 Idem. *O pensamento*..., p. 187. Parece ser essa, também, a posição assumida por Bento Prado Jr. ao afirmar sobre a *graça* que: "Antes mesmo de estabelecer explicitamente a teoria da intuição como *pensée em durée*, está já aqui o procedimento em todos os seus pormenores". Prado Jr., Bento. *Presença e campo transcendental*. São Paulo: Edusp, 1989, p. 86.

8 O tema de uma *outra metafísica* constituída a partir de uma corrente de autores contemporâneos, dentre os quais se insere Bergson, é largamente desenvolvido em Pierre Montebello. *L'autre métaphysique*: Essai sur la philosophie de la nature: Ravaisson, Tarde, Nietzsche e Bergson. Paris: Desclee De Brouwer, 2003.

aqui não é mais tomado, tal qual se tomava, como forma homogênea anterior à experiência, como condição subjetiva *a priori* da experiência sensível, ou forma de sucessividade do real imóvel, mas como meio heterogêneo, indivisível, contínuo, de escoamento do próprio real. Razão pela qual é cabível dizer que é, sobretudo, a descoberta desse *tempo real* que possibilitará a Bergson o uso posterior específico da intuição como método filosófico de aproximação do movente e, em especial, da vida tal como ele o faz em *A evolução criadora*. E parece ser também a descoberta desse tempo que dá o tom cada vez mais nítido de sua metafísica. Nota-se bem isso em *A evolução criadora,* publicada em 1907, logo após "Introdução à metafísica", que pode ser tomada como uma obra emblemática de seu pensamento *metafísico*. Com efeito, é nessa obra que ele exercita pela primeira vez de forma explícita seu recém-descoberto *método da intuição*. Isso parece ser sustentado na afirmação feita na introdução do livro, onde Bergson diz que a sua preocupação ali estaria, sobretudo, em *"definir o método e fazer entrever, em alguns pontos essenciais, a possibilidade de aplicá-lo"*.[9] E se ele nesse momento não assume o papel de *"homem de gênio"*, cuja filosofia se apresenta "em bloco" e acabada, pelo menos assume, ao que parece, a dianteira na proposição de um *método* que poderá ser utilizado por *"muitos pensadores"* em um esforço coletivo e progressivo de resolução dos problemas filosóficos surgidos na investigação da vida. Dentre os *"pontos essenciais"* de aplicação do método, a que o autor se refere no trecho citado, um dos mais importantes, como se pode notar, é a investigação da *vida* em seu avanço segundo direções divergentes de evolução.

De fato, o encaminhamento do livro mostrará que, se por um lado, a evolução da vida conduz ao desenvolvimento da *inteligência*, faculdade voltada para a ação útil no mundo e que se remete, em última instância, à *matéria inerte*; por outro, se faz visível outra e não menos importante "faculdade" cuja inflexão se dá onde os esquematismos da *inteligência* e, por conseguinte, de uma ciência positiva, não são su-

---

9 Henri Bergson. *A evolução...,* p. XV (Grifo meu).

ficientes – lá na *matéria organizada*, na *vida* em sua dinamicidade, enfim, no espírito. Com feito, os processos da inteligência se aplicam legitimamente à matéria, mas os falsos problemas surgem quando de sua aplicação *ao espírito*. Nesse terreno da experiência, defende o pensador da *duração*, para se atingir o mais "fundo" deve prevalecer a filosofia pelo uso da *intuição*. Tal divisão *de direito* marca, como se pode ver, direções divergentes da atividade do pensamento. E se se diz, aqui, "de direito" é porque, *de fato*, a experiência humana é integral. Afirma Bergson:

> quer se aceite, quer se rejeite nossa concepção da inteligência, há um ponto que todo mundo irá nos conceder, o de que a inteligência se sente especialmente à vontade em presença da matéria inorganizada. Dessa matéria, tira um partido cada vez melhor (...). Agora, quando a inteligência aborda o estudo da vida, trata necessariamente o vivo como trata o inerte.[10]

Não se pode, porém, deixar de dizer, aqui, que o intento de Bergson, ao se voltar para a *intuição*, não é o de depreciar a inteligência, julgando-a inadequada ao fim a que se destina, mas, muito mais, fazer notar que a inteligência em seu *modus operandi* tem que se restringir com fins à praticidade, e também que por uma necessidade prática "espacializa" a duração em representações imóveis, motivo pelo qual ela não pode pretender alcançar integralmente a vida, que é escoamento, a mobilidade. A inteligência está essencialmente submetida às contingências da ação, ela é mesmo um instrumento de ação. E, com efeito, a própria ciência é obra da inteligência e sua tendência adaptativa e pragmática. Por outro lado, no que respeita a vida em seu movimento criador, é pela *intuição* que se pode obter uma experiência mais profunda. Pois é como se a intuição tivesse em si a capacidade de "renunciar" a toda potência *ativa* e se voltar para *certo sentido íntimo* ou *simpático* de relação com seu objeto, podendo constituir uma relação *desinteressada* com o mundo.

---

10 *Op cit.*, p. 213.

Por conseguinte, a metafísica, que tem seu apoio exatamente na intuição, visa uma compreensão gratuita do real. Assim, se há na inteligência uma limitação em relação à experiência e, consequentemente, do conhecimento daí advindo, é pela *intuição* como *atitude especialmente adotada* que essa experiência é *alargada*. Aqui, mediante um esforço, a inteligência "recupera" uma *franja instintiva/intuitiva* que sempre lhe permeou. Dessa perspectiva, a intuição torna possível uma aproximação imediata do objeto e abre a possibilidade do conhecimento deste em sua integralidade: um conhecimento absoluto. De fato, *abandonada* às mãos da ciência ou da inteligência, a experiência só poderá oferecer um conhecimento relativo do real. Mas, ao que tudo indica, o real se apresenta absolutamente à experiência e não por "*croquis*". E para que se obtenha um conhecimento absoluto ou conhecimento *do* absoluto, a intuição (a filosofia) e a inteligência (a ciência) devem caminhar juntas.

O que Bergson quer, ao se voltar para a intuição, é, sobretudo, mostrar a inviabilidade e as ilusões de uma *ciência una e integral, abarcando a totalidade do real,* assim como promover uma revitalização da metafísica e do método que lhe é imanente. E é nesse sentido que a filosofia, como ele afirma, invade "*o domínio da experiência*" para se envolver "em muitas coisas que, até então, não lhe diziam respeito. Ciência, teoria do conhecimento e metafísica ver-se-ão levadas para o mesmo terreno".[11] Tal é o papel da *intuição* nessa empresa: uma recuperação do papel do *pensamento metafísico* e sua relação de complementaridade com o *pensamento científico* na busca de uma experiência integral e progressiva do real.[12] Muito embora, *ciência* e *metafísica* continuem sendo conceitos heterogêneos dentro do pensamento bergsoniano.

---

11 *Op cit.*, p. 216.

12 Sobre a relação entre a metafísica bergsoniana e a experiência, ver: Jean Gayon. "Bergson entre science et métaphysique". In: Frédéric Worms. (ed.) et al. *Annales bergsoniennes III:* Bergson et la science. Paris: Presses Universitaires de France, 2007.

Assim, *A evolução criadora* lança uma forte luz sobre a investigação empreendida aqui. No entanto, um pouco antes, em "Introdução à metafísica", já aparece o esforço bergsoniano em tratar do tema da *metafísica* e sua relação com a *ciência*. Além disso, é também nesse texto que o autor pela primeira vez irá apresentar uma ligação específica entre *intuição* e *método*. E é importante lembrar, aqui, que houve uma demora por parte de Bergson em se referir à intuição como *método*, muito embora, desde os "Cours de Bergson au Collège de France: Histoire de l'idée de temps", de 1902, apareça algo como que uma preparação ou um prenúncio de seu artigo de 1903. No seu comentário de "Introdução à metafísica", publicado no primeiro volume dos *Annales Bergsoniennes*, Arnaud François chega a dizer que, "*os termos do bergsonismo posterior são anunciados aqui*". E sobre esse artigo, afirma ainda:

> redigido em 1903 para a Revista de metafísica e moral, ele utiliza pela primeira vez, em sua obra publicada, os termos intuição (termo sobre o qual Bergson afirma haver 'hesitado por um longo tempo') e metafísica, com um sentido propriamente bergsoniano.[13]

Enfim, é essa força das posições assumidas por Bergson nesse pequeno artigo que faz entender o porquê de alguns intérpretes o tomarem como *manifesto filosófico* do bergsonismo.

Dando seguimento, é importante voltar, agora, à explicitação do papel da *intuição como método* que possivelmente influencia a *precisão* do sentido tomado pelos termos *ciência* e *metafísica* no pensamento de Bergson. Ora, quando se apresentava a *intuição* como opção à análise em "Introdução à metafísica", ela aparecia como o meio de acesso ao *absoluto,* ao conhecimento do real em sua integralidade. E a metafísica, mediante aplicação desse método, era, por definição, a

---

[13] Arnaud François. "Vers L'Introduction à la Métaphysique". In: *Annales Bergsoniennes I*. Paris: França, vol. 1, 2002, p. 18.

forma de conhecimento desse absoluto. Em contrapartida, a ciência, por outro lado, só poderia obter *pontos de vista* insuficientes do real em virtude de seu método, a análise. Mais detidamente, pode-se muito bem dizer que o fundamento da metafísica bergsoniana reside, naquele momento, na possibilidade da experiência absoluta do real mediante uso da *intuição*. De fato, nesse texto o autor irá aprofundar sua visão da *intuição metafísica* como única forma de se chegar ao absoluto do conhecimento. Nesse momento de sua filosofia, a ciência só poderia obter do real conhecimento relativo. Com efeito, esboçam-se ali duas formas de conhecimento das coisas: a primeira seria dada por um rodeio, um *"tourne autour"*, do objeto (é caso da análise), e a segunda, por sua vez, seria dada por uma inserção no interior do objeto, aspirando a coincidir de modo absoluto com aquilo que ele tem de único – mediante a *intuição* metafísica. O problema que se delimita nesse quadro descritivo é que, o rodear *analítico*, o *tourne autour* de uma coisa, forneceria sempre o *conhecimento relativo* desta – conhecimento subordinado ao ponto de vista do observador ou aos símbolos envoltos na "tradução" da coisa, enfim, aos *conceitos rígidos* do entendimento analítico. Por conseguinte, a *"precisão"* deveria residir na segunda das formas de conhecimento, o intuitivo. Dessa perspectiva, a *intuição* se torna o meio pelo qual seria possível uma *investigação metafísica do objeto naquilo que ele tem de essencial e de próprio*.[14] Note-se, ainda, que, para Bergson, a limitação das ciências positivas teria sua razão de ser justamente no fato de elas terem *por função habitual analisar*. O autor chega a afirmar que:

> Se existe um meio de possuir uma realidade absolutamente, ao invés de conhecê-la relativamente, de se colocar nela ao invés de adotar pontos de vista sobre ela, de ter uma intuição dela ao invés de fazer sua análise, enfim, de apreendê-la fora

---

14 Henri Begson. *O pensamento...*, p. 193.

de toda expressão, tradução ou representação simbólica, a metafísica é exatamente isso.[15]

O final do trecho citado acima permite ver, pelo menos esboçado, o estatuto da *metafísica* nesse momento da filosofia de Bergson. Se trataria de uma forma de conhecimento que, mediante uso do *método da intuição*, transcenderia a incompletude da representação conceitual, dispensando a multiplicidade de símbolos que advém da análise, para obter uma *simpatia* com o objeto ele mesmo. Estabelecidas essas primeiras imagens de seu método, Bergson irá encontrar, a título de primeiro caso em que é possível sua aplicação, a *duração interior* como uma realidade que inegavelmente pode-se apreender de dentro, sem qualquer mediação conceitual; *"nossa própria pessoa em seu escoamento através do tempo"*; *"nosso eu que dura"*.[16] Assim, é preciso se identificar com a realidade psíquica na sua essência mesma para conhecê-la verdadeiramente; é preciso abolir todas as distinções do sujeito e do objeto e acessar, diretamente na sua fonte, a vida da consciência. Dessa perspectiva, invertendo uma lógica da percepção que parte de dentro para fora e que se alarga e se perde no mundo exterior, a experiência (interna) de si contrai-se *"da periferia para o centro"* revelando uma sucessão de estados que se animam numa *"continuidade de escoamento"* sempre prolongáveis uns nos outros.[17] Pode-se notar, nesse momento, que é toda uma nova imagem marcada pelos signos da *duração*, em oposição ao procedimento espacializador da análise científica, que está em jogo nas definições da experiência *intuitiva* dos estados internos. Fazendo uma breve digressão, vale perguntar se já não seria esse um caso do *alcance metafísico* no uso da *intuição como método* aplicado com fins à separação *de direito* do misto *percepção e lembrança* em Matéria e memória. Separação que revelaria, naquele texto, uma *diferença radical de natureza* entre os dois e que possibi-

---

15 *Op cit.*, p. 188.

16 *Idem, Ibidem* (Grifo meu).

17 *Op cit.*, p. 189.

litaria a Bergson demonstrar que a lembrança não é uma percepção enfraquecida como queria a tese psicológica (certamente originária do associacionismo de Hume), mas possui *por si* sua positividade e sua realidade, embora virtual. E que, por fim, permitiria falar da existência de uma diversidade de *planos de consciência* mais ou menos extensos conforme se aproximam da ação útil ou do ponto de atualização em estados presentes.[18] Planos constituídos pelos diversos graus de contração da *duração,* cuja inspeção, ao que tudo indica, só pode ser feita pela metafísica e seu método. Retomando a questão, há, assim, uma ligação vital entre *intuição* e *duração*. E esta última assume o estatuto de condição de possibilidade, na medida em que a intuição nos coloca em contato diretamente com o *tempo* em seu escoar constante: *intuição* é, sobretudo, *intuição da duração*. E é justamente essa proximidade conceitual entre *duração* e *intuição* que faz com que muitas vezes se torne confuso o estabelecimento da anterioridade de uma em relação à outra; muito embora o próprio Bergson aponte no sentido da antecedência da *duração*. Pode-se ver isso, entre outros momentos, na afirmação de que "Essas considerações iniciais sobre a duração pareciam-nos decisivas. Gradualmente, fizeram-nos erigir a intuição em método filosófico".[19] Ademais, explorar aqui, como mereceria, a relação *duração/intuição* exigiria um desvio que não vem ao caso.

Reconhecida a sua importância, o cotejo de *Introdução à metafísica* com outras obras de Bergson revela, contudo, como adverte o próprio autor, um *câmbio de posição* em relação aos conceitos de *ciência* e *metafísica*. Vê-se bem isso em uma reedição posterior compilada em 1922 e só publicada, porém, em 1934, anexa aos textos que então iriam

---

18 Ver "Conclusão". Idem. *Matéria...*, p. 279-284. Para uma discussão mais detida sobre esse ponto, ver ainda Frédéric Worms. "La théorie bergsonienne des plans de conscience: genèse, structure et signification de *Matière et mémoire*". In: Philipp Gallois, Gérard Forzy, G. (Dir.). *Bergson et les neurosciences*. Le Plessis Robinson: Institut Synthélabo pour le progrès de la connaissance, 1997, p. 85-108. Também, em Gilles Deleuze, *Bergsonismo*. Trad. Luiz Orlandi. São Paulo: Ed. 34, 1999, p. 125-139.

19 Henri Bergson. *O pensamento...*, p. 27.

compor a coletânea *O pensamento e o movente*, onde o autor francês, em uma nota de esclarecimento que acompanha a reedição, adverte da necessidade da mudança levada a cabo com o intuito de "tornar mais precisa a significação dos termos metafísica e ciência".[20] Tendo isso em vista, algumas questões parecem possíveis aqui, tais como: afinal, qual é o peso da mudança, por menos *grave* que seja, infringida à significação dos termos supracitados? E, mais ainda, quais as novas *diferenciações específicas* assumidas em cada caso e as consequências no texto bergsoniano, principalmente o compreendido entre 1903 e 1923, datas respectivas da primeira publicação na *Revue* e da compilação posterior junto a *O pensamento e o movente*? Sendo que esta última aparece acrescida de sete notas, dentre as quais, *três* dizem respeito à *mudança de terminologia* no intervalo de tempo das duas redações.[21]

Pois bem, encetada principalmente a partir de Introdução à metafísica, essa precisão da realidade própria à *ciência* (a da medida, da relação e da comparação, enfim, dos objetos materiais) e da realidade própria à *metafísica* (da duração real, da vida em seu escoamento, enfim, do tempo) é aprofundada posteriormente ao longo de ensaios e conferências, como se pode ver principalmente na conferência A intuição filosófica, de 1911, e nas duas partes da "Introdução" ao Pensamento e o movente, escritas em 1922, que dentre outros, parecem ser os textos que mais indicam uma distinção precisa entre essas áreas do conhecimento e seus respectivos terrenos de aplicação e limites. De todo feito, levando-se em conta que há uma mudança de algum modo significativa nos termos referidos, deve-se considerar também uma mudança no interior do pensamento bergsoniano.

Ainda sobre o texto de 1903, Bergson chama a atenção para o fato de que naquele momento de sua filosofia a distinção específica entre as direções que devem investir o conhecimento científico e o conhecimento metafísico não aparece de forma suficientemente clara,

---

20 *Op cit.*, p. 183.

21 As três notas, a que se refere o texto, são 1, 7 e 8 de *Idem*, "Introdução à metafísica".

assim como não era também clara a sua relação de *complementaridade* no conhecimento do real. Sobretudo por força de uma imprecisão, a *ciência* e a *metafísica* apareceriam às voltas com questões colocadas tomando-se por base o *mesmo objeto* do pensamento. E com isso, ora a *ciência* cruzava seu terreno da matéria em direção às coisas do espírito levando consigo o mesmo método aplicado sobre a primeira, ora a *metafísica* assumia a pretensão de dar conta das *coisas materiais*. Razão, como se constata depois, das ilusões que por vezes acompanham essas duas formas de conhecimento. Certo é que, por uma indefinição quanto aos seus objetos específicos, as duas viam-se em situações de embaraço pelas suas pretensões de explicar integralmente o real (sem a distinção de direito entre espaço e tempo, matéria e espírito, etc.). É o que se pode ver em um comentário na "Introdução" ao *O pensamento e o movente*, onde, buscando estabelecer o *terreno próprio* de cada uma, que é a condição *sine qua non* para desfazer as aporias tanto da *metafísica* (a metafísica clássica) quanto da *ciência* (a ciência positiva), o autor propõe que se deve *reservar o espírito* ou o tempo à primeira e, à segunda, a matéria.[22] Sem entrar, porém, na discussão acerca dos méritos e especificidades de cada uma, importa frisar que, embora com objetos e métodos específicos, ambas possuem a mesma dignidade, podendo, *cada uma em seu terreno*, atingir a mais profunda experiência de seu objeto o conhecimento absoluto do objeto específico ou, enfim, o *re*stabelecimento da possibilidade de uma coincidência com o objeto (um toque na *coisa em si*?). Ou seja, Bergson leva a entender que também a ciência pode atingir, no seu âmbito, o absoluto, pelo fato de que, a parte do real acessível à inteligência, sobretudo a matéria bruta, é totalmente acessível à inteligência. *"Por outro lado, naquilo que o real tem de espiritual ele é, de direito, todo acessível à metafísica".*[23] E é nesse sentido que há uma "mudança", tomada por uma "precisão", do estatuto da ciência e sua relação com a metafísica, principalmente

---

22 *Op cit.*, p. 43.

23 Franklin Leopoldo e Silva. "Bergson e Kant". In: *Cadernos de História e Filosofia da Ciência 5*. Campinas: 1983, p. 26.

em relação ao primeiro aparecimento de *Introdução à metafísica*, onde o conhecimento pela ciência – ou pela inteligência *stricto sensu* – era relativo e apenas parcial. Assim, em virtude de uma maior precisão, ele confere:

> (...) à metafísica um objeto limitado, principalmente o espírito, e um método especial, antes de tudo a intuição. Ao fazê-lo, distinguimos claramente a metafísica da ciência. Mas ao fazê-lo também lhes atribuímos um valor igual. Acreditamos que podem, ambas, tocar o fundo da realidade. Rejeitamos as teses sustentadas pelos filósofos, aceitas pelos cientistas, sobre a relatividade do conhecimento e a impossibilidade de atingir o absoluto.[24]

De fato, por seu progresso indefinido, a ciência pode atingir o saber absoluto da matéria. Mas o conhecimento do espírito, este é reservado à metafísica. E por seu método não ser o da análise, mas o da intuição simples, clara e precisa, a metafísica pode alcançar de imediato um saber absoluto. Restando a esta a precisão cada vez maior dos dados alcançados; pois, tal como a ciência, a metafísica também progride, mas ao seu modo.

É essa revisão terminológica operada nos textos posteriores a 1903 que possibilitará a Bergson uma separação mais nítida entre ciência e metafísica *segundo seu objeto e seu método*, muito embora ele as una novamente nos resultados obtidos, *uma vez que a matéria conflui com o espírito*, uma vez que as duas realidades *se tocam* concretamente. Ou seja, o "toque" entre o espírito e a matéria possibilitará ao autor a constatação de que a ciência e a metafísica, uma *outra metafísica* possibilitada pelo uso da intuição como método, essa metafísica *ao lado da ciência*, diferem certamente, mas comungam na experiência. Sendo assim, cabe à *ciência da matéria* e à *ciência do espírito* uma mútua colaboração, independente da especificação dos seus devidos domínios,

---

24 Henri Bergson. *O pensamento...*, p. 35.

no sentido de uma assistência mútua no acesso à integralidade real. Essas poucas observações permitem concluir, juntamente com Bergson, que "em suma, queremos uma diferença de método, não admitimos uma diferença de valor entre a metafísica e a ciência".[25]

Referências bibliográficas

BERGSON, Henri. *A evolução criadora*. Trad. Bento Prado Neto. São Paulo: Martins Fontes, 2005.

_____. *Essai sur les données immédiates de la conscience*. Paris: Presses Universitaires de France, 1948.

_____. Introduction a la Métaphysique. In: *Revue de Métaphysique et de Morale*. Librairie Armand Colin: Paris, 1903. Disponível em: http://visualiseur.bnf.fr/CadresFenetre?O=NUMM-11057&I=5&M=tdm.

_____. *Matéria e memória*: Ensaio sobre a relação do corpo com o espírito, 2 ed. Trad. Paulo Neves. 2ª Ed. São Paulo: Martins Fontes, 1999, (Col. Tópicos).

_____. *Œuvres:* Édition du Centenaire. Textes annotés par André Robinet, Introduction de Henri Gouhier. Paris: Presses Universitaires de France, 1970.

_____. *O pensamento e o movente: Ensaios e conferências*. Trad. Bento Prado Neto. São Paulo: Martins Fontes, 2006.

DELEUZE, Gilles. *Bergsonismo*. Trad. Luiz Orlandi. São Paulo: Ed. 34, 1999.

KANT, Immanuel. *Crítica da razão pura*. Trad. A. Morujão. Lisboa: Fundação Calouste Gulbenkian, 2001.

MONTEBELLO, Pierre. *L'autre métaphysique: Essai sur ravaisson, Tarde, Nietzsche et Bergson*. Paris: Desclee De Brouwer, 2003.

PRADO JR, B. *Presença e campo transcendental: Consciência e negatividade na filosofia de Bergson*. São Paulo: Edusp, 1989.

SILVA, Franklin Leopoldo e. *Bergson e Kant*. In: *Cadernos de história e filosofia da ciência 5*. Campinas: 1983, p. 19-28.

WORMS, Frédéric. *Le vocabulaire de Bergson*. Paris: Ellipses, 2000.

WORMS, Frédéric el al. (ed.) *Annales bergsoniennes I: Bergson dans le siècle*. Paris: Presses Universitaires de France, 2002.

---

25 *Op cit.*, p. 45.

_____. *Annales bergsoniennes III: Bergson et la science*. Paris: Presses Universitaires de France, 2007.

A "marcha para a visão" em *A evolução criadora*

Fernando MONEGALHA[1]

1. O estado da questão à época de *A evolução criadora*

A discussão sobre a complexidade da estrutura de um órgão como o olho não é uma novidade em 1907, época da publicação de *A evolução criadora*. Segundo nos informa Ernst Cassirer, em sua obra sobre *O problema do conhecimento*, a análise da complexidade do olho é o ponto crucial da polêmica empreendida entre os neovitalistas e os darwinistas no fim do século XIX. É o caso de Gustav Wolff que, segundo Cassirer, em 1890 afirma que

> nenhuma teoria do azar como a teoria darwiniana sobre a seleção natural poderia aproximar-nos do conhecimento dos fenômenos da regulação. Semelhante teoria jamais poderia chegar a explicar-nos, segundo [Wolff], como nasce e como pode chegar a restabelecer-se no caso de ser ferido, um órgão tão complicado como é, por exemplo, o olho humano. Os órgãos simétricos e homodinâmicos nunca poderão chegar a

---

1 Universidade Federal de São Carlos.

serem compreendidos por uma série de acasos acumulados; longe disso, precisamente esta acumulação permanecerá em pé como um enigma incompreendido e um verdadeiro milagre.[2]

Para fundamentar sua crítica, Wolff recorre a experimentos que fizera anteriormente onde pudera constatar a espantosa capacidade de regeneração do cristalino de um anfíbio (no caso os tritões, da família *Salamandridae*). Nesses experimentos, ele retirou completamente o cristalino do animal, mas este depois veio a se recompor de forma perfeita, a partir da diferenciação de um tecido completamente diferente daquele previamente utilizado para a função. Para Wolff, tal fato não poderia ser explicado senão pela "adequação primária" a um fim do organismo, ou seja, pela referência a uma *finalidade orgânica*; para Wolff, a única resposta plausível para um fenômeno que a teoria darwinista jamais poderia explicar apenas a partir de processos de adaptação e seleção. Nesse mesmo espírito de crítica ao darwinismo, outro neovitalista da época, o psiquiatra Eugen Bleuler, calculou que a probabilidade de que a posição da córnea, da íris, do cristalino, do corpo vítreo e da retina responda a uma origem fortuita é, aproximadamente, de $1:10^{42}$".[3] Outro estudioso, Wigand, declarou por sua vez que explicação da formação do olho era o "*experimentum crucius* do darwinismo".[4] Não foi à toa que Wigand o afirmou, pois o próprio Darwin, em 1859, prevendo a objeção que seria levantada contra ele, já havia formulado e tentado responder à questão sobre a origem de órgãos complexos a partir da seleção natural no capítulo VI da *Origem das espécies,* capítulo especialmente dedicado aos questionamentos que poderiam ser levantados contra sua teoria:

---

2 Ernst Cassirer. *El problema del conocimiento*, vol IV: De la muerte de Hegel a nuestros dias (1832-1932).Capítulo VI: A polêmica do vitalismo e a autonomia do orgânico. México: Fondo de Cultura Economica. 1948, p. 277.

3 *Idem, Ibidem.*

4 *Idem, Ibidem.*

Supor que o olho, com todo o seu mecanismo inimitável para ajustar o foco às diferentes distâncias, admitir diferentes quantidades de luz e corrigir aberrações esféricas e cromáticas, tenha sido formado pela seleção natural parece, tenho de confessar, o maior dos absurdos. Porém, quando foi dito pela primeira vez que o Sol era imóvel e que a Terra girava à sua volta, o bom senso da humanidade declarou que a teoria era falsa, mas o velho ditado que diz *Vox populi, vox Dei*, como todo filósofo sabe, não pode ter crédito na ciência.[5]

Para Darwin, a explicação da formação de um órgão tão complexo como o olho por mecanismos de seleção exige um verdadeiro *giro copernicano* em nossas concepções arraigadas. Como Darwin pôde explicar a formação do olho a partir da teoria da seleção natural? O ponto fundamental de sua argumentação reside no fato de a evolução ter, literalmente, a história universal a seu favor: as mudanças orgânicas que acontecem em seu decurso não ocorrem do dia para a noite, mas são resultados de processos que duram milhões de anos, de acumulações insensíveis que, ao se somarem ao longo de inúmeras gerações, vão se aperfeiçoando, gerando aparelhos de complexidade cada vez maior. Essa longevidade dos processos evolutivos possibilita a Darwin pensar a formação do olho de uma forma *não-teleológica*: ao contrário da construção de um telescópio, fruto de um fim pré-traçado pelo ser humano e construído em nossa escala de tempo, a formação do olho é antes o resultado imprevisto de processos de adaptação e seleção que se desenrolam por períodos monumentais de tempo, sem qualquer finalidade:

> Raramente é possível evitar comparar o olho com um telescópio. Nós sabemos que este instrumento foi aperfeiçoado pelos longos e contínuos esforços dos maiores intelectos humanos; e nós naturalmente concluímos que o olho foi formado por

---

[5] Charles Darwin. *The origin of species by means of natural selection* in *Great books of the Western World*. Chicago: University of Chicago. 1978, p. 85.

um processo de certo modo análogo. Mas esta conclusão não pode ser presunçosa? Nós temos qualquer direito de assumir que o Criador trabalha por meio de poderes intelectuais como aqueles do homem? [6]

E, desse modo:

Nos corpos vivos, a variação irá causar alterações negligenciáveis, a reprodução irá multiplicá-las quase infinitamente, e a seleção natural irá escolher com uma destreza infalível cada aperfeiçoamento. Deixe este processo prosseguir por milhões de anos; e durante cada ano em milhões de indivíduos de muitos tipos; e não poderemos acreditar que um instrumento ótico vivo poderá ser formado como superior aqueles feitos de vidro, como as obras do Criador são em comparação aquelas do homem?[7]

Nestas passagens, Darwin acusa a nossa tendência à antropormofização a qual inconscientemente submetemos os processos vitais em nossa análise, emprestando à natureza finalidades que são na verdade de origem técnica e humana. Para ele, não há necessidade de se postular uma finalidade interna ou externa nos seres vivos; variação, reprodução, seleção e um longo período de tempo: não precisamos de outros fatores para compreender a formação de órgãos complexos na natureza. Desse modo, a necessidade de adaptação ao ambiente faz com que os animais primitivos com uma mínima capacidade fotorreceptora tenham maior probabilidade de se reproduzir (os outros podem acabar devorados antes) e a prole deste animal herdará então as características de seu sistema visual; se, porém, algum deles tiver uma variação acidental que melhore seu sistema visual, terá ainda mais chance de se reproduzir e gerará uma prole que pode ter outras variações, etc.

---

6 *Op cit.* p. 87.

7 *Idem, Ibidem.*

Ao longo de milhões de anos de repetição desse processo em diferentes troncos evolutivos, se formarão os aparelhos complexos que observamos nas espécies mais evoluídas.

2. A posição do problema em *A evolução criadora*

O problema da formação do olho reaparece logo no primeiro capítulo da *A evolução criadora*, mas de uma forma mais sutil e complexa. Bergson não centrará mais a discussão na formação do olho em uma mesma linhagem evolutiva (fenômeno do qual o próprio Darwin afirmava que a teoria da seleção poderia dar conta, como vimos), mas sim na constatação de que, em alguns casos, verificamos que *duas* linhas evolutivas *filogeneticamente separadas* desenvolvem órgãos análogos tais como o olho, ou seja, onde ocorre o que a Biologia contemporânea chama de *evolução convergente*.[8] Eis o caso particular sobre o qual Bergson se deterá:

> Eis, ao lado do olho de um Vertebrado, o de um molusco tal como o Pente. Temos em ambos as mesmas partes essenciais, compostas de elementos análogos. O olho do Pente, tal como o nosso, apresenta uma retina, uma córnea, um cristalino de estrutura celular. Nota-se nele até mesmo essa inversão particular dos elementos retinianos que geralmente não se encon-

---

8 Existem inúmeros casos de evolução convergente, ou seja, de espécies que se desenvolvem de forma anatomicamente análoga, ainda que não tenham uma filiação com tais características em comum. É o caso de golfinhos e peixes – ainda que filogeneticamente diversos, eles desenvolveram formas e funções semelhantes. Do mesmo modo, o extinto lobo-da-tasmânia (que era um marsupial carnívoro) tinha uma anatomia espantosamente semelhante ao lobo cinza que conhecemos. No caso dos moluscos e vertebrados, Bergson poderia igualmente escrever sobre o polvo no lugar do pente: aquele tem um dos sistemas visuais mais complexos que se conhece no reino animal.

tra na retina dos Invertebrados. Ora, discute-se, por certo, sobre a origem dos Moluscos, mas seja lá qual for a opinião a que nos filiemos, será concedido que Moluscos e Vertebrados se separaram de seu tronco comum bem antes da aparição de um olho tão complexo quanto o do Pente. De onde vem então a analogia de estrutura?[9]

Nessa passagem, como é o procedimento habitual de sua obra, Bergson parte de um fato bem circunscrito para dele derivar suas consequências filosóficas: no caso, a analogia entre o olho dos vertebrados e um molusco específico, o pente. Como explicar esta analogia? Para Bergson, as principais teorias do que ele chama de mecanicismo biológico (que compreendem em *A evolução criadora* seja o darwinismo *strictu sensu*, seja o neodarwinismo da época, ou seja, a síntese entre o darwinismo original e a teoria weisssmaniana da continuidade do idioplasma) são incapazes de dar conta desse problema. Pois tais teorias mecanicistas, ao tentar definir o aparecimento de um órgão tão complexo como o olho *apenas* a partir de processos de variação e de seleção regidos pelo acaso, teriam de aceitar uma gênese completamente improvável do órgão em duas linhas divergentes, pois qualquer antepassado em comum entre ambas seria primitivo demais para ter um olho – ou seja, não há possibilidade de se explicar o surgimento do órgão pela transmissão de caracteres que depois se aperfeiçoariam em ambas as linhas evolutivas. A única explicação possível para elas seria então afirmar que as *mesmas variações* ocorreram *por acaso* em ambas as linhas, gerando órgãos análogos por fruto de uma coincidência altamente improvável. Ora, para o filósofo francês, tal necessidade de se recorrer a um milagre do acaso mostra a incapacidade dessas teorias mecanicistas de dar conta do problema. E não importa, nesse sentido, saber se as variações são insensíveis (como queria Darwin) ou bruscas (como o pensarão os neodarwinistas a partir das pesquisas de Hugo de Vries); em ambos os casos temos um acúmulo de variações acidentais

---

[9] Henri Bergson. *A evolução criadora*. São Paulo: Martins Fontes, 2005, p. 68.

que dificilmente poderiam caminhar, por si sós, no sentido da analogia dos olhos nos moluscos e vertebrados.

Restaria, para Bergson, ao mecanicista pensar uma terceira opção – a saber, que a convergência em questão baseie-se antes na influência direta do meio-ambiente sobre o organismo e não nas variações acidentais; a formação de aparelhos fotorreceptores análogos em linhas evolutivas divergentes seria assim um resultado da necessidade de os organismos adaptarem-se a um *mesmo meio comum* que atua constantemente sobre eles. Será essa a hipótese defendida por um biólogo como Eimer: a luz agiria desse modo sobre o organismo e o moldaria à sua própria forma. Desse modo, segundo Bergson,

> A similitude dos dois efeitos explicar-se-ia, desta vez, simplesmente pela identidade da causa. O olho cada vez mais complexo seria algo como um selo cada vez mais profundo impresso pela luz em uma matéria que, sendo organizada, possui uma aptidão *sui generis* a recebê-la.[10]

Bergson achará que essa hipótese, em comparação com as precedentes, tem ao menos a vantagem de ser mais razoável: ao recusar o papel desempenhado pelo acaso na teoria da seleção natural para entregá-lo à influência constante de uma matéria (neste caso, a luz), a teoria ao menos pode explicar a convergência evolutiva sem cair na concepção aparentemente miraculosa em que se enredam as outras duas teorias mecanicistas. Mas seu problema, para Bergson, residirá em outro ponto: ao fazer do órgão no ser vivo apenas um efeito da ação do meio, tal teoria acaba por recusar na, formação do órgão das necessidades impostas pela *atividade* do ser vivo, reduzindo seu papel na evolução orgânica à mais pura passividade. Ora, o que Bergson buscará então será uma teoria que não recuse esta ação constante da matéria sobre o ser vivo, mas que também recupere o papel ativo do organismo no processo evolutivo. Se a matéria age sobre nós, nós também agimos

---

10 *Op cit.* p. 76.

sobre ela: a adaptação orgânica é antes de tudo uma *réplica* que o organismo dirige ao meio, uma tentativa desse organismo de organizar a matéria em prol de sua atividade, e não o contrário. Deste modo, para Bergson queira-se ou não, é a um princípio interno de direção que será preciso recorrer para obter essa convergência de efeitos.[11]

Mas, desse modo, ao retomar a crítica dos neovitalistas e defender um princípio interno de organização contra um reducionismo físico-químico, Bergson estaria se filiando a alguma forma de vitalismo? A crer no veredicto de Yvette Conry, uma estudiosa erudita e bastante crítica de Bergson, inequivocamente, sim:

> O procedimento [de Bergson] vai consistir em retirar da química a explicação do vital para desviá-la (*déporter*) para um neovitalismo especulativo (...) nesta medida Bergson, no começo do século XX, continua a procura mítica da substância especificamente vital.[12]

Para Conry, Bergson estava na contramão da teoria darwiniana e da genética mendeliana,[13] ignorando o que essas teorias trouxeram de realmente revolucionário para a Biologia, mantendo-se numa "procura mítica" de um fluído ou uma força vital, tal como o fez a tradição vitalista. Mas essa afirmação é exata? Aqui cabe mitigar um pouco das críticas que Bergson dirige contra o mecanicismo biológico e que elencamos até o momento. Se, de um lado, Bergson de fato é, como os neovitalistas, defensor de uma *atividade* especificamente vital, não é claro que essa postura implique uma condenação da teoria da evolução darwiniana ou da genética nascente, ainda que ele não aborde esta

---

11 Id. p. 81

12 Yvette Conry. *L'Évolution Créatrice de Henri Bergson*: Investigations critiques. Paris: L'Harmattan, 2001, p. 82.

13 Recuperada, como se sabe, a partir de 1900 e não abordada em *Evolução criadora* – segundo a autora, um lapso importante para alguém que estava bem a par da pesquisa biológica de sua época, como Bergson.

última diretamente. Lembremos primeiramente que, se até agora nós formulamos uma problemática em comum que Bergson mantém com o neovitalismo de seu tempo, em nenhum momento ele rompe totalmente com alguns dos pressupostos do neodarwinismo. Como Bergson escreve em *A evolução criadora*: "A ideia darwiniana de uma adaptação efetuando-se pela eliminação automática dos inadaptados é uma ideia simples e clara",[14] o que o levará a afirmar mais para a frente que "as formas vivas são, por definição, formas viáveis".[15] De modo semelhante, posicionando-se contra a teoria lamarckiana dos caracteres adquiridos, ele defenderá a teoria de Weismann sobre a continuidade do plasma germinativo:

> Os neodarwinistas provavelmente tem razão, cremos nós, quando ensinam que as causas essenciais de variação são as diferenças inerentes ao germe de que o indivíduo é portador, e não as movimentações desse indivíduo ao longo de sua carreira.[16]

Acima de tudo, a crítica de Bergson ao finalismo interno subjacente à maioria das hipóteses neovitalistas será bastante contundente, o que bastaria para podermos afirmar que não podemos identificá-lo *toto coelo* como partidário do neovitalismo. Peguemos a ideia de uma adequação primária a um fim, como a que Wolff detectava na recons-

---

14 Henri Bergson. *A evolução...*, p. 61
15 *Op cit.*, p. 140.
16 *Op cit.*, p. 93. Em *As duas fontes da moral e da religião*, Bergson chegará a afirmar que um erro fundamental de Spencer foi ter aceitado sem crítica a teoria lamarckiana da herança dos caracteres adquiridos, ressaltando contra ela a importância fundamental da teoria de Weismann (por exemplo: o progresso cultural garantido na teoria spenceriana pela herança dos caracteres adquiridos de Lamarck é contrabalançado na teoria moral de Bergson pela impossibilidade de um aperfeiçoamento habitual de geração em geração, impossibilidade decorrente da teoria weismanniana da continuidade do plasma germinativo).

trução do cristalino dos tritões, como vimos anteriormente. Qual é o problema nesse tipo de pressuposição, segundo Bergson? É que, ao pensar um fim imanente ao próprio organismo (não se trata neste caso, de forma alguma, de uma noção transcendente de finalidade), nós o tomamos como uma *totalidade*, como algo encerrado em si. Ora, Bergson afirmará veementemente que

> A posição do vitalismo torna-se muito difícil pelo fato de não haver nem finalidade puramente interna nem individualidade absolutamente delimitada na natureza. Os elementos organizados que entram na composição do indivíduo têm, eles próprios, uma certa individualidade e reivindicarão cada um seu princípio vital, caso o indivíduo deva ter o seu. Mas, por outro lado, o próprio indivíduo não é suficientemente independente, suficientemente isolado do resto, para que possamos conceder-lhe um "princípio vital" próprio.[17]

Bergson dirá adiante que o organismo tem uma tendência à individuação, mas esta nunca se encerra, ele nunca se torna um *todo* completamente fechado pois esta tendência à individuação é sempre contrabalanceada, por exemplo, pela necessidade do organismo se reproduzir. Assim, o erro fatal do finalismo neovitalista é abstrair o organismo da continuidade que ele mantém com o restante da vida em geral. Para Bergson, se há de fato uma atividade na evolução da vida, esta não é individual, monádica, mas antes de tudo um princípio vital comum a todos os viventes, uma *Vida* em geral que não se reduz, porém, a generalidade de um conceito.

A crítica de Bergson se dirige, portanto, tanto às concepções mecanicistas quanto às finalistas de sua época. Mas, além dessas problemáticas pontuais, há um problema de fundo mais radical que ele encontra em ambas as tendências. Para Bergson, tanto o finalista quanto o mecanicista incorrem num erro fundamental na apreciação

---

17 *Op cit.*, p. 47.

da evolução vital: eles acreditam que tudo está simplesmente *dado* no processo evolutivo, o finalista projetando as condições de vida atual como um fim necessário do processo evolutivo, o mecanicista vendo as condições iniciais como dadas e simplesmente modificadas por uma seleção aleatória. O que se perde nisso é, para Bergson, o caráter mais fundamental da vida: sua irredutível *contingência*, que faz com que a evolução jamais possa ser prevista a partir de um sistema atualmente dado de elementos, tal como acontece, pelo contrário, com a matéria inerte. Para Bergson, a vida não está *dada*, ela *se faz*. Isso fará com que Bergson recuse tanto os processos de seleção e adaptação puramente passivos quanto qualquer forma de teleologia interna (ainda que ele defenda que possamos falar de um finalismo *sui generis*, o fato é que este não guardará qualquer semelhança com as acepções clássicas do finalismo; será antes uma afirmação de uma unidade no *início* da evolução do que de um fim necessário ao qual ela tenderia). Se devemos defender um princípio interno da totalidade da vida, este não pode ser o de um fim necessário imanente a esta totalidade, mas sim um princípio que comporte a possibilidade de uma contingência radical, um *esforço* tateante antes que uma atividade orientada na realização de algum projeto ou realização interna. Haveria alguma linha de pesquisa da época que pensasse essa atividade original do vivente de uma forma não-teleológica, como um esforço que buscasse antes a diferença que atingir um fim predeterminado? Na verdade, havia, e esta era representada pelo neolamarckismo. Segundo Bergson, é o neolamarckismo de sua época que melhor compreende a necessidade de se pensar a atividade interna do vivente de forma não-teleológica, e que, por isso mesmo, chega a estar mais próximo de dar conta do problema pontual que nos ocupa, o da analogia do olho em linhas evolutivas divergentes:

> O neolamarckismo é o único evolucionismo que nos parece dar conta da formação de órgãos complexos em linhas independentes de desenvolvimento. Concebe-se, com efeito, que *o mesmo esforço* para tirar proveito *das mesmas circunstâncias* desembo-

que *no mesmo resultado,* sobretudo se o problema posto pelas circunstâncias exteriores é desses que admitem apenas uma solução. Resta saber se o termo esforço não deve ser tomado num sentido mais profundo, mais psicológico ainda do que qualquer lamarckista o supõe.[18]

Aparentemente, o neolamarckismo chega a explicar porque há analogia de um mesmo aparelho entre moluscos e vertebrados: suponhamos *um mesmo esforço* presente nos diversos organismos defrontando-se com a *mesma matéria,* assim desembocaremos assim no *mesmo resultado.* Mas Bergson também não estará totalmente satisfeito com ele. Por quê? Pela insuficiência de sua análise psicológica do processo evolutivo; análise psicológica esta que, como veremos, desempenhará um papel decisivo na teoria bergsoniana. Não que a psicologia deixe de desempenhar um papel importante na teoria neolamarckista, somente ocorre que essa linha de pesquisa acaba por restringir o estudo psicológico desse esforço que se observa na evolução da vida ao esforço *voluntário* que observamos nos animais superiores. Decorre disso que uma psicologia que possa dar conta da atividade que observamos na evolução da vida tem de ser necessariamente uma psicologia que trate dos estratos psíquicos inferiores dos seres vivos. De onde Bergson poderia tirar essa psicologia? Evidentemente, de suas obras anteriores.

3. A proposta bergsoniana

A despeito do que pudesse parecer à primeira vista, a crítica das propostas mecanicistas e finalistas já contém em si um resultado positivo: ela permite a depuração das diversas teorias biológicas, mantendo nela aquilo que elas contêm de positivo para a solução do problema da analogia do olho em linhas divergentes. Antes de propor sua teoria, o que Bergson manterá das teorias criticadas?

---

18 Op cit,. p. 84 (Grifo meu).

(1) O papel fundamental da *atividade* que se observa no *esforço* dos viventes, tal como o fora compreendido pelos neolamarckistas; atividade pensada porém por Bergson como operando primitivamente aquém da atividade voluntária.

(2) O papel fundamental da *matéria*, como pontuava Eimer, matéria que se oporá a esta atividade primitiva, obrigando-a a seguir linhas convergentes quando as condições forem semelhantes.

(3) A composição de ambos os aspectos na ideia de *adaptação e seleção*, ainda que de maneira ligeiramente deslocada em relação ao modo como as pensam os neodarwinistas. Para Bergson, atividade vital precisa empreender uma organização material para se desenvolver: este será sempre um processo de adaptação em que a matéria surge como um *problema* diante da atividade, problema este ao qual a atividade vital precisa *responder*. A adaptação será pensada como uma *réplica* do vivente às suas condições materiais, e não uma adaptação passiva.

Mas, afinal, que atividade primitiva é essa a que nos referimos, esforço comum não somente a um indivíduo mas a todas as formas de vida, atividade que se dividirá nas diversas espécies, mas que por si mesma implica uma *unidade* anterior às diversas linhas evolutivas? Simplesmente o que Bergson chama de *impulso vital* – a noção ou imagem mais controversa de sua filosofia, como afirma Frédéric Worms.[19] Como compreender essa noção de impulso vital? Podemos seguir algumas pistas que recolhemos até agora: ao contrário do esforço voluntário dos neolamarckianos ou da finalidade interna dos neovitalistas, esse impulso não é individual, mas *comum*, portanto, *pré-individual* – as espécies os organismos é que são antes individuações progressivas desse princípio. Como *atividade*, o impulso está presente já nos estratos mais baixos da vida – nas células germinativas que se reproduzem de gera-

---

19 Frédéric Worms. *Le vocabulaire de Bergson*. Paris: Ellipses, 2000, p. 22.

ção a geração – prolongando-se também na constituição do fenótipo do vivente. Em linhas gerais, parece que Bergson pensa o impulso vital como a *atividade da vida em geral*. Mas tal definição é muito geral e a noção de impulso vital permanece ainda abstrata enquanto não a aproximamos da *temporalidade* que Bergson vê como imanente a todas as formas de vida. Quando o fazemos, descobrimos um atributo essencial dessa atividade vital, e tal atributo não consiste senão na *duração* intrínseca em cada forma de vida, duração esta que opera em *níveis* diferenciados. Desse modo, compreendemos que o impulso vital não é apenas uma atividade instantânea, que pudesse recomeçar de novo a cada instante, mas uma atividade geral que engloba todos os seres vivos, a partir da qual cada um recolhe em si o passado e cria o futuro a partir desse passado retido, em seu nível respectivo. Desse modo, a célula *desempenha* seu passado, o inseto o *repete* instintivamente, o homem *lembra-se* de sua infância e arregimenta seu passado em sua ação inteligente. No que consiste a vida em todos os seus níveis senão nisto: *durar*? E por isso Bergson define o impulso vital como tendo como atributo essencial essa "duração real, eficaz, que é o atributo essencial da vida".[20] Exatamente porque *dura*, o Impulso vital não é Vontade, Vontade de Potência, Atualidade, mas uma noção nova que todavia desempenha um papel análogo ao desempenhado por essas figuras da totalidade ao longo da história da metafísica. O impulso vital é essa noção inovadora de uma *atividade temporalizante* que origina e perpassa todos os seres vivos, desde os mais primitivos até a consciência humana, permitindo a eles reterem seu passado em diversos níveis. Tal retenção tem sua contrapartida simétrica: quanto maior a retenção do passado de um ser vivo, maior o número de linhas de ação virtuais que podem se abrir em seu futuro – isso explica por que Bergson emprega o termo *virtual* tanto para descrever a virtualidade da nossa possível ação futura, que efetuamos através dos recortes perceptivos que projetamos na matéria de nossa sensibilidade.

---

20 Henri Bergson. *Les deux sources de la morale et de la religion*. Paris: PUF, 1967, p. 119.

Como a ideia do impulso vital pode nos ajudar a compreender analogia do olho em linhas divergentes, segundo Bergson? Retomemos o final do primeiro capítulo de *A evolução criadora*: ali o filósofo contrapõe a extrema complexidade do olho humano à simplicidade do *ato* de visão. Se o olho é composto de *partes extra partes*: íris, retina, córnea, etc., a visão é algo de simples: é uma qualidade única de meu fluxo duracional. A cada um destes domínios – análise do olho, simplicidade da visão – correspondem aspectos distintos de análise da realidade: à complexidade da organização material corresponde a análise científica, à simplicidade da atividade interna à vida corresponde a metafísica. Mais fundamental (como se verá no 3º capítulo de *A evolução criadora*), já se opera aqui uma distinção entre uma intuição *absoluta* da duração imanente a nossa ação e uma análise *relativa* da inteligência sobre os estratos materiais que são na verdade *interrupções* dessa ação ou desse impulso. Para ilustrar essa discrepância entre estes dois registros da realidade – ato e efeito do ato – Bergson nos oferece a metáfora do esforço de uma mão atravessando os grãos de uma certa quantidade de limalha de ferro. Os termos aí são facilmente identificáveis: o esforço da mão é o ato de visão, os grãos de limalha são as partes materiais do olho. O esforço abre caminho entre a limalha, organizando a matéria em prol do ato – a atividade vital tem assim uma anterioridade sobre as organizações materiais que dela derivam. Isso não quer dizer que essa atividade simplesmente organize a matéria ao seu bel-prazer – pelo contrário, é pela organização que o pólo espiritual do organismo se desenvolve, que ele se diferencia progressivamente da matéria. Decorre disso que possamos dizer igualmente que, sem organização e assimilação da matéria, não há qualquer função possível do organismo. Deste modo, o que ocorre é uma diferenciação progressiva e *simultânea* de ambos os pólos função/organização (neste caso, visão/olho) a partir de uma atividade antes indiferenciada e que se diferencia por seu trabalho sobre a matéria.

Voltemos ao exemplo da limalha; uma mão corta a limalha, quando o esforço da mão atinge seu limite e não pode ir mais além, os grãos da limalha acomodam-se então em torno da mão. Bergson nos propõe agora a seguinte questão: imaginemos por um instante que o braço que corta a limalha fosse *invisível*; o que aconteceria? Ora, nós, que não vemos o braço que corta a limalha, teríamos a tendência a achar que a limalha teria se acomodado na forma do braço por conta própria, isto é, que a organização material tivesse milagrosamente tomado a forma de um braço pela atração dos grãos da limalha ou por qualquer outro fator de índole física. O mesmo ocorre com a visão: nunca poderemos compreender sua simplicidade a partir da complexidade do globo ocular, do sistema nervoso, etc. Estes são apenas *produtos* de um impulso que, para se desenvolver, tem de necessariamente organizar a matéria. E dado que esse é um *impulso comum* a todas as linhas evolutivas, podemos afirmar que a visão é algo que permanece como uma virtualidade para as demais linhas. Virtual não quer dizer que a visão preexista de algum modo ao próprio desenvolvimento da atividade de ver (senão a evolução não seria *criadora*); quer dizer antes que as espécies, mesmo sendo produtos *originais* da atividade vital, mantêm entre si relações analógicas em seu desenvolvimento, e aquela que consegue ir mais longe, de certo modo, traz em si as possibilidades atualizadas das demais. A visão, ao ser atingida num estágio do impulso vital, revela-se como uma função que as demais espécies podem atingir.

A compreensão da anterioridade do impulso vital sobre seus produtos materiais permitiria, para Bergson, explicar então porque pode haver analogias de estrutura do olho entre espécies de linhas divergentes da evolução. Partindo do exemplo da limalha e da mão invisível:

> Quanto mais considerável for o esforço da mão, mais longe irá para dentro da limalha. Mas, seja lá qual for o ponto em que se detenha, instantânea e automaticamente os grãos se equilibram, coordenam-se entre si. Assim para a visão e seu órgão. Conforme o ato indiviso que constitui a visão vai mais ou menos longe, a materialidade do órgão é feita de um número mais ou menos considerável de elementos coordenados entre si, mas a ordem é necessariamente completa e perfeita. (...) Conforme for mais ou menos longe na direção da

visão, resultará nos simples amontoados pigmentários de um organismo inferior, ou no olho rudimentar de uma Sérpula, ou no olho diferenciado do Alcíope, ou no olho maravilhosamente aperfeiçoado de um Pássaro, mas todos esse órgãos, de complicação bastante desigual, apresentarão necessariamente uma coordenação igual. É por isso que duas espécies animais podem estar tão fortemente distanciadas entre si quanto se quiser: se, de um lado e do outro, a marcha para a visão tiver ido igualmente longe, dos dois lados haverá o mesmo órgão visual, pois a forma do órgão só faz exprimir a medida em que obteve o exercício da função.[21]

Mas, convenhamos, essa explicação ainda é por demais geral e abstrata: como o impulso vital, essa atividade aparentemente indiferenciada, pode acarretar uma "marcha para a visão"? Para explicá-lo, Bergson reata inicialmente com seu pragmatismo biológico: toda a atividade vital, obviamente, está ligada à sobrevivência do organismo. Para poder sobreviver, o organismo tem de organizar o ambiente ao seu redor, tem de *agir* sobre ele. Há, portanto, um papel fundamental da *adaptação*, pensada porém, já o vimos, como *réplica* de um organismo ativo em sua necessidade de operar sobre a matéria bruta. Dada essa necessidade fundamentalmente prática, no que consistirá a visão então? Antes de mais nada, ela desempenhará um papel prático e vital: ela será *a projeção de uma ação possível* de um organismo sobre a matéria:

> Mas agora, se nos perguntassem porque e como essa marcha [para a visão] está implicada nesse impulso, responderíamos que a vida é, antes de tudo, *uma tendência a agir sobre a matéria bruta*. (...) Essa ação sempre apresenta, em grau mais ou menos elevado, o caráter da contingência; implica no mínimo um rudimento de escolha. Ora, uma escolha supõe a representação antecipada de várias ações possíveis. É portanto preciso que possibilidades de ação se desenhem para

---

21 *Idem, A evolução...*, p. 104-5.

o ser vivo antes da própria ação. A percepção visual não é outra coisa: os contornos visíveis dos corpos são o desenho de nossa eventual ação sobre eles. A visão será reencontrada, então, em graus diferentes, nos animais os mais diversos e irá manifestar-se pela mesma complexidade de estrutura sempre que tiver atingido o mesmo *grau de intensidade*.[22]

E aqui voltamos a um aspecto fundamental da teoria bergsoniana já ressaltado: o papel que a temporalidade desempenha na noção de impulso vital. Esse impulso, como vimos, não é um ato instantâneo, mas sim um esforço que retém o passado em prol do futuro, em diversos níveis de duração, ou seja, no jargão bergsoniano, em diferentes níveis de *tensão*. Desse modo, a expressão "grau de intensidade" usada na passagem é fundamental para que possamos compreender qual o papel que a temporalidade desempenha no ato de visão – se a complexidade de estrutura está vinculada ao grau de intensidade, só poderemos saber como pode haver analogia de estrutura em espécies diferentes se soubermos o que é um *grau de intensidade*. Ocorre porém que não será no primeiro capítulo de *A evolução criadora* que encontraremos a definição do que Bergson compreende por "grau de intensidade"; para tanto teremos de retomar alguns dos aspectos do III capítulo de *Matéria e memória*. Resumamos brevemente: ali o presente da consciência imediata (aquele de que se trata no caso da visão de um objeto) é definido como *sensório-motor*, onde o termo sensório remete-se à dimensão da retenção imediata do passado que nos é oferecida pela sensação (de uma melodia, por exemplo, que se não fosse retida não passaria de uma série descontínua de sons, sempre se reiniciando, o mesmo valendo para a sequência de fotogramas estáticos que observamos num filme e que formam pela retenção um fluxo contínuo) e o termo motor à dimensão protensional, futurizante da percepção (desse modo, iniciamos nossa ação sobre o mundo destacando os contornos perceptivos dos objetos sobre os quais posso agir no meu futuro imediato). Ora, se o

---

22 *Op cit.*, p. 106 (Grifo meu).

presente vivo bergsoniano é pensado como tendo ambas as dimensões temporais indissoluvelmente ligadas, é por que há uma relação fundamental entre ambos; passado e futuro não podem ser separados sem que recaiamos em uma abstração. Qual é essa relação? É aquela entre *retenção* e *escolha possível*; pois, como afirma Bergson, quanto maior a dimensão da retenção que nós mobilizamos neste instante para nossa ação, ou seja, quanto maior é o *grau de intensidade* de nosso ser (ou, como Bergson normalmente diz, quanto maior a *contração* do passado no presente que se faz), maior a dimensão de escolha que se abre a nós. Há portanto uma *circularidade* entre as duas dimensões temporais, e o termo "ato de visão" exprime essa circularidade, pois nele temos tanto uma matéria da sensibilidade – a sensação – que corresponde ao passado imediatamente retido, quanto uma transcendência (de índole primordialmente motora) instaurando o mundo de nossa ação possível. O ato de visão está ligado portanto tanto a nossa escolha imediata quanto à capacidade de retenção do organismo. Essa retenção da sensação é uma operação assombrosa: mesmo as cores que vemos neste instante já são retenções de trilhões de eventos materiais passados, como se pode constatar na seguinte passagem do IV capítulo de *Matéria e memória*:

> A duração vivida por nossa consciência é uma duração de ritmo determinado, bem diferente desse tempo de que fala o físico (...) No espaço de um segundo, a luz vermelha – aquela que tem o maior comprimento de onda e cujas vibrações são portanto as menos frequentes – realiza 400 trilhões de vibrações sucessivas.[23]

E um pouco antes:

> Não podemos conceber, por exemplo, que a irredutibilidade de duas cores percebidas se deva sobretudo à estreita duração

---

23 Henri Begson. *Matéria e memória*. São Paulo: Martins Fontes, 1999, p. 241.

em que se contraem trilhões de vibrações que elas executam em um de nossos instantes?[24]

O surgimento da precepção visual a mais simples – a de uma cor – deve-se portanto, a uma diferença entre a capacidade retencional de nossa atividade e a distensão temporal da matéria em que esta atividade se exerce (a luz). Há uma diferença de *graus de duração* entre elas – enquanto nossa atividade retém o passado imediato destes trilhões de vibrações e as contrai no presente, a matéria simplesmente *recomeça* o tempo todo, sem guardar (aparentemente) nada de seu passado imediato. Logo, se a matéria luminosa sobre a qual nossa atividade se exerce caminha no sentido da *distensão* temporal, nossa atividade, pelo contrário, caminha no sentido da *intensificação* temporal, retendo partes cada vez maiores do passado e, consequentemente, ampliando seu horizonte de ações futuras. Desse modo, podemos entender afinal o que significam os "graus de intensidade" a que se refere Bergson no primeiro capítulo de *A evolução criadora*, e qual é sua relação, por exemplo, com uma outra passagem aparentemente diversa, mas fundamental, que encontramos em *Matéria e memória*:

> Em realidade não há um ritmo único da duração; é possível imaginar muitos ritmos diferentes, os quais, mais lentos ou mais rápidos, mediriam o grau de tensão ou de relaxamento das consciências, e deste modo fixariam seus respectivos lugares nas séries dos seres.[25]

Qual é a relação entre essas passagem e *A evolução criadora*? Ora, os lugares nas séries dos seres corresponderão, em *A evolução criadora*, à posição dos seres no processo evolutivo. A partir da necessidade dos organismos de agir, cada ser alcançará um grau de intensidade de

---

24 *Op cit.*, p. 238.

25 *Op cit.*, 243.

duração maior ou menor, levando a um acréscimo gradativo de suas capacidades perceptivas. Bergson retomará esse ponto fundamental na análise retrospectiva de sua obra que ele empreende na "Introdução" a *O pensamento e o movente*:

> Outrora [definimos] o ser vivo por uma certa potência de agir quantitativa e qualitativamente determinada: é essa ação virtual que extrai da matéria nossas percepções reais, informações das quais necessita para se guiar, condensações, num instante de nossa duração, de milhares, de milhões, de bilhões de acontecimentos que se realizam na existência muitíssimo menos tensionada das coisas; essa diferença de tensão mede justamente o intervalo entre o determinismo físico e a liberdade humana, ao mesmo tempo que explica sua dualidade e sua coexistência. Se, como acreditamos, a aparição do homem, ou de algum ser da mesma essência, é a razão de ser da vida em nosso planeta, caberá dizer que todas as categorias de percepções, não apenas dos homens, mas dos animais e mesmo das plantas (as quais podem se comportar como se tivessem percepções) correspondem globalmente à escolha de uma certa ordem de grandeza para a condensação [temporal]. Esta é uma simples hipótese, mas parece-nos sair de modo inteiramente natural das especulações da física sobre a estrutura da matéria.[26]

Voltando, portanto, ao problema da analogia do olho, podemos afirmar que, para Bergson, moluscos e vertebrados podem chegar a possuir sistemas visuais análogos porque eles são seres oriundos de um mesmo impulso vital, anterior à separação entre espécies. Ao se dividir, esse impulso desenvolve-se no sentido da ação do organismo sobre a matéria. Para tanto, esse organismo retém o passado e projeta sobre a matéria o esquema de sua ação futura possível. No caso de duas linhas

---

26 Idem. *O pensamento e o movente*. São Paulo: Martins Fontes, 2006, p. 64-65.

evolutivas expostas a um mesmo meio – no nosso caso particular, a luz –, a vida produzirá mecanismos que permitam o máximo de ação possível sobre esse meio. Haverá a formação de órgãos análogos porque a função que neles se desenvolverá será análoga, a partir do momento em que tanto moluscos quanto vertebrados reterão os abalos quase instantâneos da luz para poder exercer sua ação futura. Esta *intensidade de grau* da retenção e da escolha sobre um meio comum *é a própria visão* e, como afirma Bergson, haverá complexidades de estrutura semelhantes sempre que houver intensidades semelhantes. Evidentemente, um homem vai muito além de um molusco na estruturação de seu espaço perceptivo – sua capacidade de retenção e escolha é muito maior do que a daquele –; ocorre, porém, que também compartilhamos em nossos estratos termporais inferiores de uma certa intensidade análoga à dele, de uma ordem de grandeza mínima, em que opera nossa visão. Em meios diferentes, evidentemente, a evolução poderia seguir caminhos diversos: surgiriam outros mecanismos diferentes dos nossos (pensamos no radar de um morcego, por exemplo), mas todos esses mecanismos teriam como objetivo ampliar a ação possível do vivente, ampliar, por assim dizer, seu círculo de presença no mundo. De um modo ou de outro, a vida procura prosseguir num caminho ascendente de ampliação de atividade do vivente e de indeterminação deste em relação ao meio. Claro, esse impulso também chega por vezes ao fim em determinadas linhas. Muitos animais permanecerão nas trevas porque neles o impulso não conseguiu ir além. Muitos estagnarão numa situação cômoda, porém, inerte de adequação ao meio, permanecendo anatomicamente invariáveis. Compreender as causas desta interrupção do impulso talvez seja, ao cabo, um problema ainda mais difícil do que explicar a analogia do olho para Bergson.

Referências bibliográficas

BERGSON, Henri. *A evolução criadora*. São Paulo: Martins Fontes, 2005.
_____. *Les deux sources de la morale et de la religion*. Paris: PUF, 1967.

_____. *Matéria e memória*. São Paulo: Martins Fontes, 1999.

_____. *O pensamento e o movente*. São Paulo, Martins Fontes, 2006.

CASSIRER, Ernst. *El problema del conocimiento*, vol. IV: De la muerte de Hegel a nuestros dias (1832-1932). México: Fond de Cultura Económica, 1948.

CONRY, Yvette. *L'Évolution Créatrice de Henri Bergson*. Investigations critiques. Paris: L'Harmattan, 2001.

DARWIN, Charles. *The origin of species by means of natural selection* in *Great books of the Western World*. Chicago: University of Chicago, 1978.

WORMS, Frédéric. *Bergson et les deux sens de la vie*. Paris: PUF, 2004.

_____. *Le vocabulaire de Bergson*. Paris: Ellipses, 2000.

Crítica do negativo e virada ontológica em Bergson: a filosofia como pensamento em duração

Débora MORATO PINTO[1]

Desde a sua publicação, a obra *Presença e campo transcendental. Consciência e negatividade na filosofia de Bergson*, de Bento Prado Júnior, tem inspirado os pesquisadores brasileiros que se dedicam ao estudo da filosofia francesa contemporânea. Já tivemos oportunidade de escrever sobre o itinerário do livro no Brasil e na França,[2] um tra-

---

1 Universidade Federal de São Carlos.

2 A fertilidade de *Presença e Campo Transcendental* pode ser atestada pelas inúmeras referências à obra que encontramos nos artigos atuais sobre Bergson. Mas ela também está concretizada em textos que tomam o livro como objeto de análise, sobretudo na publicação do debate que teve lugar na França e do qual participaram Renaud Barbaras, Antonia Soulez, Frédéric Worms, Pierre Montebello e Jean-Christophe Goddard. Ver: Frédéric Worms, *Annales Bergsoniennes* I: Bergson dans le siècle. Paris: PUF, Col. Epiméthée, 2002. De minha parte, tive a oportunidade de apresentar pontos relevantes da análise de Bento Prado em dois textos aos quais me permito enviar o leitor: "Crítica do negativo e ontologia da Presença", publicado na coletânea organizada por Déborah Danowski, uma bela homenagem ao nosso grande professor: O que nos faz pensar, 22, dezembro de 2007; e "La crítica de las ilusiones y la ontología de la presencia: Algunas consideraciones sobre el es-

jeto cheio de obstáculos e intervalos significativos, mas nem por isso menos coberto de êxito. Em algumas ocasiões, pudemos reforçar sua importância na recuperação do pensamento de Bergson, sobretudo nos últimos vinte anos, retomada de uma obra pelo vigor que ela empresta às questões filosóficas mais relevantes no contexto francês da segunda metade do século XX.

A base da reflexão levada a cabo pelo livro são as análises bergsonianas do negativo, que têm sua contraparte no acesso à duração como ontologia de uma nova positividade, a *luminosidade da presença*. A proposta é enfrentar o desafio de compreender a articulação interna do pensamento de Bergson tomando como guia sua impressionante crítica à ideia de Nada, denunciada como motor invisível da história da metafísica. O sentido preciso da crítica efetivada se expressa no movimento de elucidação dos fundamentos e dos desdobramentos dessa ideia-matriz ou ilusão primordial: da imagem do vazio ou da ausência, de sua formação e de sua atuação no âmbito da teoria do conhecimento; dos juízos negativos como afirmações de segundo grau e sempre derivados; da suposta precedência do possível sobre o real e da desordem em relação à ordem; dos vários e amplos equívocos que sustentam a dialética conceitual e que remontam à "passagem do nada ao ser", impulsionando a prioridade do imóvel ou a ilusão da *estabilidade* e condenando a ontologia ao pensamento da identidade e da repetição. Esse pensamento expulsa do saber toda heterogeneidade e transformação, justamente aquilo que nossos sentidos e nossa consciência apreendem em seus dados imediatos, e que vêm a ser os aspectos essenciais da temporalidade ou duração.

Bergson refere-se recorrentemente à tradição filosófica como percurso que, no mesmo gesto, nega a realidade do movimento (e da mudança) e desconsidera a relevância teórica dos dados da sensibilidade,

---

tudio de Bergson en Brasil. In: Horacio González et.al. (Org.). Inactualidad del bergsonismo?, 1 ed. Buenos Aires: Colihue, 2008, vol. 1, p. 27-36.

substituindo o "percepto pelo conceito"[3] dada a incompletude e a efemeridade do conteúdo sensível. Com base na continuidade real e efetiva entre a percepção, ação humana de inserção no mundo, e a inteligência, que "prolonga nossos sentidos",[4] o conhecimento detém apenas o ato de fixação que se efetiva sobre uma continuidade movente – eis a dimensão mais importante da objetivação, promovida por recorte e "congelamento" da realidade dinâmica. Desse modo, toda noção de ser definida com base no objeto estável e nítido implica desconsiderar os aspectos da experiência que se contrapõem à estabilidade, e o desprezo pelo temporal é intrínseco à construção de uma noção de ser impermeável à passagem, à diferença e à mudança e, nessa medida, inacessível à consciência sensível. Trata-se, para Bergson, da concepção de ser ligada à tradição metafísica de um modo geral e que tem como fundo a carência vital, o vazio, a ausência; enfim, o *nada*. A metafísica trabalhou então, desde sempre, com uma ideia de ser à qual se chega passando pela ideia de nada. Cabe enfatizar, desde já, o resultado inequívoco da crítica: demonstrar como as ideias negativas são *ilusões da razão*,[5] deri-

---

[3] Henri Bergson, "La perception du changement" *Oeuvres*. Éd. du Centenaire. Paris: PUF, 1991, p. 1369. A conferência apresenta esclarecimentos importantes sobre o modo como Bergson considera a relação entre percepção e conceito da história da filosofia, cujo movimento, entre os antigos e os modernos, operou essa substituição dada a constatação de uma "insuficiência de nossos sentidos e nossa consciência, apelando a faculdades do espírito que não são mais perceptivas". (*Idem, Ibidem*). A via bergsoniana é, pelo contrário, voltar à percepção de modo a ampliá-la.

[4] *Idem. La pensée et le mouvant. Oeuvres*, p. 1278.

[5] Bento Prado expõe, no primeiro capítulo de seu livro, como a crítica do Nada mostra a falta de fundamento – ou o fundamento imaginário e ilusório do Ser definido como eterno e imóvel – e assim possibilita revelar o Ser como duração, isto é, torna possível desvendar "os fundamentos da duração como argumento de uma Ontologia da Presença. À Ausência, que é miragem instaurada pela práxis e que institui a Ontologia da Repetição, é possível opor o campo luminoso da Presença, como condição de uma descrição da história do real enquanto contínua criação de novidade, enquanto

vadas de seu caráter instrumental e necessárias à vida. As análises das ilusões, tanto no nível das consequências, quanto dos princípios,[6] são, portanto, indispensáveis para mostrar que "uma realidade que se basta a si mesma não é necessariamente estranha à duração".[7]

A tradição brasileira de estudos bergsonianos[8] pôde usufruir do privilégio de ter tido acesso a essa leitura que mostra, de modo profundo e singular, o vínculo indissociável entre a exigência de desfazer as ilusões naturais ao entendimento, trabalho sustentado por uma *crítica do negativo*, e o acesso metafísico ao real empreendido pelo *pensamento em duração*. A desmontagem da ideia do Nada vem a ser a exposição de sua origem e de seu funcionamento: a vida e a sociabilidade, impulsionadas pela linguagem, delimitam o campo da ausência, cuja representação vem responder, em sua origem, à carência vital. A análise de Bergson, psicológica e lógica, nos mostra na imagem do vazio um *conteúdo* cujo significado remete sempre a regiões do ser preteridas pela

---

ponto de confluência entre liberdade e inteligibilidade: isto é duração" Bento Prado Jr., *Presença e campo transcendental*. Consciência e negatividade na filosofia de Bergson. São Paulo: Edusp, 1989, p. 41.

6 Bergson distingue a crítica efetivada no nível das consequências do uso indiscriminado da inteligência como a que se efetiva em cada obra, no tratamento que imprime aos problemas filosóficos específicos, tais como a liberdade, o dualismo, a vida, a moral. No nível dos princípios, a crítica identifica-se à reflexão que toma as duas ilusões primordiais do entendimento – nada e estabilidade –, desconstruindo-as, e assim prepara a avaliação de momentos especiais da história da filosofia.

7 Bergson, H. L'Evolution Créatrice, in Oeuvres, p. 747.

8 Essa tradição sempre envolveu um número pequeno de pesquisadores, formados quase que inteiramente pela atuação de dois filósofos, o próprio Bento e Franklin Leopoldo e Silva (desse modo, permaneceu, por muito tempo, limitada geográfica ou espacialmente ao estado de São Paulo). Hoje o grupo de pesquisadores que se interessa por Bergson aumentou consideravelmente, acompanhando uma mudança também em curso na França, e começa a ter alcance nacional. Ainda assim cabe ressaltar o papel desbravador que os trabalhos de Bento e Franklin representaram.

consciência e, na ideia do nada, a conjunção entre a ideia de substituição e o sentimento de preferência. Nos dois casos, depurando-se o conteúdo da imagem e da ideia, não podemos suprimir uma *presença* que resiste, um mínimo aparecer, de si ou do outro, da consciência ou das coisas. Mas o conhecimento prático negligencia a presença em nome da representação de um nada, expressão do sentimento de mal estar pelo desinteresse diante do que se apresenta, pela necessidade que não encontra seu objeto – o que se apresenta não interessa, não é, há vazio. A ausência prévia é, portanto, uma *miragem* que dirige os mecanismos humanos de conhecimento, delimitando os objetos como conteúdos positivos que preenchem o vazio. Mais que isso, a inteligência enquanto órgão de ação não se representa senão alvos ou fins a atingir, isto é, "pontos de repouso", imobilidades em que objetivos podem se realizar. Eis o ponto central para a ontologia: da imobilidade do resultado a realizar, ela passa à representação imóvel do meio em que essa realidade se enquadra, de onde a representação espacial da matéria, que não poderia, para o bem das ações e assim da vida, nos aparecer como "um perpétuo escoamento".[9] Desse modo, a tendência primordial da consciência intelectual é sempre a de constituir uma objetividade positiva e determinada, de contornos nítidos e impenetráveis, idêntica a si e composta de partes igualmente determinadas. Uma objetividade cuja forma é o espaço, que pensará toda a matéria (determinando posteriormente os atributos do que se denominará "espiritual") como extensão geométrica e que se constrói separada da subjetividade por uma distância insuperável. O mérito de Bergson foi o de mostrar na filosofia grega[10] uma reflexão que se volta para essa objetividade como modelo do Ser

---

9 *Idem, Oeuvres*, p. 748.

10 Os atributos afirmados pela metafísica grega e aceitos a partir de algumas inflexões pelos modernos são denunciados por Bergson como frutos de ilusões da inteligência, que, reinando sozinha no terreno do conhecimento especulativo, define o quadro da verdade pela moldura da identidade e da eternidade. Ao construir uma nova metafísica fundada na experiência e cuja conclusão essencial é justamente ver "na duração o próprio tecido de que a realidade é feita"(*Idem, Ibidem*, p. 748), Bergson encontra em seu caminho

e, na filosofia moderna, a manutenção do fio condutor do pensamento objetivo, para emprestarmos o termo caro a Merleau-Ponty, acentuando, entretanto, a distância entre sujeito e objeto pela entrada em cena de uma *consciência* separada do ser, mote do dualismo que atravessa os séculos XVII e XVIII.

Ora, se Bergson percorre um trajeto que culmina, numa de suas vertentes, na teoria genética da inteligência em *A evolução criadora*, esse percurso (que desvenda os mecanismos intelectuais) *libera o pensamento de sua função natural*, recorte e fixação do real com vistas ao domínio técnico. Ao fazê-lo, a teoria do conhecimento centrada nas *démarches* críticas expõe sua face ontológica, já que se identifica ao movimento de conversão da consciência que se vê mergulhada no ser. Assim, o entendimento espacializador cede lugar a uma relação complementar entre análise e intuição e a consciência reencontra a si mesma e ao ser, isto é, se redescobre imersa num ser que a envolve e ultrapassa, um ser em duração, um ser que é duração. A consciência está *em presença do ser*, "há ser", verdade inegável e constatação ineslutável que vai se apresentando a cada problema filosófico enfrentado por Bergson. Mas a presença do ser é movimento, a consciência intuitiva toca o movimento em que os objetos vêm a ser, e as representações do real encontradas por Bergson são da ordem do virtual, das tendências, de totalidades em constituição nas quais a consciência se vê em participação. O pensamento agora está na duração, na experiência da *durée*, contato com o absoluto da Presença, termo preferido por Bento Prado. O pensar em duração é, para Bergson, pensar a partir da intuição da continuidade indivisa e movente, a "continuidade ininterrupta", por isso mesmo substancial, de "imprevisível novidade",[11] e por isso criação. Trata-se ainda e sempre de pensar e conceituar, mas partindo do movimento, da apercepção do movimento como a própria realidade, o que exige desenvolver novas funções do pensamento, isto é, funções

---

obstáculos que nada mais são senão consequências da ideia do Nada e de sua relação indissociável com a imagem do Ser imóvel.

11 *Idem, Oeuvres*, p. 1275.

outras que a intelectual. A intuição nos dá o movimento de gênese das formas acabadas, por isso mesmo nos dá as condições de compreensão do feito. Sem entrarmos aqui na questão da intuição como método, de difícil tratamento, é importante enfatizar que a intuição tem uma dimensão fugaz e efêmera ela própria, e sua comunicação, bem como sua fixação em conhecimento compartilhável, exige uma conceituação, não dispensa um mínimo aprisionamento em palavras. Assim, a metafísica positiva de Bergson não é um mutismo solipsista; pelo contrário, trata-se de uma metafísica que se aperfeiçoa, que comporta visões múltiplas e complementares do concreto, reconhecimento dos aspectos da presença do real. Ela reúne múltiplos acessos a um objeto se fazendo, ao movimento de gênese que é o próprio objeto, que é "esse ato constante de autoconstituição que não atinge jamais a cristalização inerte do dado".[12] O acesso à positividade de uma presença luminosa é a apreensão do *en train de se faire*, do movimento em sua mobilidade essencial, um pensar em duração que somente se efetiva pela superação do feito, do dado, do "*tout donnée*".

Não foi pouco o que nos foi concedido: entre os trabalhos de uma geração inicial e que se seguem até meados dos anos 60, envolvendo estudos clássicos como os livros de Thibaudet (1923), Jankélévitch (1959), Gouhier (1962) e Deleuze (1966) e os trabalhos dos anos 90 que, impulsionados por Frédéric Worms, revigoraram a filosofia bergsoniana – ou seja, durante o ostracismo que esse pensamento conheceu nas décadas de 70 e 80 – pudemos contar com uma interpretação[13] magistral do trabalho crítico próprio a Bergson e de sua minuciosa análise das ilusões intelectuais que permeiam a história da filosofia. A relação entre filosofia e história da filosofia foi, aliás, uma das motivações, senão a principal, que conduziram Bento Prado ao estudo de Bergson,

---

12 Bento Prado Jr., Presença..., p. 86.

13 Uma interpretação que permaneceu disponível apenas aos leitores de língua portuguesa durante 23 anos, até a tradução e publicação do livro na França em 2002, quando então pôde ser conhecido e debatido pelos novos estudiosos de Bergson e da filosofia francesa contemporânea.

seguindo as sugestões de uma conferência ministrada por Lívio Teixeira.[14] E é nesse ponto de partida que reside a força do livro, ao colocar em evidência como Bergson faz da crítica às insuficiências da tradição filosófica um modo ou uma condição para renovar a metafísica. Há, no bergsonismo, uma necessidade inelutável de passar pelo "recurso à história da filosofia" para liberar o caminho da verdadeira filosofia – eis o que o livro nos mostra, o que significa, em outros termos, que o método bergsoniano exige essa passagem como etapa crucial.

O trajeto de *Presença* nos coloca na boa trilha da complexa relação que Bergson estabelece entre teoria da vida (a ontologia que se expressa pela metáfora do elã vital, figura da duração) e teoria do conhecimento (uma teoria psicológica que tem na memória, outra figura da *durée*, o seu centro), e o faz justamente pelo manejo das reflexões sobre a negatividade. Se o entendimento, logo renomeado inteligência e referido à sua origem biológica, engendra em seu funcionamento natural a ilusão da ausência originária, cuja versão conceitual precisa é a ideia do Nada, a ontologia por ele produzida será necessariamente mal-sucedida, já que pensará todo ser à luz de um pressuposto "inventado", mistura entre mecanismos psicológicos e raciocínios formados na base da espacialização própria aos atos da inteligência. Entretanto, e eis o fundamental, a produção *natural* de ideias negativas se esclarece pela delimitação da função vital da inteligência – sua destinação prática e não teórica – e pela elucidação de seu modo de funcionamento

---

14 Conferência pronunciada em 1959 na Société des Études Philosophiques (cf. Prefácio à *Présence et Champs Transcendantal*, OLMS, 2002, p.3). Nesse mesmo prefácio, Bento aponta o segundo viés de leitura, em estrita relação com o primeiro, que sua interpretação nos apresenta: a profunda afinidade de intenções entre *Matière et Mémoire* e a fenomenologia francesa, pista sugerida desta vez por Victor Goldschmidt. Assim, a filosofia de Bergson é interpretada de maneira potente e original, segundo os termos de Renaud Barbaras no Avant-Propos da edição da OLMS, justamente por sua relação com o passado e com o seu porvir, já que a comparação com a fenomenologia situa seu pensamento "nos debates filosóficos do pós-guerra" e conduz a uma confrontação que "é sem equivalente"(*Op cit.*, p. 1).

que prolonga e sofistica o processo perceptivo. O trabalho teórico que acompanha a estrutura, a função e a gênese da inteligência é o mesmo que encontra o sentido último da negatividade própria à experiência humana, assim como dissolve os efeitos colaterais da especulação intelectual, ao modo do trabalho de Kant na *Dialética transcendental*. Bergson também trata de esclarecer a constituição de uma experiência objetiva e determinar o bom uso das faculdades de conhecimento, incluindo-se aí a denúncia dos malogros metafísicos da racionalidade teórica. A história da filosofia surge nesse movimento como alvo inevitável e objeto privilegiado, já que as ideias intelectuais nela ganham sua forma acabada – isto é, através de um refinado trabalho conceitual, tornam-se princípios e centros de sistemas explicativos gerais, e desse modo constituem-se plenamente como ilusões por sua ampliação desmedida e por sua aplicação inadequada. Seu exame consiste então na passagem indispensável a uma crítica cujo limite será a recuperação da experiência em sua fonte, pré-humana, como forma de superar a condição humana no âmbito do conhecimento, ou seja, será a tentativa de "desenraizar uma inclinação tão profunda, conduzir o espírito a inverter o sentido de sua operação habitual",[15] inversão que se identifica à metafísica como experiência integral.

Corrigir a rota do uso exacerbado da inteligência e complementá-la pela intuição são etapas de uma filosofia que inverte o movimento natural do pensar e, por isso mesmo, compreende as articulações naturais do ser e do pensamento. Tal compreensão nos expõe a origem e a razão de ser da negatividade própria à experiência humana, a cisão imanente às ações vitais no embate com a matéria, decorrente, por sua vez, da dualidade inscrita no ser pela qual o movimento criador da vida progride com e contra seu próprio inverso, a extensão material. A ontologia vem esclarecer a "epistemologia" de Bergson – a mesma que a tornou possível –, a etapa crítica do método intuitivo que deve necessariamente superar um negativo de "compreensão" ou teórico nascido de uma propriedade imanente à duração, a negatividade prática, *efeito*

---

15 Henri Bergson, *Oeuvres*, p. 1311.

de uma ação real sobre o real, e encontrar uma positividade plena e dinâmica, cujo dinamismo responderá então por seu movimento de diferenciação. Por outros caminhos, a análise de Frédéric Worms explora a dualidade própria a Bergson como dois sentidos da vida, mostrando no espaço, o reverso da *durée*, uma origem vital e prática, ontológica e metafísica. Com efeito, se a intuição central de Bergson é a da distinção e entre espaço e duração, distinção da qual o conhecimento fez uma confusão, isso indica como a representação espacial da *durée* nos é inevitável e mesmo imprescindível. Assim, segundo Worms, a tarefa de compreender a profundidade da filosofia bergsoniana exige esclarecer e aprofundar tal distinção, perseguindo o "caráter último dessa dualidade".[16]

Ao mostrar na ilusão do Nada o fundo do pensamento do Ser que implica necessariamente a desqualificação do temporal e do empírico, Bento Prado expõe, portanto, as inovações de Bergson em seu projeto de repensar a filosofia como experiência de aderência ao ser, de conversão da consciência que pode ver a si mesma, numa visão em que é "espectadora e atriz",[17] mergulhada no ser – a intuição da duração que pode pensar o objeto ao acompanhar a sua gênese ou seu vir a ser. Intuição que faz coincidir a "atenção que fixa" e o movimento, o tempo fluindo, que procura apreender sem deter, e que toma por objeto

---

16 Frédéric Worms, *Bergson, les deux sens de la vie*. Paris: PUF, 2004, p. 13. Daí se segue a ênfase da análise de Worms sobre o estudo do espaço. Com efeito, tão importante quanto delimitar e descrever a realidade do tempo, é enfrentar a questão da realidade do espaço, também situada no âmago do pensamento de Bergson: "o espaço também coloca a questão metafísica de sua realidade, ou da coisa em si à qual ele reenvia"(*Op cit.*, p. 92).

17 Henri Bergson, *Oeuvres*, p.1255. No início da primeira introdução a *La pensée et le mouvant*, Bergson retoma seu percurso e assim define a questão que dirigiu sua filosofia: perguntar-se *o que é a duração*, isto é, examinar como a *durée* apareceria a uma consciência especial, originada numa atitude em que, *reflexivamente*, ela tentaria se apreender sem se deter, aprender-se se fazendo, numa visão que não visa imobilizar, que é não é presidida pelo interesse vital ou social.

primordial a própria consciência – interior e psicológica, em primeiro lugar; perceptiva, memorial e ontológica no segundo estudo; vital e cosmológica na renovação do evolucionismo. A consciência intuitiva, mostra-nos o autor, aquela que supera a distância ou a separação com o Ser, não se identifica a um retorno ao senso comum; ao contrário, e assim compreendemos o caráter indispensável das análises críticas que partem dos problemas específicos e chegam a uma visão da filosofia sistemática, é uma consciência "convertida que já passou pelas ilusões da dialética".[18] A convergência com o projeto kantiano é notável, pelo menos em sua tarefa negativa: o fim da metafísica[19] está decretado, segundo Kant, pela determinação dos limites da razão. A crítica de Bergson aponta para os mesmos limites, suas consequências é que o afastarão do filósofo alemão, engajando seu pensamento numa via que Kant condenaria veementemente; não por acaso a primeira obra de Bergson é

---

18 Bento Prado Jr., *Presença...*, p. 28.

19 Título do livro de Gérard Lebrun, obra de enorme influência sobre os estudos kantianos no Brasil, assim como sobre a vertente de estudos fenomenológicos ligada ao trabalho fundamental de Carlos Alberto Ribeiro de Moura. O livro de Lebrun é também presença marcante em *Presença e campo transcendental* e conduz Bento a inserir Bergson no movimento de modalização da filosofia transcendental, cujo principal representante é Merleau-Ponty. Se Lebrun soube insistir "no caráter a-doutrinal que, desde Kant, a filosofia deve assumir"(Carlos Alberto Ribeiro de Moura, Apresentação a Luiz Damon Moutinho. Razão e experiência. Rio de Janeiro: Editora UNESP, 2006, p. 13), e que Husserl assume plenamente, a interpretação da filosofia de Merleau-Ponty que fez escola no Brasil soube mostrar no fenomenólogo francês a "mudança que transforma o discurso filosófico, novamente, em um conhecimento do mundo, em um saber de 'objetos', no mesmo que, em tom definitivo, a Crítica da Razão Pura lhe interditara ser"(*Idem, Ibidem*). Tal mudança é central na filosofia bergsoniana e pode ter tido papel relevante no desvio para a ontologia que a fenomenologia merleau-pontiana tão bem soube realizar.

concluída com uma importante referência ao "erro de Kant".[20] A tarefa crítica impõe examinar as ilusões tal como engendradas em episódios exemplares, mas o exame intenciona, sobretudo, desfazê-las, afastar os falsos problemas, superar os conceitos imprecisos, recuperar o real oculto por trás de todo esse trabalho intelectual. Levando em consideração esse objetivo, podemos compreender por que Bergson dedica poucos e breves trechos à análise de alguns filósofos no famoso quarto capítulo de *A evolução criadora*.[21]

A passagem pelos sistemas, nesse sentido, identifica-se à própria análise da estrutura de nosso pensamento, de sua índole espacial e de suas tendências espacializantes, análise que ao mesmo tempo desvenda sua origem – em Bergson, toda descrição de estrutura é esclarecimento da gênese –, situando-a no âmbito da ação, da naturalidade de nosso conhecimento intelectual enquanto produto da vida. As ilusões da razão são construídas na práxis, no campo da ação adaptativa e social.

---

20 Literalmente: "O erro de Kant foi tomar o tempo por um meio homogêneo. Ele parece não ter notado que a duração real se compõe de momentos interiores uns aos outros e que, quando ela toma a forma de um meio homogêneo, é que ela se exprime em espaço"(*Oeuvres*, p. 151). Kant representa ainda a confusão primordial do entendimento humano quanto ao tempo, e é o adversário privilegiado pelo percurso da primeira obra de Bergson.

21 Na verdade, o exame da história da filosofia segue uma direção estabelecida ao longo das outras obras, quando Bergson expõe as ilusões intelectuais no nível dos problemas específicos de que trata (liberdade, dualismo, etc.), mas essa direção tem seus princípios esclarecidos na abertura do capítulo que percorre os sistemas. Ali, Bergson analisa as duas ilusões teóricas que funcionam como matrizes de várias outras; esclarecer a sua origem significa finalmente mostrar como se processam os raciocínios que impedem a boa posição do problema da liberdade, da alma e do corpo, da vida. Somente pelo esclarecimento último das ideias que obstruíam o caminho da metafísica pode-se afirmar uma filosofia que pode dar conta do fato de que a "realidade nos apareceu como perpétuo devir"(*Oeuvres*, p. 725), encontrando o sentido último desse fato na visão de que a duração é "o próprio estofo da realidade"(*Idem, Ibidem*).

Desse modo, devido à falta de um trabalho crítico interposto entre os procedimentos da práxis e o esforço especulativo, o conhecimento filosófico[22] torna-se a história de um erro, invadindo e alimentando, por sua vez, o saber do senso comum e o desenvolvimento científico. É assim que, através dessa interpretação guiada pelas análises do negativo, somos conduzidos ao vínculo indissociável entre etapa negativa e dimensão positiva do método intuitivo, à imbricação intrínseca entre suas duas faces, um dualismo que "reproduz um dualismo mais primitivo, inscrito no próprio Ser, no qual ele encontra sua origem e seu fundamento".[23]

A filosofia de Bergson encontra na redefinição da subjetividade, na compreensão da consciência, a chave para a passagem da psicologia à metafísica, outra face de uma relação complementar e mesmo circular entre epistemologia e ontologia, efetivada por uma reflexão sobre a experiência que é a um só tempo conversão da consciência perceptiva/intelectual em consciência intuitiva – coextensiva à vida, isto é, não encerrada num eu.[24] Centradas na experiência consciente, crítica e ontologia são os dois lados de um novo projeto metafísico, de um conhecimento interior do ser pela retomada da própria interioridade entre a consciência e o ser. Eis o ponto central da relação entre método e objeto: na medida em que o ser duracional institui de si mesmo uma inversão, aquela que preside a gênese da matéria e da inteligência, a subjetividade prática e seu modo de conhecer encontram lugar no ser

---

22 Sem uma análise crítica, uma torção ou inversão de direção, essa transposição de um campo a outro deriva necessariamente em pseudo-ideias e falsos problemas filosóficos. Boa parte das análises conceituais encontradas nas obras de Bergson dedicam-se a esclarecer a origem dos falsos problemas como passo para *criar* os novos problemas e conceitos.

23 Bento Prado Jr., *Presença...*, p. 28.

24 Há uma certa disjunção entre as noções de "consciência" e "eu" ou "ego" em Bergson, separação que abre a via do pensamento de uma experiência que não se dá no interior do sujeito. Esse caminho é percorrido por Deleuze e seu campo transcendental sem sujeito, noção já delineada em Bento Prado Jr., *Presença...*

ou fundamento ontológico. Nesse sentido, um conhecimento fragmentário, que recorta, fixa e desnatura a dinamicidade do real, encontra lugar na variada composição de ações e produtos singulares que os diversos níveis do real envolvem. A história da filosofia prolonga a história do conhecimento prático e intelectual, levando-o às últimas consequências. O método intuitivo, na medida em que desfaz algo desse conhecimento com vistas a superá-lo, necessita inventariar, analisar e encontrar a razão de ser das ilusões práticas e de sua transposição para a teoria. Esse é o significado último do trabalho crítico tão peculiar a Bergson. Nesse sentido, *Presença e campo transcendental* é uma obra definitiva no que diz respeito à tarefa de esclarecer "qual é o lugar da história da filosofia no quadro geral do método bergsoniano".[25]

O exame da história da tradição procura em primeiro lugar mostrar cada sistema e seu autor como expressões, permeadas pelas relações propriamente históricas, de derivações da ideia matriz – como momentos especiais da tentativa infindável de compreender a *presença do mundo* à luz de uma *ausência originária*. A história da filosofia é, em suma, história do entendimento em ato, atuando no terreno da especulação, produzindo conceitos e hiperconceitos para tentar resolver problemas para os quais ele não tem aptidão. Enquanto ferramenta prática, a inteligência não tem vocação nem capacidade para teorizar, não se adequa à compreensão do real em sua essência, não está preparada para a verdadeira metafísica. A inteligência, como Bergson bem o coloca através de uma de suas metáforas mais famosas, obedece a um *mecanismo cinematográfico*, fixando a dinamicidade do real em *vistas*[26] instantâneas tais como as tomadas do cinema: ela recorta, extrai,

---

25 Prefácio à edição francesa do livro. Ver Bento Prado Jr., *Présence...*, p. 3.

26 Seguimos o termo escolhido por Bento Prado Neto para traduzir "vues de l'esprit", mais de acordo com o que Bergson pretende dizer, já que se trata aqui dos instantâneos tomados do real no nosso processo natural de conhecer, que configura um mecanismo cinematográfico. A nomenclatura se torna ainda mais relevante na medida em que as expressões *prise de vue* e *vues prises sur* são empregadas de forma significativa nas análises sobre os atos do espírito diante do devir. Ver Henri Bergson, *A evolução criadora*,

fragmenta e isola. Encontramos aqui outra dimensão da filosofia bergsoniana que as análises críticas nos indicam: a nova relação entre totalidade e parcialidade que o ser-duração expressa e cuja inteligibilidade escapa ao esquema espacial. A composição ou justaposição de partes impenetráveis deu o tom da intelecção do mundo físico e foi transposta ao mundo metafísico sem maiores cuidados. Nessa transposição vemos a relação complementar entre o gesto que nega a transformação, a progressão e a passagem e aquele que recorta e fixa objetos estabelecendo a construção de um mundo espacial que se compõe de partes definidas – ambos decorrendo dos mecanismos da práxis, aos quais subjaz um meio vazio e homogêneo, o espaço geométrico expandido para a realidade física. A origem da percepção em nossas carências, uma das raízes da noção de nada, é também razão de ser da extração de vistas parciais numa totalidade contínua, como nos mostra *Matéria e memória* através da análise minuciosa desse processo, origem, aliás, de toda intelecção e da produção de conceitos. A extração de vistas parciais do real não pode, entretanto, recompor a totalidade em ato e a mobilidade do real sem risco de falsificação. Em suma, conceber o todo como composição de partes é a mesma ação teórica que pensa o ser idêntico a si: os sistemas filosóficos da tradição nada mais fizeram senão afirmar tal ser à luz do todo espacial.

Em linhas gerais, a análise da percepção em *Matéria e memória* nos ensina que ela consiste num processo cuja destinação inicial é o recorte e a fixação de campos estáveis no real, a limitação da exterioridade a partir de nossas necessidades. Conhecemos também, pelo estudo da percepção, a condição primeira da ação que rompe a cadeia automática de relações entre imagens, cria a representação como simbolização de uma vontade e introduz, no mesmo golpe, a indeterminação no mundo: tais prerrogativas pertencem a um tipo especial de imagem, o corpo vivo. O pressuposto dos processos psicológicos é a vida, o corpo próprio em torno do qual as imagens se reorganizam num novo sistema, o mundo para alguém. No limite do contato entre corpos, a

---

Trad. Bento Prado Neto. São Paulo: Martins Fontes, 2005, sobretudo a nota I do capítulo 1, p. 30.

vida delimita um horizonte, uma distância, na qual partes serão isoladas e corpos singulares serão definidos. A consciência perceptiva tem sua razão de ser no processo pelo qual o corpo hesita nas suas reações e a imagem percebida pode ser compreendida como o reflexo da ação possível do corpo sobre os objetos exteriores, ou numa região da exterioridade de onde serão recortados os objetos; a percepção é justamente essa figuração simbólica e objetiva da indeterminação da ação do ser vivo. As ações vitais se dão como ou pela percepção, uma antecipação exercida pelo corpo dotado de cérebro: esquematizando as ações possíveis do corpo no mundo, a percepção simboliza, cria o mundo da representação na imanência do plano corporal, da vida. Importa aqui o fato de que tais ações dão início à construção dos "objetos", a divisão da matéria em corpos "independentes de contornos absolutamente determinados".[27] Naquilo que podemos apontar como funcionamento natural da vida, encontramos a origem das noções abstratas sobre as quais ciência e filosofia se apoiarão para criar teorias como o mecanicismo e o finalismo: as *vistas do espírito* tomadas da experiência concreta do mundo, condições do estabelecimento de campos fixos e assim da repetição. Tanto para delimitar a natureza como uma máquina articulada, quanto para nela ver a realização de um plano, o raciocínio intelectual segue a trilha das necessidades vitais e sociais, os hábitos da linguagem e suas conceituações, o processo de fixação e espacialização do real, acabando por encontrar a conclusão de que "tudo está dado". Essa tese comum condiciona a concepção da natureza *partes extra partes*, conjunto de objetos delimitados e desdobrados no espaço cujas relações são passíveis de tratamento matemático.

É assim que Bergson enfrenta a transformação do devir em justaposição de estados definidos, a ideia recorrente que fez da duração e do movimento uma associação de pontos imóveis, de estados ou de instantes. A contrapartida da aceitação tácita da precedência do nada ao ser reside, como vimos, na delimitação do ser que despreza todas as dimensões do existente que indicam mudança, transformação, mo-

---

27 *Idem, Oeuvres*, p. 230.

bilidade e movimento – as manifestações propriamente temporais que assombram nossa existência e cuja experiência será então alocada na região das sombras, do erro, da aparência ilusória, dos limites da finitude humana, do irreal. Esse seria o motor do pensamento especulativo operando desde o platonismo até o século XIX. Mais que isso, o pressuposto atua também no campo do saber técnico e científico e oferece o fundamento para que a matemática passe de ferramenta útil e necessária aos objetivos de previsão e controle próprios à ciência a fundamento ontológico dos objetos estudados – o real é matematizável porque eterno, lógico, imóvel e idêntico a si. O real é geométrico, e as leis da natureza podem requerer o estatuto de universais e necessárias na exata medida em que a natureza é pensada como composição de *partes extra partes* cuja realidade objetiva tem a forma espacial.

Em lugar do Ser lógico, a filosofia bergsoniana faz emergir a duração – multiplicidade qualitativa, conteúdo em transformação ou diferenciação contínua em totalização. O ser é pensado então como conjunto de tendências virtuais internamente ligadas, como potência de atualização de diferenças: eis o pensamento do ser que o considera *sub species durationis;* que, enfim, não é mais um ponto de vista, mas a visão do absoluto. Em suma, Bergson expõe magistralmente a origem da concepção do ser imóvel na transposição indevida dos mecanismos de inserção prática ao pensamento especulativo. Ao fazê-lo, ela reencontra uma experiência do real purificada de elementos *a priori* e define uma nova concepção do ser cujos aspectos o diferenciam e o afastam do ser da tradição. Noções como diferença, heterogeneidade, transformação, interpenetração, ato, progresso, tensão e criação são algumas das suas novas determinações. Isso significa partir de uma concepção dada de ser e buscar compreender a efetividade do real através da crítica desse ser objetivo, desdobrado e pronto, totalizado e homogêneo, crítica cujos desdobramentos ele explora em campos de fenômenos específicos e temas próprios à filosofia – os fenômenos da interioridade psicológica na tematização da liberdade, os fenômenos psicológicos como expressão da ação vital (percepção e memória em convergência na ação) no estudo do dualismo, o movimento evolutivo em sua efetivação, do ponto de vista biológico e cosmológico, no estudo da vida. Em todos esses campos, trata-se sempre de superar uma concepção fragmentada, artificial e estática de nossa experiência e do real para atingir a realidade em seu movimento próprio, totalização em ato e coesão de mudanças que exigem uma reintegração das coisas às suas relações. Recuperação do real que muda o sentido de nossa experiência e a amplia e aprofunda. Nesse movimento, a exterioridade recíproca vai dando lugar à implicação interna como fundo ontológico e fundamento metafísico e a filosofia vai realizando sua tarefa, o "esforço para fundir-se novamente no todo".[28]

A crítica do negativo em Bergson é, portanto, a desilusão da razão. Ela impõe ao filósofo a tarefa de superar conceitos já longamente assimilados pelo saber e mobilizados pela ciência e pelo senso comum de modo quase latente, já que são ideias naturais ao nosso estar no mundo. As ideias negativas configuram um conhecimento diretamente originado em nossa inserção no mundo. Elas determinam, em certa medida, o tipo de conceituação e de raciocínio que predomina na ciência e na filosofia, estabelecendo uma visão *relativa* e *parcial* do real. Criticar as afirmações derivadas desse recorte prático (afirmações que deslizam subrepticiamente ao terreno da ontologia) significa, portanto, superar tal visão e se dirigir a um conhecimento *absoluto* e *total*. Esse conhecimento começa e se propaga a partir de um novo centro irradiador de certezas, a interioridade psicológica. Trata-se da manifestação da experiência interna apreendida mediante uma depuração crítica que afasta a forma espacial de um conteúdo em constituição que pode então ser compreendido em seu fazer-se, em si mesmo. Encontramos ali desenvolvido o minucioso processo de diferenciação entre qualidade e quantidade, início do estabelecimento de dualidades que se segue até o fim da obra de Bergson: da qualidade à multiplicidade interna, da quantidade à multiplicidade distinta, delas ao tempo e ao espaço, apenas na primeira obra. A principal conclusão da determinação da ideia da duração reside na sua delimitação como movimento de "autocons-

---

28 *Op cit.*, *Oeuvres*, p. 658.

tituição de uma multiplicidade indistinta e qualitativa",[29] uma apreensão obtida mediante a crítica da noção de grandeza intensiva e pela separação, nessa representação, do que é efetivamente experimentado e do que se mistura pela imaginação espacializadora. No *Ensaio sobre os dados imediatos da consciência*, a intuição da duração se dá pelo esforço vigoroso do sujeito em afastar-se das representações espaciais que procuram explicar a experiência consciente como associação de estados definidos, tomados como coisas e relacionados como continentes a conteúdos. Esse esforço resulta na recuperação do movimento dinâmico de interpenetração que define a multiplicidade interna, uma sucessão pura cuja forma é a ideia de duração.

Em *Matéria e Memória*, a intuição recupera a "experiência em sua fonte",[30] isto é, busca descrever a experiência consciente a partir de um fundo que lhe é anterior, um campo de imagens atravessado pela vida que tem como processo originário o recorte do real com vista à ação. Esse recorte, no fundo material que sustenta a ação, permite a inserção das lembranças subjetivas para o reconhecimento, isto é, um conhecimento do objeto com ou sem finalidades práticas imediatas. A dualidade estabelecida agora se concentra na diferença de natureza entre percepção (ação no mundo) e lembrança (o que não age mais, totalidade do passado conservada em si, impotente e virtual), e o núcleo da reflexão do livro está concentrado na demonstração da união possível entre essas duas noções. A análise dos processos de reconhecimento, permeada pelo diálogo com os estudos científicos sobre as afasias, nos oferece uma releitura da teoria da percepção que a redefine como memória, ou como ato de instituição, a uma só vez, de uma contração de vibrações que produz o qualitativo (a ação da memória imediata, que tensiona) e de uma história individual (o conjunto de lembranças que se conservam e formam a singularidade não representável do sujeito). Nessa medida, a chave da proposta bergsoniana para a teoria do

---

29 Definição do verbete duração in Frédéric Worms. *Le vocabulaire de Bergson*. Paris: Ellipses, 1998.

30 Henri Bergson, *Oeuvres*, p. 321.

conhecimento como psicologia da memória é a apreensão da percepção concreta à luz da duração, o que significa estudar o corpo como conjunto de processos de organização de movimentos e a consciência individual como memória, isto é como "uma continuidade de criação numa duração em que há verdadeiramente crescimento".[31] O estudo do dualismo guiado pela intuição da duração nos mostra, dessa vez, a união da alma e do corpo como o movimento do espírito que "retira da matéria as percepções que serão o seu alimento, e as devolve a ela na forma de movimento, onde imprimiu sua liberdade".[32] Nos dois livros, importa enfatizar, encontramos duas descrições da duração que sustentam a sua referência à noção de totalização, isto é, totalidade aberta em constituição. A manifestação da interioridade se expressa como um "todo em formação" da mesma ordem que a lembrança das "notas de uma melodia",[33] cujo principal aspecto a ser notado é a totalidade não totalizada que dá sentido a suas virtuais partes. A relação entre a totalidade em formação e suas fases é dinâmica: a cada nota que se acrescenta, ela se modifica sem, entretanto, se desintegrar; ela é uma continuidade indivisível e por isso o percurso do *Ensaio* pode ser dito descoberta da substancialidade do eu:

---

31 *Op cit.*, p. 828.

32 *Op cit.*, p. 378.

33 *Op cit.*, p. 67. A metáfora da melodia é recorrente na obra de Bergson. O "efeito de solidariedade" por ela ilustrado é também a marca do ser vivo. Ela é associada com os termos "lembrar", "lembrança", pois perceber as notas umas nas outras é rememorá-las e, assim, o estudo da memória na obra seguinte já está anunciado nas "definições" descritivas da duração. Mais adiante, explorando o exemplo das oscilações de um pêndulo, ele nos oferece a mesma imagem da representação direta do efeito sensível em nossa consciência: "... ou eu as perceberei uma na outra, penetrando-se e organizando-se entre si como as notas de uma melodia, de modo a formar o que chamamos uma multiplicidade indistinta ou qualitativa, sem nenhuma semelhança com o número: eu obterei assim a imagem da duração pura (*Op cit.*, p. 78).

a experiência estava ao alcance de todos; e aqueles que quiseram fazê-la não tiveram dificuldade em se representar a substancialidade do eu como sua duração mesma. É, dizíamos nós, *a continuidade indivisível e indestrutível de uma melodia* em que o passado entra no presente e forma com ele um todo indiviso, o qual permanece indiviso e mesmo indivisível a despeito daquilo que a ele se acrescente ou mesmo graças a isso.[34]

A virtualidade da memória pura, plena dimensão espiritual de nossa experiência consciente, refere-se também a uma totalidade em constituição, um movimento em que a consciência está em permanente abertura ao mundo, nele inserido ações e dele absorvendo representações à luz de uma história pessoal em ato – o passado integral que dá sentido ao futuro em construção.

Cabe ainda ressaltar como a compreensão do trabalho crítico livra a filosofia de Bergson de interpretações viciosas e mesmo superficiais – tais como a sua identificação a uma filosofia ingênua que nada mais faria senão retomar as teses do senso comum em mistura com um certo positivismo científico, atestado pelas inúmeras referências aos trabalhos dos cientistas de sua época. Com efeito, a filosofia de Bergson nos oferece um novo e fértil vínculo entre metafísica e ciência: relação a um só tempo crítica e complementar. A metafísica que almeja seguir as articulações do real necessita realizar uma reflexão que, por um lado, supera os quadros da racionalidade circunscrita aos conceitos abstratos e suas relações, partindo da franja intuitiva que acompanha nossas representações intelectuais – esse movimento exige uma crítica, no sentido amplo do termo, da ciência. Por outro lado, esse movimento teórico dialoga com a ciência por um viés, por assim dizer, positivo, debruçando-se sobre suas descobertas e se apoiando em fatos circunscritos a campos de investigação específicos, tal como é o caso do estudo das doenças da memória e da observação do movimento evolutivo das espécies. A metafísica, enfim, não se separa da investigação científica

---

34 *Op cit.*, p. 1312 (Grifo meu).

e mesmo depende dela. Em outros termos, se o itinerário de Bergson pode ser descrito como a passagem de uma filosofia da interioridade a uma filosofia da evolução, trata-se então de um pensamento que procura unir consciência e natureza e assim compreender seu pertencimento mútuo *através da meditação sobre os dados da ciência* – sobretudo da psicologia e da biologia. Tal passagem também pode ser descrita como superação do estudo do sujeito psicológico em direção à metafísica positiva, sempre referida à experiência, interna e externa. A filosofia de Bergson procura então apreender o real através de dois centros de observação, numa proposta do conhecimento filosófico como resultado de um "dimensionamento equilibrado da observação externa e da experiência interna".[35] Na referência à observação externa, há um papel primordial do recurso à ciência mesmo que os objetivos mais essenciais da metafísica sejam encontrados, sobretudo, no movimento de "descer às profundezas de si mesmo para alcançar o eu na sua pureza original, na medida em que o sujeito coincide consigo mesmo".[36] Cabe então bem estabelecer o modo como o recurso à ciência permite ampliar o campo de estudo da metafísica intuitiva, isto é, considerando que "a interioridade se põe como uma direção entre outras", entender como ela está internamente vinculada à natureza: "o trabalho de reflexão em *A evolução criadora* mostra que a duração pode ser metodicamente encontrada fora do sujeito".[37]

Conjugar a simpatia com o objeto penetrando sua *interioridade* e o conhecimento relativo que isola e *exterioriza* o objeto em partes é o caminho teórico da filosofia da duração. Isso significa usar a inteligência em suas capacidades mais desenvolvidas para superar seus limites e recorrer à intuição: ao fazê-lo, a filosofia supera a própria condição humana. A intenção maior de Bergson consiste em, por esse processo,

---

35 Franklin Leopoldo e Silva. *Bergson:* Intuição e discurso filosófico. São Paulo: Loyola, 1994, p. 37.

36 *Idem, Ibidem.*

37 *Op cit.*, p. 39.

fundar "uma outra metafísica",[38] um "verdadeiro evolucionismo" que pensará a filosofia da natureza à luz da subjetividade e dos processos conscientes, procurando recolocar o problema cosmológico, aquele que a inteligência "não soube resolver"[39] justamente porque foi "cortada do movimento total da vida e mais profundamente do movimento do ser". Se a inteligência é o que define o sentido da linha evolutiva da humanidade, tese que configura uma antropologia inicial na filosofia bergsoniana, a recuperação do movimento total da vida de onde ela saiu significará, portanto, a reinserção do homem "nesse plano metafísico do qual a inteligência nada diz".[40] O movimento de reintegração da inteligência ao ser total exige recuperar aquilo que a naturalidade de nosso conhecimento negligencia e mesmo nega: o passar do tempo e seus principais aspectos, o movimento, a mudança, a diferenciação e a coesão, a criação.

A busca pela reinserção da consciência no movimento do ser é assim evidente desde o *Ensaio*, primeiro capítulo de uma filosofia em que a imbricação mútua entre *método de acesso* ao ser e *crítica dos conceitos* derivados da espacialização do real se apresenta inequivocamente

---

38 Título do livro de Pierre Montebello, *L'autre métaphysique:* Essai sur la philosophie de la nature: Ravaisson, Tarde, Nietzsche et Bergson. Paris: Desclée De Brouwer, 2003. A obra aproxima de modo extremamente pertinente uma série de autores que procuraram refazer a metafísica sobre novas bases. Bergson é o autor central no percurso do livro, e suas análises nos interessam na medida em que se concentram em mostrar na teoria genética da inteligência o momento em que mergulhamos no absoluto, em que redescobrimos o movimento do Ser "a partir de nós mesmos, de nosso esforço, de nossa concentração em nós mesmos, de nosso sentimento duração e, portanto, de nossa liberdade"(p. 75). O autor nos oferece uma interpretação da obra de Bergson que joga luz sobre a complexa relação entre Absoluto e experiência nela proposta, e que encontra expressão em passagens como "no absoluto nós somos, circulamos e vivemos"(Henri Bergson. *Oeuvres*, p. 664).

39 *Op cit.*, p. 74.

40 *Op cit.*, p. 75.

– é da consideração cuidadosa dessa relação que a pecha do realismo ingênuo é facilmente afastada, restando determinar a singularidade de sua proposta de acesso metafísico ao real. Basta, para tanto, analisarmos o minucioso trabalho de dissociação analítica de conceitos que Bergson impõe a noções como tempo homogêneo ou à concepção tradicional de percepção. A intuição exige o estabelecimento das tendências divergentes que compõem nossa experiência mista – segunda regra do método conforme a divisão estabelecida por Deleuze[41] –, um trabalho que busca o puro para além ou para aquém dos mistos que nos são naturais. A noção de purificação da experiência permite unir os níveis empírico e transcendental numa nova aliança, que se efetiva assim na noção de intuição como método. Aqui, a via deleuziana se mostra interessante e convergente com a interpretação de Bento Prado: Bergson acede aos fatos através de um trabalho crítico, e constrói conceitos flexíveis, tal com o de *durée*, através da separação nítida entre elementos que compõem as noções híbridas. Assim, em sua primeira obra, todo o exame dos estados mentais, da "interioridade tenebrosa" e inexpressiva, segundo a crítica de Merleau-Ponty,[42] se faz a partir da crítica da noção que dirige o trabalho dos psicólogos do século XIX – a ideia de grandeza intensiva. Bergson parte da constatação de que o exame da experiência interna, quando efetivado no âmbito do senso comum e da ciência, vem marcado por um *parti-pris* que se insere no próprio desenrolar dos fatos para o sujeito. Assim, os fatos psicológicos são descritos já interpretados e essa má descrição se estabelece em conexão íntima com uma má conceituação, já que "grandeza intensiva", solução paliativa para resolver o mal estar decorrente do desacordo entre o que aparece e nosso modo natural de pensar, é um conceito que encerra uma contradição, tentando dar conta de uma relação quantitativa que não responde à condição primordial da quantidade – a relação entre

---

41 Gilles Deleuze, *Le Bergsonisme,* p. 11. Para o autor, essa busca das diferenças de natureza corresponde a lutar contra as ilusões.

42 Maurice Merleau-Ponty, *Phénoménologie de la Perception.* Paris: Gallimard, 1945/2008, col. Tel, p. 85.

continente e conteúdo. Assim, essa grandeza que "não é extensiva", ou seja, não se explica pela extensão, portanto, não cabe no conceito de quantidade, é um contra-senso. Os passos da análise da intensidade seguem-se a essa constatação – devemos examinar nossos estados de consciência, para conhecer efetivamente os processos conscientes, liberados da tentativa de encaixá-los nos esquemas da quantificação.

O acesso à experiência da qualidade pura, objetivo do primeiro capítulo do *Ensaio sobre os dados imediatos da consciência* e ato inaugural da filosofia da duração, necessita, portanto, desse trabalho preparatório que, num primeiro momento, exige apenas a denúncia da contradição inerente a tal noção e o cuidado de não torcer os fatos de modo a justificá-la. Ao fazê-lo, o filósofo torna-se capaz de encontrar a boa descrição, inclusive de iniciá-la pela dimensão mais profunda da experiência consciente, os sentimentos profundos cujo modelo exemplar nos é dado na experiência estética, região privilegiada para tal finalidade. A consistência do percurso do livro se atesta pela relação entre a crítica da grandeza intensiva e a análise de sua "raiz transcendental",[43] a noção de tempo homogêneo. Todo o trabalho de determinação da ideia de duração se efetiva pela distinção entre um tempo espacializado, variável da física e forma da sensibilidade, e a multiplicidade interna ou qualitativa, que é a multiplicidade "dos estados de consciência visados em sua pureza original, que não apresentam nenhuma semelhança com o número".[44] A purificação encontra o sentido último das descrições

---

43 A análise de Bento Prado aponta os aspectos transcendentais do pensamento de Bergson, situando o segundo capítulo do *Ensaio* em sua discussão profunda e essencial com o kantismo, assim como o primeiro capítulo de *Matéria e memória* em sua convergência espantosa com a fenomenologia, especialmente com o estabelecimento do campo fenomenal por Merleau-Ponty – este inegavelmente um filósofo "transcendental" (adjetivo que muitos comentadores recusam a Bergson, esquecendo-se de que o próprio juízo "ser ou não ser transcendental" não teria sentido para o filósofo da *durée*; seria simplesmente a má colocação de um problema pelo entendimento espacializador, que pensa sempre por oposição excludente).

44 Henri Bergson. *Oeuvres*, p. 80.

dos sentimentos e, na contrapartida, a própria gênese da forma numérica, do tempo homogêneo, dos procedimentos de conhecimento intelectual. A forma pura assumida pelos estados de consciência na atitude filosófica é mergulho na experiência do ser interior, da *durée*, assim como compreensão do seu reverso e dos mecanismos de espacialização – desfazendo-se então a ilusão da representação homogênea do tempo, do movimento e da experiência interna. A crítica possibilita a experiência do ser, mas jamais se efetivaria sem estar modelada pelos fatos, sem a iluminação da experiência a balizar seus raciocínios. Essa relação complementar faz a força do método intuitivo e se esclarece, a cada obra de Bergson, por sua inovação ontológica, por seu movimento de *tournant de l'expérience*, acesso ao momento pré-discursivo e pré-reflexivo da experiência consciente.

Por essa inovação ontológica fundada num amplo trabalho de crítica conceitual, o pensamento de Bergson alimenta o horizonte filosófico de seu presente e do seu porvir. Não apenas pelos seus desdobramentos inequívocos na fenomenologia francesa do último século, que se explicitam, por exemplo, num pensamento extremamente atual, tal como a obra de Renaud Barbaras, mas também pela influência de Bergson sobre Deleuze, inspiração cujos frutos estão ainda hoje em vias de amadurecimento, já que ela ultrapassa em muitos sentidos a obra capital dedicada ao estudo do bergsonismo. No que diz respeito à posteridade de Bergson, estamos aqui de acordo com a avaliação de Worms, que propõe duas vertentes de influência a partir de *Matéria e memória*: a pluralidade dos atos e graus de tensão compõe uma noção de duração como coexistência de diferenças, abrindo a senda da "filosofia da diferença" seguida por Deleuze. A questão do monismo, aparentemente afirmado por Deleuze, se vê ultrapassada, nos mostra Worms, por uma filosofia de "uma pluralidade determinada de durações ou de uma pluralidade de durações sempre determinadas ou individuais",[45] fundo mesmo do dualismo quase irredutível que Bergson estabelece entre a duração da consciência humana e a da matéria. A partir da ênfase na

---

45 Frédéric Worms, *Introduction à Matière et Mémoire de Bergson*. Paris: PUF, 1997, p. 289.

diferenciação de natureza como regra basilar da intuição, Deleuze vê em Bergson a instituição de um método filosófico rigoroso de "inspiração platônica", enquanto método de divisão.[46] Em relação a essa questão do horizonte aberto pela filosofia de Bergson, confirmando o diagnóstico de Worms (dado 30 anos depois da redação de *Presença*...), a análise de Bento Prado nos prepara para compreender em profundidade as raízes bergsonianas do pensamento deleuziano, expostas posteriormente pelo próprio filósofo francês na vigorosa apresentação das regras do método intuitivo e de sua dimensão ontológica de princípio: a crítica dos falsos problemas é, a um só tempo, exploração das diferenças de natureza, único meio de dar acesso a uma ontologia complexa e descobrir o *Absoluto como diferença*.[47] Se Bento Prado explora a noção de campo transcendental e expõe a purificação dos mistos como etapa imanente a um método dualista, remetido a um *ser-duração* que se diferencia, Deleuze também procura mostrar como as ilusões concretizadas pela história da filosofia têm raízes ontológicas. Nesse âmbito, a convergência entre as duas interpretações revela-se na afirmação de que, assim como a duração, que se efetiva por diferenças de natureza, ao longo da evolução da filosofia bergsoniana mostra-se cada vez menos uma experiência psicológica, fornecendo o "tema de uma ontologia complexa", o espaço, fundamento das diferenças de graus, lhe parecia "cada vez menos redutível a uma ficção, para ser, ele também, fundado no ser e expressar uma de suas duas vertentes, de suas duas direções".[48]

---

46 As diferenças de natureza são as próprias articulações do real, que só podem ser encontradas pela purificação dos mistos: processo dissociativo que procura encontrar nos mistos as tendências puras, numa "estilização" da experiência, segundo a expressão de Bento Prado. A atenção dispensada à purificação dos mistos é outro ponto de forte convergência entre a leitura deleuziana e o trajeto de *Presença*, especialmente por proporcionar ao livro a impressionante análise do campo de imagens, tomado como campo transcendental sem sujeito, condição mesma para o surgimento da subjetividade. Ver Deleuze, *Le bergsonisme*, p. 11-13.

47 *Op cit.*, p. 27.

48 *Idem, Ibidem.*

A segunda direção de influência também pode ser indicada pelos resultados do segundo livro: a solução do dualismo, segundo Bergson, funda-se na compreensão de como tais durações ou realidades determinadas e singulares, cuja diferença é dada pelo ato de tensão mais ou menos intenso de uma realidade única, a *durée*, podem entrar em contato, ou seja, a solução reside em encontrar "qual é o ponto preciso de contato entre as realidades individuais e temporais".[49] Para Worms, essa vertente autoriza-nos a considerar a filosofia bergsoniana como filosofia da imanência, do contato – convergente então com a fenomenologia de Merleau-Ponty – mesmo que parcial e pontual entre as diferenças. Acrescentaríamos apenas que a *diferença na imanência* é também a via deleuziana, que o plano de imanência de *Qu'est-ce que la philosophie?* é referido ao "príncipe dos filósofos",[50] Espinosa, mas ali Bergson aparece como inspirado pelo espinosismo justamente em *Matéria e memória*, em seu famoso primeiro capítulo, que

> traça um plano que corta o caos, a uma só vez movimento infinito de uma matéria que não para de se propagar e imagem de um pensamento que não cessa de pulular por toda parte uma pura consciência de direito (não é a imanência que está 'na' consciência, mas o inverso).[51]

De nossa parte, temos procurado investigar a influência bergsoniana sobre Merleau-Ponty, marcada, sobretudo, pela tentativa de encontrar um ponto de partida em nossa experiência, sem nela inserir categorias ou "prejuízos filosóficos", ou seja, no projeto geral que define a fenomenologia como união do "extremo objetivismo e do extremo

---

[49] Frédéric Worms, op.cit., p. 289.

[50] Gilles Deleuze; Felix Guattari, *Qu'est-ce que la philosophie?* Paris: Les Éditions de Minuit, 1991/2005, p. 49.

[51] *Op cit.*, p. 50.

subjetivismo",[52] o contato, efetivamente, colocando-se de saída num projeto de reforma da ontologia. Nesse âmbito, a noção de experiência é capital; a definição do método da intuição como aquele que procura a experiência em sua fonte, *"au dessus de ce tournant"*[53] (isto é, da inflexão de uma experiência originária na direção do útil, que é a da humanidade, e responde então pela sua cisão) aproxima o método bergsoniano, eis uma das lições capitais da ontologia da presença, da tentativa de reencontrar um "há algo" ("Il y a quelque chose") anterior à cisão sujeito/objeto. Estamos perto do "há mundo para mim", a condição mesma do estabelecimento dessa relação – o campo pré-reflexivo que em Merleau-Ponty será denominado campo fenomenal, e elevado à condição de campo transcendental no percurso da *Fenomenologia da percepção*. Estamos no mesmo plano da crítica à filosofia da representação, na restituição a uma experiência originária e pré-reflexiva, a superação da representação que permite reencontrar a presença das imagens, a "supressão da filosofia do cogito".[54]

Assim, se a filosofia moderna legou à contemporaneidade o impasse da oposição entre exterioridade e interioridade, em várias de suas formulações dualistas – contrapondo uma "extensão" ou dimensão da realidade em que partes disjuntas se associam num todo (este permeável ao conhecimento "analítico" que processa por divisão e recomposição)

---

52 Maurice Merleau-Ponty, *Phénoménologie...* , p. 20.

53 Retomamos aqui a continuidade da afirmação já citada anteriormente, a descrição que Bergson nos apresenta sobre o método intuitivo em *Matéria e memória*, passagem escolhida por Renaud Barbaras como título de um livro sobre Merleau-Ponty e de um artigo capital sobre as relações entre Bergson e Merleau-Ponty. Ver *Matière et Mémoire*, in *Oeuvres*, p. 320: "aller chercher l'expérience dans sa source, au-dessus de ce tournant décisif ou, s'infléchissant dans le sens de notre utilité, elle devient proprement l'expérience humaine"(Grifo do autor). Ver Renaud Barbaras, *Le Tournant de l'expérience*: Recherches sur la philosophie de Merleau-Ponty. Paris: Vrins, 1998; e "Le tournant de l'expérience: Merleau-Ponty et Bergson" in *Philosophie*, 1997, n. 54, p. 33-59.

54 Bento Prado Jr., *Presença...*, p. 205.

a uma interioridade imaterial ou espiritual, contida em si e impermeável à análise em partes – a filosofia de Bergson constitui-se na tentativa de derrubar a parede que desde então separava sujeito e objeto. Isso significa poder pensar a experiência consciente como participando das dimensões supostamente heterogêneas ou irredutivelmente separadas, significa pensar o meio em que subjetividade e objetividade passariam uma na outra. Esse "meio" é a duração, a noção que permite pensar tais dimensões da experiência compartilhando uma mesma natureza, a temporal, e por isso mesmo compreender o modo como se articulam em nossa experiência. Compreender esse alcance da filosofia de Bergson nos permite penetrar no âmago da fenomenologia francesa como nova filosofia da experiência – e a crítica do negativo aqui tem papel primordial. Se Merleau-Ponty terá sempre uma postura crítica em relação à intuição bergsoniana pensada como coincidência e acusará recorrentemente a duração de excluir o negativo em sua efetividade, *Presença e campo transcendental* esclarece em minúcia a verdadeira relação entre "consciência e negatividade", entre práxis e representação, revelando o ser do entendimento, sua essência ou realidade, como atividade de negação própria à inserção da consciência no mundo.

Em suma, retomar a ontologia através de uma filosofia da consciência, reinventar o método filosófico partindo de uma crítica da razão, ultrapassando a própria consciência-subjetividade, sempre pensada como representação e tendo como pólo correlativo o objeto, eis a via que claramente podemos atribuir a Merleau-Ponty, a despeito de suas múltiplas referências críticas a Bergson. Uma via então já iniciada, já mesmo percorrida em larga medida, e que exige recusar os instrumentos que "a reflexão e a intuição se deram",[55] a filosofia desde então instalando-se num lugar anterior à cisão entre sujeito e objeto, isto é, em "experiências ainda não trabalhadas" que nos dão os meios de redefinir sujeito e objeto, existência e essência. É a essa convergência, permeada de tensões e desvios, que fomos conduzidos pela leitura de Bergson, por sua espécie de herança kantiana, que ele usará contra Kant, por seu

---

55 *Op.cit.*, p. 206.

esforço para encontrar uma nova metafísica partindo da crítica da razão. Mas, sobretudo, a movimentação nesse labirinto de relações entre a filosofia da duração e a história da filosofia, isto é, a compreensão de como Bergson enrola sobre si seu passado *criando* com ele um futuro, um porvir filosófico, tem sido guiada por essa profunda análise que Bento Prado nos legou.

Este livro foi impresso na Gráfica Vida&Consciência
no verão de 2010.